Deutsch in Alltag und Beruf
mit Schweizer Sprachgebrauch und Landeskunde

Kurs- und Übungsbuch B1.1

mit Audios und Videos

Stefanie Dengler
Ludwig Hoffmann
Susan Kaufmann
Ulrike Moritz
Margret Rodi

Lutz Rohrmann
Paul Rusch
Ralf Sonntag
Käthi Staufer-Zahner

 Alles Digitale zu diesem Buch kann auf der Lernplattform **allango** von Ernst Klett Sprachen abgerufen werden. So geht's:

 QR-Code scannen oder **www.allango.net** aufrufen

Zur Aktivierung zusätzlicher Komponenten geben Sie bitte folgenden Lizenzschlüssel ein:

EKS-607196-f64a-d3fb-b000

Weitere Informationen dazu finden Sie unter: **www.allango.net**

 Dieses Symbol bedeutet, dass zu einem Buch-Abschnitt ein digitaler Inhalt verfügbar ist.

Ernst Klett Sprachen

Stuttgart

Von
Stefanie Dengler, Ludwig Hoffmann, Susan Kaufmann, Ulrike Moritz, Margret Rodi, Lutz Rohrmann, Paul Rusch, Ralf Sonntag, Käthi Staufer-Zahner
Phonetik: Beate Lex
Video-Clips, Drehbuch: Theo Scherling

Projektleitung: Annalisa Scarpa-Diewald, Angela Kilimann
Redaktion: Annalisa Scarpa-Diewald, Carola Jeschke, Esther Debus-Gregor
Layoutgestaltung: Britta Petermeyer, Snow, München
Illustrationen: Hans-Jürgen Feldhaus, Feldhaus Text & Grafik, Münster
Satz und Repro: Franzis print & media GmbH, München
Umschlaggestaltung: Studio Schübel, München
Titelbild: SBB/KEYSTONE/Gian Vaitl und goodluz – shutterstock.com

Fotoarbeiten: Hermann Dörre, Dörre Fotodesign, München

Für die Audios:
Tonstudio: Plan 1, München
Musik: Annalisa Scarpa-Diewald
Aufnahme, Schnitt, Mischung: Christoph Tampe

Für die Videos:
Produktion: Bild & Ton, München
Regie: Theo Scherling

Verlag und Autoren danken Priscilla Pessutti Nascimento, Evguenia Rauscher, Monika Rehlinghaus und allen Kolleginnen und Kollegen, die mit wertvollen Anregungen zur Entwicklung des Lehrwerks beigetragen haben.

Informationen und zu diesem Titel passende Produkte finden Sie auf: www.klett-sprachen.de/linie1-schweiz

1. Auflage 1³ ² ¹ | 2026 25 24

© Ernst Klett Sprachen GmbH, Rotebühlstraße 77, 70178 Stuttgart, 2024
Erstausgabe erschienen bei der Ernst Klett Sprachen GmbH, 2018
Alle Rechte vorbehalten. Die Nutzung der Inhalte für Text- und Data-Mining ist ausdrücklich vorbehalten und daher untersagt.
www.klett-sprachen.de

Das Werk und seine Teile sind urheberrechtlich geschützt. Jede Nutzung in anderen als den gesetzlich zugelassenen Fällen bedarf der vorherigen schriftlichen Einwilligung des Verlags.
Druck und Bindung: Elanders Waiblingen GmbH

ISBN 978-3-12-607196-3

1 Neue Nachbarn 1

Lernziele **Sprechen** Haus und Nachbarn beschreiben; um Hilfe bzw. einen Gefallen bitten; über Beziehungen zu Nachbarn sprechen; Probleme schildern; über Hausregeln sprechen | **Hören** Bitte um einen Gefallen; Hausregeln; Reklamationen | **Schreiben** Beschreibung von Nachbarn; Bitte um einen Gefallen | **Lesen** Mail über Hausbewohner; Hausordnung; Mitteilung der Hausverwaltung; Blogeintrag zum Quartier | **Beruf** Hauswart

Redemittel Ich hätte eine Bitte. | Könnten Sie vielleicht die Blumen giessen? | Es ist verboten, im Treppenhaus Velos abzustellen. | Ich finde es wichtig, bei Problemen freundlich zu bleiben. | Ich möchte mich entschuldigen. | Das ist ja nicht so schlimm.

Grammatik Wechselpräpositionen (Wiederholung) | Infinitiv mit *zu* | *sowohl … als auch*

Aussprache Bitten emotional sprechen

Übungen Übungen | Wortbildung: Wortfamilien | Richtig schreiben: *au/äu/eu* und *a/ä/e* 8

2 Hier kaufe ich ein. 15

Lernziele **Sprechen** sich über Einkaufsmöglichkeiten und -gewohnheiten austauschen; Vorteile und Nachteile ausdrücken; reklamieren; Gespräche beim Einkaufen | **Hören** Gespräche im Büro; Gespräche beim Einkaufen; Reklamation | **Schreiben** Text über Einkaufsgewohnheiten | **Lesen** Artikel über Einkaufsgewohnheiten; Mahnung; Texte über Einkaufsmöglichkeiten | **Beruf** mit Kunden telefonieren; auf Reklamationen reagieren

Redemittel Brot hole ich meistens in der Bäckerei. | Dann kann man schnell zur Tankstelle fahren. | Ich unterhalte mich gerne mit Verkäufern. | Auf dem Markt ist alles ziemlich teuer. | Sie haben leider die falsche Ware geschickt. | Es tut mir leid, das ist unser Fehler. | Moment mal, ich warte hier schon länger.

Grammatik Reflexivpronomen im Akkusativ und im Dativ | Relativpronomen im Akkusativ | *sondern*

Aussprache Was ist freundlich?

Übungen Übungen | Wortbildung: zusammengesetzte Wörter (Komposita I) | Richtig schreiben: Komma vor und nach Relativsätzen 22

HALTESTELLE A Beruf: Verkäuferin im Supermarkt | Sprechtraining | Verstehen Sie Schweizerdeutsch? | Spielen und wiederholen | **TESTTRAINING** Der Sprachnachweis *fide* 29

3 Wir sind für Sie da. 33

Lernziele **Sprechen** sich über Versicherungen informieren; über Erfahrungen mit Versicherungen und Banken sprechen; Helpline anrufen | **Hören** Gespräch zwischen Nachbarn; Mailbox-Nachricht; Beratungsgespräch; Bankangebote | **Schreiben** E-Mail über Erfahrungen in der Schweiz | **Lesen** Brief über Versicherungsfall; Texte über Versicherungen; Infotext über Bankkarte; Forumsbeiträge zu Konsumentenfragen | **Beruf** ein Beratungsgespräch führen

Redemittel Eine Freundin hat bei uns gekocht, da ist etwas passiert. | Bei mir war das so: … | Ich finde es wichtig, dass die Beratung gut ist. | Ich mache alles mit einer BankApp auf meinem Handy. | Ich brauche ein eigenes Konto. | Ich habe mein Portemonnaie verloren.

Grammatik Genitiv | Nebensätze mit *obwohl*

Aussprache Schwierige Wörter

Übungen Übungen | Wortbildung: Zeitangaben | Richtig schreiben: Fehlerkorrektur 40

4 Guten Appetit! 47

Lernziele **Sprechen** Gewohnheiten und Veränderungen beschreiben; über Veränderungen berichten; Gespräche beim Essen führen; Ratschläge zur Ernährung geben; eine Präsentation machen | **Hören** Smalltalk | **Schreiben** Bildgeschichte; Text über Essgewohnheiten | **Lesen** Artikel über Essgewohnheiten; Umfrage | **Beruf** Workshop in der Firma; Ernährungsberaterin

Redemittel Für mich ist beim Essen wichtig, dass es gut schmeckt. | Früher hat man bei uns wenig Süsses gegessen. | Das schmeckt fein. | Möchtest du noch etwas Salat? | Habt ihr das schon gehört? | Nehmen Sie sich Zeit beim Essen. | Ich möchte etwas über das Kochen erzählen.

Grammatik Präteritum (Wiederholung) | *deshalb/deswegen* und *trotzdem*

Aussprache Sprechtempo und Pausen

Übungen Übungen | Wortbildung: zusammengesetzte Wörter (Komposita II) | Richtig schreiben: Abkürzungen 54

HALTESTELLE B Kennen Sie D-A-C-H? | Schreiben | Spielen und wiederholen | **TESTTRAINING** Lesen | Die Handlungsfelder nach *fide* 61

Anhang: Grammatik VII | Unregelmässige Verben XII | Verben mit Präpositionen XV | Alphabetische Wortliste XV | Quellen XXI | Video XXIII | Übersicht der Prüfungsaufgaben XXIV

5 Jetzt verstehe ich das! — 65

Lernziele **Sprechen** über Sprachenlernen sprechen; sich nach Regeln erkundigen; Tipps zum Sprachenlernen; jemanden beruhigen; über heikle Themen und interkulturelle Unterschiede sprechen | **Hören** Interview über Sprachenlernen | **Schreiben** Blog mit Tipps; Sprachprofil | **Lesen** Texte über Erfolgserlebnisse/Missverständnisse; heikle Themen | **Beruf** Probleme bei der Arbeit

Redemittel Ein Kollege hat mich in der Schweiz zum Essen eingeladen. Da … | Bei der Arbeit spreche ich meistens Deutsch. | Ich werde eine Sprach-App ausprobieren, weil ich gerne überall lerne. | Ich habe meine Sprachprüfung geschafft. | Tut mir leid, das habe ich nicht gewusst. | Das solltest du auch einmal probieren. | Mach dir keine Sorgen! | Mir ist Folgendes passiert: Ich war auf einer Party und …

Grammatik Futur mit *werden* | Konjunktiv II von *müssen* | Nebensätze mit *seit/seitdem* und *bis*

Aussprache Intonation: Aussagesatz als Frage

Übungen Übungen | Wortbildung: Adjektive als Nomen | Richtig schreiben: Gross- und Kleinschreibung bei Sprachen — 72

6 Im Spital — 79

Lernziele **Sprechen** einen Notfall melden; mit der Ärztin sprechen; über einen Unfall informieren; Gefühle/Ängste/Mitgefühl ausdrücken | **Hören** Anruf beim Notarzt; Gespräch mit der Ärztin; Gespräche im Patientenzimmer | **Schreiben** Formular im Spital | **Lesen** Texte über Gesundheitsberufe | **Beruf** Personal im Spital; Stationen im Spital

Redemittel Hier in der Grabenstrasse 7 ist ein Mann gestürzt. | Was ist denn passiert, Herr Pereira? | Ich habe Angst vor der Operation. | Er braucht das Handy, damit man ihn immer erreicht. | Das wird schon wieder. Sie brauchen ein bisschen Geduld. | Als Betagtenbetreuer sollte man nicht nur fit, sondern auch geduldig sein.

Grammatik Nebensätze mit *damit* oder *um … zu* | *nicht nur …, sondern auch*

Aussprache Zwei Buchstaben, ein Laut

Übungen Übungen | Wortbildung: Verben mit *weg-*, *weiter-*, *zusammen-*, *zurück-* | Richtig schreiben: Lange Vokale: *e*, *ee*, oder *eh*; *i*, *ih*, oder *ie*; *o* oder *oh* — 86

HALTESTELLE C Beruf: Angestellt oder selbstständig? | Verstehen Sie Schweizerdeutsch? | Spielen und wiederholen | Sprechtraining | **TESTTRAINING** Hören | Sprechen — 93

7 Alles für die Umwelt — 97

Lernziele **Sprechen** über Energiesparen diskutieren; zustimmen, widersprechen, abwägen; Umwelttipps geben; jemanden überzeugen; Zweifel äussern und entkräften | **Hören** Interview mit Biobauern | **Schreiben** Kommentar | **Lesen** Tipps zum Energiesparen; Artikel über einen Markt; Infotexte über Umweltaktionen | **Beruf** Freiwilliger Einsatz

Redemittel Wir heizen im Winter nicht viel. | Da hast du recht. | Ich sehe das anders. | Das stimmt zum Teil, aber… | Es ist sinnvoll, etwas für die Umwelt zu tun. | Warum soll ich da mitmachen? | Irgendjemand muss doch mal anfangen.

Grammatik Passiv

Aussprache *sch* oder *s*

Übungen Übungen | Wortbildung: Substantive auf *-heit*, *-keit* | Richtig schreiben: Gross- und Kleinschreibung — 104

8 Rendezvous mit dem Wallis — 111

Lernziele **Sprechen** gemeinsam etwas planen; sich über Interessen austauschen; über kulturelle Angebote sprechen; von interessanten Ereignissen erzählen; Begeisterung/Enttäuschung ausdrücken | **Hören** Gespräche über kulturelle Veranstaltungen | **Schreiben** Einladung mit Vorschlägen | **Lesen** Skype-Chat; Postkarte; Zeitungsartikel: Hofladen | **Beruf** Bergbauer, Köchin

Redemittel Ich gehe gerne an Festivals. | Wofür interessierst du dich? | Hast du vielleicht Lust auf …? | Das Konzert hat mir wirklich gut gefallen. | Der Film war ziemlich enttäuschend.

Grammatik Fragewörter *wo(r)…* und Pronominaladverbien *da(r)…* | Frage nach Personen bei Verben mit Präpositionen

Aussprache Aussagen verstärken

Übungen Übungen | Wortbildung: zusammengesetzte Wörter (Komposita III) | Richtig schreiben: *s* und *ss* — 118

HALTESTELLE D Kennen Sie D-A-C-H-L? | Schreiben | Sprechtraining | **TESTTRAINING** Lesen | Schreiben — 125

Anhang: Grammatik VII | Unregelmässige Verben XII | Verben mit Präpositionen XV | Alphabetische Wortliste XV | Quellen XXI | Video XXIII | Übersicht der Prüfungsaufgaben XXIV

Linie 1 – aktiv und sicher zum Lernerfolg

So geht es.

Ziele

Linie 1
→ stellt das Sprachhandeln in den Vordergrund und macht so fit für Alltag und Beruf.
→ trainiert gezielt alle Fertigkeiten: Hören, Sprechen, Lesen und Schreiben.
→ bietet eine sanfte Grammatikprogression und eine systematische Ausspracheschulung.
→ unterstützt den Unterricht mit heterogenen Lerngruppen.
→ orientiert sich am «Gemeinsamen Europäischen Referenzrahmen für Sprachen» (GER) sowie am «Rahmencurriculum für die sprachliche Förderung von Migrantinnen und Migranten» des Staatssekretariats für Migration.

Die beiden Teilbände B1.1 und B1.2 führen zum Niveau B1 und bieten Material für ca. 160–200 Unterrichtsstunden.

Struktur Kurs- und Übungsbuch

Linie 1 hat auf jeder Niveaustufe
→ 16 Kapitel mit Kurs- und Übungsbuch,
→ 8 Haltestellen mit einem Angebot zu Landeskunde, Beruf, Wiederholung und mit Testtraining,
→ eine alphabetische Wortliste,
→ einen Grammatiküberblick im Anhang.

Aufbau der Seiten

Die **Einstiegsseiten** führen in das Kapitelthema ein und präsentieren Lernziele, Wortschatz und wichtige Redemittel.

Auf **3 Doppelseiten** werden die sprachlichen Schwerpunkte des Kapitels in mehreren Lernsequenzen erarbeitet und gefestigt. Alle vier Fertigkeiten werden ausgewogen geübt.

Auf den **Rückschauseiten** wird der Lernerfolg gesichert («Das kann ich») und die Grammatik zusammengefasst («Das kenne ich»).

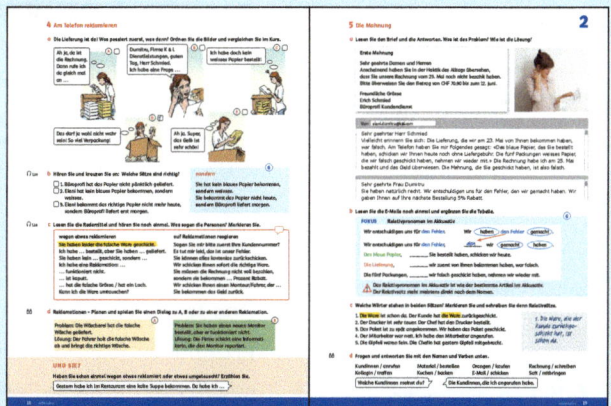
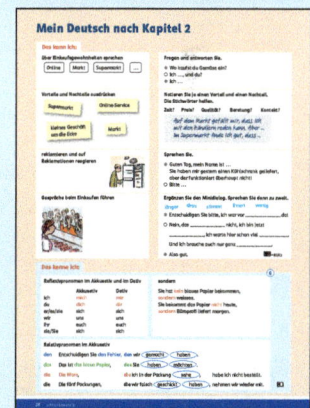

Die Übungsbuchkapitel schliessen direkt an die Kursbuchkapitel an und folgen in der Nummerierung dem Kursbuchteil. **Zu jeder Aufgabe** im Kursbuchkapitel gibt es vertiefende Übungen im Übungsteil.

Kursbuch

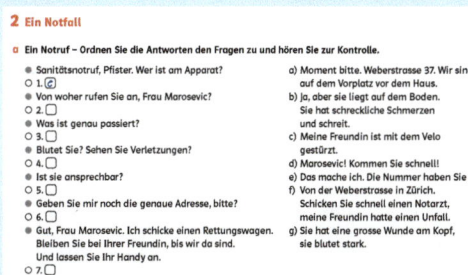

Übungsteil

Didaktische Konzeption

- Handlungsorientierte Aufgaben bereiten die Lernenden auf **Alltag und Beruf** vor.
- Die Lernsequenzen schliessen mit **UND SIE?**-Aufgaben ab, in denen die Lernenden über sich selbst sprechen können und dabei das Gelernte anwenden.
- Die Rubrik **VORHANG AUF** bietet die Möglichkeit, das Gelernte spielerisch und dialogisch zu aktivieren.
- Viele Lernsequenzen sind als kleine **Szenarien** strukturiert, in denen alltägliche Kommunikationssituationen geübt werden.

- Die **Grammatikerarbeitung** erfolgt nach den Prinzipien des entdeckenden Lernens.

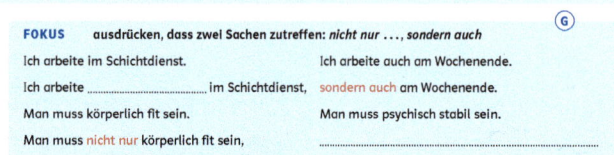

- Die Aufgaben zur **Aussprache** sind in die Lernsequenzen integriert.

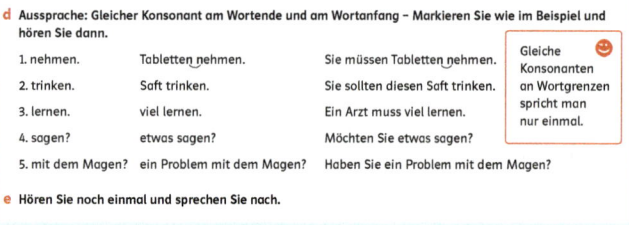

- Die **Landeskunde** in den «Haltestellen» beinhaltet ein kleines Schweizerdeutsch-Hörprogramm.
- **Spielerische Aktivitäten** gibt es in den Kapiteln und in den «Haltestellen».

- Wiederkehrendes **Kapitelpersonal** bietet die Möglichkeit zur Identifikation.

- **Binnendifferenzierung** erfolgt durch Wahlmöglichkeiten nach Lerntyp, Interessen, Lerntempo usw.

UND SIE?
Wählen Sie.

Beantworten Sie die Fragen. Fragen Sie dann Ihre Partnerin / Ihren Partner und machen Sie Notizen. **oder** Schreiben Sie zu den Fragen einen kleinen Text.

	ich	Partner/in
1. An wen denkst du oft?		
2. Wovon träumst du manchmal?		
3. Mit wem triffst du dich gern?		
4. Worüber ärgerst du dich manchmal?		

- Strategien zur **Wortbildung** werden auf der letzten Seite des Übungsteils vermittelt.

WORTBILDUNG: Verben mit *weg-, weiter-, zusammen-, zurück-*

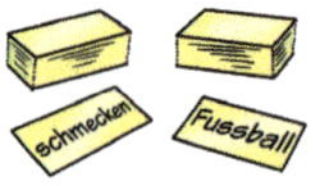

Streichen Sie den falschen Verbteil und schreiben Sie das richtige Verb.
1. Leider muss ich arbeiten. Ich würde so gerne ein paar Tage ~~zusammen~~fahren. *wegfahren*
2. Mona ist eine sehr nette Kollegin. Mit ihr kann man sehr gut zurückarbeiten. _____
3. Ich kann noch nicht Feierabend machen, ich muss noch wegarbeiten. _____
4. Ich freue mich, dass du morgen weiterkommst. Ich bin nicht gern allein. _____
5. Unser Hund ist zusammengelaufen. Hoffentlich kommt er bald wieder. _____

- **Rechtschreibung** wird von Anfang an gezielt geübt.

RICHTIG SCHREIBEN: Lange Vokale: *e, ee* oder *eh*; *i, ih* oder *ie*; *o* oder *oh*

Ergänzen Sie. Vergleichen Sie dann mit Ihrem Partner / Ihrer Partnerin.

e Der L__ch__rer kam in die Klasse. Er r____dete s____r schnell, wie immer. «Heute l____sen wir zuerst, dann machen wir m____rere Übungen. Aber warum sind so viele Plätze l____r?»

i «W____ geht es ____nen heute, Frau Wieser? Haben S____ gut geschlafen? W____r machen heute v____le Untersuchungen, bis w____r ____r Problem gefunden haben.»

o «Ich bin ja s____ fr____, dass Sie sich wieder w____fühlen. Sie werden bestimmt ____ne Probleme wieder gesund», sagte der ____renarzt.

- Das **Testtraining** in den «Haltestellen» bereitet auf die Prüfungen *telc Deutsch B1* und *Goethe/ÖSD-Zertifikat B1* sowie auf den *fide*-Sprachnachweis vor.

4 Der Testteil «Lesen und Verstehen»

Am Anfang des schriftlichen Teils erklärt Ihnen eine Aufsichtsperson, wie die Aufgaben funktionieren. Zu Texten aus dem Alltag müssen Sie verschiedene Fragen beantworten. Dabei wählen Sie aus mehreren Antworten die richtige aus, oder Sie müssen entscheiden, ob Aussagen zum Text richtig oder falsch sind.

		richtig	falsch
1.	Im Asienladen von Familie Gunaseelam bekommt man auch afrikanische Lebensmittel.	○	○

1. Für welche Zeit sucht der Laden eine Aushilfe?
   a) Ab sofort bis zu den Sommerferien   a) ○

Symbole

🎧 1.1	Hörtext	👥	Partnerarbeit	📖→A1/K6	Online-Übung	💬	Miniszenario
🎵 1.2	Aussprache	👨‍👩‍👧	Gruppenarbeit	G	Grammatikanhang	🎬	Video-Clip
🔄	Wiederholung	**oder**	Binnendifferenzierung	🆘 Hilfe	**P** Prüfungsaufgabe	🙂	Tipp

Neue Nachbarn   1

1 Ein Haus – viele Familien

🎧 1.02–09 **a** Sehen Sie die Bilder A bis H an und hören Sie. Was passiert? Ordnen Sie die Situationen den Bildern zu.

A ② den Rasen mähen
B ① bellen
C ⑧ bohren — *Die Bohrmaschine*
D ③ Wäsche waschen

> Bei Situation 1 bellt ein Hund.

E ⑦ an der Tür klingeln/läuten — *(CH) der Pöstler / der Postbote*
F ⑤ Klavier spielen — *das Klavier*
G ④ Staub saugen — *staubsaugen*
H ⑥ lachen = *plappers* — *der Wickeltisch*

b Rund um das Haus – Sammeln Sie in zwei Gruppen. Präsentieren Sie dann Ihre Ergebnisse.

Gruppe A: Was macht man?
Staub saugen   kochen   …

Gruppe B: Was ist da?
der Abfallcontainer   der Keller   …

c Wählen Sie.

Zeichnen Sie eine Tätigkeit / einen Gegenstand aus 1b. Die anderen raten.

 oder

Stellen Sie eine Tätigkeit / einen Gegenstand aus 1b pantomimisch dar. Die anderen raten.

Sprechen Haus und Nachbarn beschreiben; um Hilfe bzw. einen Gefallen bitten; über Beziehungen zu Nachbarn sprechen; Probleme schildern; über Hausregeln sprechen | **Hören** Bitte um einen Gefallen; Hausregeln; Reklamationen |
Schreiben Beschreibung von Nachbarn; Bitte um einen Gefallen | **Lesen** Mail über Hausbewohner; Hausordnung; Mitteilung der Hausverwaltung; Blogeintrag zum Quartier | **Beruf** Hauswart

2 Meine neuen Nachbarn

a Lesen Sie das E-Mail von Rafael Moreno. Über welche Themen schreibt er? Kreuzen Sie an.

☐ Kollegen ☒ Nachbarn ☐ Stadtteil ☐ Freunde ☐ Wetter ☒ Wohnung/Haus

Lieber Christian
Wie geht es dir? Mittlerweile sind wir in unsere neue Wohnung eingezogen. Wir haben eine sehr schöne und helle Wohnung hier in Winterthur-Wülflingen, im zweiten Stock. Es gibt auch einen Parkplatz. Ich kann mein Auto direkt hinter das Haus stellen.
Unsere Nachbarn sind alle sehr nett. Neben uns wohnt die Familie Blum. Sie haben ein kleines Baby, Mia. Sie ist total süss. Unter uns wohnt Frau Hafner. Sie hat einen Sohn, der fast ständig Fussball spielt. Ganz unten links wohnt Frau Weber. Sie ist schon pensioniert und hört sehr schlecht, aber sie ist noch sehr aktiv. Sie wohnt schon über 30 Jahre im Haus und weiss über alle fast alles! Neben ihr wohnt eine Klavierlehrerin, Frau Kandel. Und dann gibt es noch Herrn Eckert. Das ist ein sehr ernster und sympathischer Herr mit Bart, der immer mit seinem faulen Hund Erna spazieren geht. Meine Frau und unsere drei Kinder lieben Erna.
Welche Neuigkeiten gibt es bei dir?
Herzliche Grüsse
Rafael

b Lesen Sie das E-Mail noch einmal. Notieren Sie die Namen und Informationen über die Hausbewohner.

2. Stock: Die Familie Blum, Baby, Mia | Rafael Moreno, verheiratet, 3 Kinder

1. Stock: Herrn Eckert | Frau Hafner, ein Sohn

Erdgeschoss (Parterre): Frau Weber | Frau Kandel

c Beschreiben Sie das Haus auf Seite 1. Benutzen Sie auch die Verben unten.

Wo? sein, wohnen, sitzen, stehen, liegen

> Der Parkplatz ist hinter dem Haus.

Wohin? gehen, stellen, legen, sich setzen

> Wenn man waschen will, geht man in den Keller.

Wechselpräpositionen ⓖ

in, an, auf, vor, hinter, über, unter, neben, zwischen

WO? • Dativ   hinter dem Haus sein
WOHIN? → Akkusativ   in den Keller gehen

UND SIE?

Mein Haus / Meine Wohnung und meine Nachbarn – Wählen Sie.

Schreiben Sie ein E-Mail wie in 2a.   **oder**   Zeichnen Sie Ihr Haus / Ihre Wohnung mit den Bewohnern und erzählen Sie.

3 Ich hätte eine Bitte.
↳ bitten um

a Sehen Sie die Bilder an und lesen Sie den Zettel in D genau. Hören Sie dann die Dialoge. Welcher Dialog passt zu welchem Bild?

A 2  B 3  C 4  D 1

Liebe Frau Weber
Ich erwarte heute ein Paket. Sind Sie zu Hause? Können Sie es für mich annehmen? Das wäre sehr lieb. Sie erreichen mich unter Tel. 079 428 43 31.
Vielen Dank und herzliche Grüsse!
Gabriela Kandel

b Bereiten Sie einen Dialog vor und lernen Sie ihn auswendig. Spielen Sie ihn im Kurs vor.

Ich bitte dich um einen Gefallen

um Hilfe bitten / um einen Gefallen bitten

Ich hätte eine Bitte. an dich
Darf ich Sie/dich um einen Gefallen bitten?
Könnten Sie / Könntest du mir helfen?
Können Sie / Kannst du vielleicht …?
Könnten Sie so nett sein und...

auf Bitten reagieren

+
Ja, gerne. / Natürlich. / Klar. / Kein Problem.
Aber klar, das mache ich doch gerne.

–
Tut mir leid, aber ich …
Fragen Sie / Frag doch mal …

morgen meine Katze füttern
mein Paket annehmen
mit meinem Hund spazieren gehen
nächste Woche die Blumen giessen
Brot vom Supermarkt mitbringen
mir einen Liter Milch leihen
…

● Guten Tag, Herr … Darf ich …
○ …
…
● Vielen Dank!
○ Nichts zu danken!

c Aussprache: Bitten/Auffordern – Hören Sie. Zu welchen Emotionen passen die Bitten? Kreuzen Sie an.

😟 Ich bin enttäuscht.   😊 Ich bin froh. höflich   😨 Ich habe Angst.   😡 Ich bin ärgerlich.
decepcionado   polite

1. Guck mal, die Blumen. Kannst du mir bitte Wasser bringen?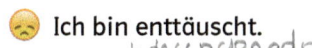
2. Ich schaffe das wieder nicht allein. Kannst du mir bitte helfen?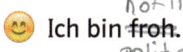
3. Kannst du bitte mit in den Keller kommen?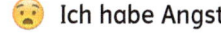
4. Ich bin eine Woche lang weg. Könnten Sie vielleicht meinen Briefkasten leeren? Das wäre sehr nett.

d Hören Sie noch einmal und sprechen Sie nach.

e Schreiben Sie Bitten und sprechen Sie sie. Die anderen raten, welche Emotion das ist.

f Um einen Gefallen bitten – Schreiben Sie eine kurze Mitteilung. Wählen Sie.

Situation A	oder	Situation B
Sie fahren für zwei Wochen in die Ferien. Fragen Sie Ihre Nachbarin Frau Körner, ob sie in der Zeit Ihre Pflanzen giessen und den Briefkasten leeren kann.		Die Möbelspedition liefert morgen ein Sofa und ein Bett. Sie sind aber nicht zu Hause. Vielleicht kann Ihr Nachbar, Herr Stalder, die Leute von der Spedition hereinlassen. Bitten Sie ihn.

drei 3

4 In der Hausordnung steht …

a Probleme, wenn viele Leute unter einem Dach wohnen – Beschreiben Sie die Situationen.

 A  B  C  D  E  F
der Rauch

b Lesen Sie den Ausschnitt aus der Hausordnung. Ordnen Sie die Situationen A bis F zu.

Hausordnung

Das Zusammenleben funktioniert nur gut, wenn alle Bewohner Rücksicht nehmen.

Lärm
- B • Alle Bewohnerinnen und Bewohner vermeiden Lärm im und vor dem Haus, besonders zwischen 12:00 und 14:00 Uhr (Mittagsruhe) und zwischen 22.00 und 7.00 Uhr (Nachtruhe). Radio, Fernsehen und Musik sind dann nur in Zimmerlautstärke erlaubt. — guitar
- E • In den Ruhezeiten ist es ebenfalls nicht erlaubt, Musikinstrumente zu spielen.
- • Vergessen Sie nicht, vor einer Feier die anderen Bewohner zu informieren.

Kinder
- D • Kinder haben das Recht zu spielen, besonders auf dem Spielplatz und auf der Wiese hinter dem Haus. Auch Freunde und Freundinnen der Kinder vom Haus dürfen dort spielen. Kinder und Eltern halten den Spielplatz sauber.
- • Es ist nicht erlaubt, im Treppenhaus und in den Gängen zu spielen.

Sicherheit — regulado
- C • Es ist Vorschrift, die Haustür und den Kellereingang nach 20:00 Uhr abzuschliessen.
- A • Das Treppenhaus und die Gänge müssen immer frei sein. Es ist verboten, dort Velos und Kinderwagen abzustellen. Der richtige Platz für den Kinderwagen ist der Abstellraum.
- F • Es ist verboten, auf dem Balkon mit Holz oder Holzkohle zu grillieren. Im Hof gibt es eine Grillstelle.

Reinigung und Sauberkeit
- • Achten Sie darauf, Ihren Abfall zu trennen und im richtigen Container bzw. an der Sammelstelle zu entsorgen. — usepara

→ Regard

Zuordnung rechts: B, E, C, A, F, D

c Ergänzen Sie die Sätze aus 4b in der Tabelle.

G

FOKUS	Infinitiv mit *zu*
Vergessen Sie nicht,	vor einer Feier die Nachbarn **zu informieren**.
Achten Sie darauf,	Ihren Abfall **zu trennen und im richtigen Container zu entsorgen**.
Es ist verboten,	im Treppenhaus Velos **abzustellen**.
Es ist Vorschrift,	nach 20:00 Uhr die Haustür **abzuschliessen**.

⚠ Infinitiv mit *zu* steht nach bestimmten Verben, Nomen und Adjektiven.

UND SIE?

Welche Regeln aus Hausordnungen kennen Sie noch? Sprechen Sie.

> In … ist es erlaubt/verboten, … zu …

> Bei uns darf man / darf man nicht …

5 Gespräche im Gang

a Hören Sie die Gespräche. Ordnen Sie die Sätze zu.

1. Frau Weber bittet Frau Blum, f
2. Frau Blum verspricht, b — acordar
3. Es ist im Haus Vorschrift, a
4. Herr Moreno hat heute keine Zeit, d
5. Gestern war es nicht möglich,
6. Frau Weber hat Jan schon oft gebeten, c

a) die Haustür nach acht Uhr abzuschliessen.
b) mit Frau Weber einen Kaffee zu trinken.
c) im Freien zu spielen.
d) den Kinderwagen in den Abstellraum zu stellen.
e) auf dem Gang keinen Lärm zu machen.
f) die Treppe nicht zu blockieren.

b Tipps zum Zusammenleben – Setzen Sie die Sätze 1 bis 6 fort. Verwenden Sie Infinitiv mit *zu*. Schreiben Sie weitere Sätze.

anständig – respetable
Vorschrift
nötig – necesario
G — machen / haben / sein

Infinitiv mit *zu* ...

nach bestimmten Verben	**nach Adjektiven + *sein/finden***	**nach Nomen + Verb**
(nicht) vergessen, versuchen, versprechen, bitten, anfangen, beginnen, ... *achten*	Es ist (nicht) möglich, notwendig ... Es ist (nicht) einfach, ... Ich finde es wichtig, gut ... *höflich – polite*	(keine) Zeit haben, ... Es macht (keinen) Spass, ... Es ist Vorschrift, ...

1. Man darf nicht vergessen, ...
2. Man sollte versuchen, ...
3. Es ist einfach und wichtig, ...
4. Ich finde es gut, ...
5. Es macht Spass, ...
6. Es macht keinen Spass, ...

> 1. Man darf nicht vergessen, den Abfall richtig zu entsorgen.

c Gut zusammen leben – Was ist wichtig? Sprechen Sie.

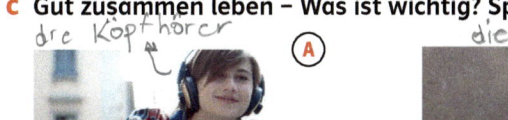
 A — *die Kopfhörer*
 B — *die Scherben* / *aufwischen*
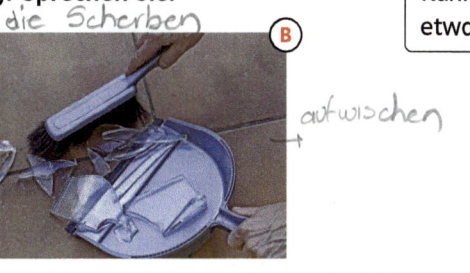 C — Kann ich Ihnen etwas anbieten? *ofrecer* / *anzubieten*

 D — Kann ich Ihnen helfen? *helfen + D der Frau / ihr dem Mann / ihm*

E — Für morgen Abend haben wir Freunde eingeladen. *einladen + AKK. den Mann / ihn die Frau / sie*

F — Guten Tag, Frau Schmid! / Hallo, Emilia! *sich grüsse begrüsse + AKK.*

andere Bewohner grüssen   bei Problemen freundlich bleiben   die Nachbarn informieren *über / vor*
jemanden einladen   keinen Lärm machen   die Treppe frei halten
Schmutz wegputzen/beseitigen ...   Musik mit Kopfhörern hören
limpiar
nach dem Spielen/Grillieren aufräumen   Hilfe anbieten

> Man sollte die anderen Bewohner grüssen.   Ich finde es wichtig, bei Problemen freundlich zu bleiben.

ohne "zu"

UND SIE?

 Was finden Sie wichtig für eine gute Stimmung im Kurs? Schreiben Sie fünf Regeln.

6 Das geht doch nicht ...

a Lesen Sie den Text. Was macht der Hauswart? Kreuzen Sie an: richtig oder falsch?

Immobilienverwaltung Farka
www.IMVfarka.ch

Ab sofort haben wir die Hauswartung in der Überbauung «Kirschgarten» übernommen.
Ihr zuständiger Hauswart ist Harald Grob.
Herr Grob ist zu folgenden Zeiten in der Wohnsiedlung anwesend:
Mo. 7:30–12:00 Uhr   Fr. 14:00–17:00 Uhr

Wir reinigen sowohl die Hausgänge und das Treppenhaus als auch den Hof und den Platz vor dem Eingang.
Reinigung im Haus: 2x pro Woche
Reinigung aussen: 1x pro Woche
Ausserdem pflegen wir sowohl den Rasen als auch die Bäume und Sträucher im Hof und vor dem Haus. Wir machen auch den Winterdienst.
Wenn es Störungen (Licht, Wasser, Heizung) gibt, verständigen Sie bitte Herrn Grob direkt: 079 241 96 21

	R	F
1. Herr Grob reinigt den Hausgang und den Hof dreimal pro Woche.	☐	☒
2. Er macht die Gartenarbeit.	☒	☐
3. Er ist am Montag vormittags und nachmittags da.	☐	☒

b Ergänzen Sie die Sätze im Kasten.

FOKUS   *sowohl ... als auch*   (G)

Herr Grob ist am Montag und am Freitag da.
Herr Grob ist sowohl _am Montag_ als auch _am Freitag_ da.
Der Hauswart pflegt _sowohl_ den Rasen _als auch_ Bäume und Sträucher.

c Verbinden Sie die beiden Informationen. Schreiben Sie.

1. Familie Moreno – einen Sohn und zwei Töchter haben
2. Frau Weber – Hunde und Katzen gern haben
3. im 1. Stock – Frau Hafner und Herr Eckert wohnen

> 1. Familie Moreno hat sowohl einen Sohn als auch ...

d 🎧 1.18–19 Hören Sie die Gespräche mit dem Hauswart, Herrn Grob. Worüber reden die Personen?

e 🎧 1.18–19 Hören Sie noch einmal. Welche Ausdrücke hören Sie? Markieren Sie.

das Problem nennen	sich entschuldigen	auf eine Entschuldigung reagieren
Ich finde nicht gut, dass ...	Das tut mir leid.	Das ist schon in Ordnung.
Es geht nicht, dass ...	Ich möchte mich entschuldigen.	Das ist ja nicht so schlimm.
Sie können nicht ...	Das habe ich nicht gewusst.	Ist ja schon gut.

UND SIE?

Was für Probleme gibt es bei Ihnen in Mietshäusern? Sind das die gleichen Probleme oder andere? Wie lösen Sie sie? Sprechen Sie.

7 Mein Quartier

a Was gehört für Sie zu einem guten Quartier? Sammeln Sie.

> Die Kinder haben keinen weiten Weg zur Schule.

> Man kann in der Nähe gut einkaufen.

b Was findet der Blogger Andi Tobler an seinem Quartier gut, was nicht? Markieren Sie mit zwei Farben und vergleichen Sie mit Ihrem Partner / Ihrer Partnerin.

Weshalb ich vor ein paar Jahren von der Gemeinde Kriens im Süden von Luzern ins «BaBel»-Quartier gezogen bin? Gute Frage. Ich habe mich aus drei Gründen für dieses Quartier entschieden. Erstens: Mein Arbeitsweg ist viel kürzer als vorher, und mit dem Velo bin ich schnell in der Altstadt. Das ist sehr praktisch. Die Wohnungen sind zwar ziemlich klein hier, aber für mich ist das kein Problem. Zweitens: Es gibt trendige Bars, exotische Läden und kleine Restaurants in der direkten Umgebung. Für mich ist wichtig, dass die Lokale unterschiedlich sind. Dort treffe ich mich gern mit Bekannten und Freunden. Einerseits mag ich hippe internationale Lokale, andererseits liebe ich aber auch alte Gasthäuser, die schon immer da waren. Im Zentrum von Luzern findet man viele traditionelle Wirtschaften mit guter Schweizer Küche, aber es besuchen auch sehr viele Touristinnen und Touristen die Altstadt und wollen die Atmosphäre in einem solchen Restaurant erleben. Daher sind die Preise hoch, und oft ist es einfach zu voll. Drittens ist ganz einfach: Ich liebe es, Leute aus aller Welt kennen zu lernen und meine Fremdsprachen zu verbessern. Im BaBel-Quartier leben Menschen aus über 70 Ländern. Was will ich mehr? Weniger schön ist der Verkehr. Zumindest in meiner Strasse ist es ziemlich laut.

Kriens

BaBel-Quartier Luzern

c Lesen Sie den Blogeintrag noch einmal. Welche Aussage ist richtig? Kreuzen Sie an: ⓐ oder ⓑ?

1. Andi Tobler findet wichtig, dass
   - ⓐ er direkt in seiner Umgebung einkaufen kann. ✗
   - ⓑ die Miete für die Wohnung billig ist.

2. Er findet weniger schön, dass
   - ⓐ er in den Wirtschaften Bekannte trifft.
   - ⓑ die Restaurants so voll sind. ✗

3. Er schreibt in seinem Blog, dass
   - ⓐ er 70 Sprachen lernen will.
   - ⓑ er gerne mit Menschen aus anderen Ländern spricht. ✗

d Schreiben Sie einen kurzen Text über Ihr Quartier oder über Ihren Wohnort.

Einkaufen   Verkehr   Kinder   Freizeit   …

VORHANG AUF

Sie sind Nachbarn. Spielen Sie die Szene.

Person A

Sie sind neu im Haus und kennen die Hausordnung noch nicht. Sie grillieren auf dem Balkon, stellen das Mountainbike ins Treppenhaus, bohren und saugen Staub in der Mittagszeit usw. B beschwert sich bei Ihnen. Entschuldigen Sie sich, beruhigen Sie B.

Person B

Ihre Wohnung ist voller Rauch, weil A auf dem Balkon grilliert. Vor der Tür steht sein/ihr Mountainbike und macht das Treppenhaus schmutzig. In der Mittagszeit können Sie nicht schlafen, weil A sehr laut ist. Beschweren Sie sich, weisen Sie auf die Hausordnung hin.

ÜBUNGEN

1 Ein Haus – viele Familien

a Markieren Sie zwölf Wörter zum Thema Wohnen. Schreiben Sie die Wörter mit Artikel.

E	G	A	R	A	G	E	P	W	W	A	G
R	U	G	I	T	T	B	A	T	O	B	A
D	I	B	A	D	M	N	R	A	H	S	N
G	L	W	A	U	N	I	K	Z	N	I	G
E	R	E	G	A	L	O	P	T	Z	L	A
S	B	A	L	K	O	N	L	V	I	C	H
C	A	S	R	E	T	I	A	N	M	R	G
H	T	U	H	L	I	V	T	L	M	M	A
O	J	W	N	L	O	N	Z	O	E	V	R
S	E	C	N	E	K	S	O	T	R	R	T
S	I	T	E	R	R	A	S	S	E	I	E
L	B	R	I	E	F	K	A	S	T	E	N

1. der Parkplatz
2. die Garage
3. das Erdgeschoss
4. das Bad
5. der Gang
6. die Terrase
7. das Regal
8. der Keller
9. der Briefkasten
10. der Garten
11. das Wohnzimmer
12. der Balkon

das WC / die Toilette / das Klo

b Ergänzen Sie den Text mit den Wörtern aus 1a.

Wir haben jetzt eine neue Wohnung. Sie liegt im (1) _Erdgeschoss_. Wir haben eine schöne (2) _Terrase_. Da sitzen wir oft. Unser (3) _Wohnzimmer_ ist sehr hell und gross, aber das (4) _Bad_ ist leider etwas klein und dunkel. Mein Auto kann ich auf dem (5) _Parkplatz_ hinter dem Haus parkieren und unsere Velos können wir in den (6) _Keller_ stellen. Unsere Wohnung gefällt uns sehr. ☺

stellen = dinamisch

2 Meine neuen Nachbarn

a *Wo?* oder *Wohin?* – Schreiben Sie die Fragen.

1. Familie Moreno wohnt **im zweiten Stock**.
2. Die Waschmaschine hat Herr Moreno **in den Keller** gestellt.
3. Die Nachbarin sitzt **auf dem Balkon**.
4. Die Abfallcontainer stehen **neben dem Haus**.
5. Der Hund legt sich **unter den Tisch**.
6. Die Velos darf man nicht **in den Gang** stellen.

1. Wo wohnt Familie Moreno?
2. Wohin hat Herr Moreno...?
3. Wo sitzt die Nachbarin?
4. Wo stehen die Abfallcontainer
5. Wohin legt der Hund?
6. wohin

ÜBUNGEN 1

b Was stimmt nicht? Suchen Sie die Fehler und schreiben Sie die Sätze richtig.

1. Herr Döring steht im Garten. *liegt im Stuhl.*
2. Seine Frau steht in der Garage. *– in der Küche*
3. Die Küche ist im ersten Stock. *Erdgeschoss*
4. Die Katze springt auf die Garage. *– auf dem Container*
5. Das Auto steht auf dem Balkon. *in der Garage*
6. Links neben dem Haus steht ein Baum. *einer Garage*
7. Die Tochter liest ein Buch im Wohnzimmer. *auf dem Balkon*
8. Der Hund liegt unter dem Tisch. *Baum*
9. Der Abfallcontainer liegt unter dem Balkon. *steht*
10. Das Velo steht vor der Garage. *dem Haus*

1. Herr Döring sitzt im Garten.

Erdgeschoss = Parterre

an die Herbmesse
in die Stadt
ins Restaurant

3 Ich hätte eine Bitte.

a Welche zwei Reaktionen passen? Kreuzen Sie sie an.

1. Könnten Sie mir bitte helfen?
   - [a] Nein, danke.
   - [x] Ja, gerne.
   - [x] Tut mir leid. Ich habe jetzt keine Zeit.

2. Könnten Sie mir ein paar Eier geben?
   - [x] Ich habe keine im Haus, aber fragen Sie doch mal meine Nachbarin, Frau Hell.
   - [b] Ich habe jetzt leider keine Zeit.
   - [x] Wie viele brauchen Sie?

3. Vielen Dank für Ihre Hilfe.
   - [x] Nichts zu danken.
   - [x] Das habe ich doch gerne gemacht.
   - [c] Ja, bitte.

♪ 1.20 **b** Aussprache: Sätze verlängern. Achten Sie auf die Akzente. Hören Sie und sprechen Sie nach.

1. Könntest du mir **hel**fen?
   Könntest du mir heute **Nach**mittag helfen?
   Könntest du mir heute Nachmittag im **Gar**ten helfen?
2. Könnten Sie mir Sa**lat** mitbringen?
   Könnten Sie mir **mor**gen Salat mitbringen?
   Könnten Sie mir morgen Salat vom **Markt** mitbringen?
3. Könnten Sie das Velo in den **Kel**ler stellen?
   Könnten Sie das Velo **bitte** in den Keller stellen?
   Könnten Sie das Velo bitte in **Zu**kunft in den Keller stellen?

neun 9

🎧 1.21–22 **c** Ergänzen Sie die Dialoge und hören Sie zur Kontrolle.

 Dialog 1

 Dialog 2

- Guten Tag, Herr Eckert.
○ 1. b
- Ich hätte eine Bitte. Könnten Sie meine Blumen nächste Woche giessen?
○ 2. g
- Das ist eine gute Idee. Vielen Dank.
○ 3. f

- Hallo, Jan.
○ 4. e
- Darf ich dich um einen Gefallen bitten?
○ 5. c
- Könntest du vielleicht meinen Abfallsack zum Container bringen?
○ 6. a
- Danke, das ist sehr nett.
○ 7. d

a) Ja, klar.   c) Natürlich. Das mache ich sofort.   ~~b) Guten Tag, Frau Blum.~~
e) Guten Tag, Frau Weber.   f) Nichts zu danken.   d) Kein Problem. Das mache ich doch gerne.
g) Tut mir leid, aber ich bin nächste Woche in den Ferien. Fragen Sie doch Familie Moreno.

🚑 Hilfe? – Hören Sie zuerst und ergänzen Sie dann.

d Zwei Mitteilungen – Ergänzen Sie mit den Wörtern.

Hallo Sybille
Ich komme heute (1) _später_ (rpeäst), weil ich heute länger im (2) _Büro_ (üBor) arbeiten muss. Kannst du bitte noch (3) _Brot_ (trBo) und (4) _Milch_ (lhMci) einkaufen? Das wäre super von dir.
Deine (5) _Mama_ (aaMm)

Lieber Herr Eckert
Darf ich Sie um einen (6) _Gefallen_ (faGellene) bitten? Heute kommen bei mir die (7) _Maler_ (laMre). Können Sie diese bitte in meine (8) _Wohnung_ (gnoWnhu) lassen? Mein Wohnungsschlüssel liegt in Ihrem (9) _Briefkasten_ (sBinekarfte). Vielen (10) _Dank_ (aknD)!
Rafael Moreno

P **e** Eine Mitteilung schreiben – Wählen Sie A oder B.

A Vor vier Wochen sind Sie in eine neue Wohnung eingezogen, aber Ihr Name steht immer noch nicht an der Klingel und am Briefkasten. Deshalb schreiben Sie an die Hausverwaltung.

Schreiben Sie etwas über folgende Punkte:
- Grund für Ihr Schreiben
- Termin
- wie Sie erreichbar sind
- Dank

B Sie wohnen seit kurzer Zeit in Ihrer neuen Wohnung. Sie möchten Ihre Nachbarn zu einem Apero einladen. Deshalb schreiben Sie eine Einladung.

Schreiben Sie etwas über folgende Punkte:
- Grund für Ihr Schreiben
- Termin für den Apero
- wo der Apero stattfindet
- was Sie vorbereiten

ÜBUNGEN 1

4 In der Hausordnung steht …

a Was passt zusammen? Ordnen Sie zu.

1. Das ist verboten.
2. Das ist möglich.
3. Das ist Vorschrift.
4. Das macht keinen Spass.
5. Darauf müssen Sie achten.
6. Das ist erlaubt.

a) Das macht man nicht gerne.
b) Das ist wichtig.
c) Das muss man machen.
d) Das darf man nicht machen.
e) Das darf man machen.
f) Das kann man machen.

b Schreiben Sie zehn Sätze.

Es ist verboten,
Es ist nicht erlaubt,
Es ist Vorschrift,
Achten Sie darauf,
Vergessen Sie nicht,

die Tür nach 22 Uhr abschliessen
Fussball im Garten spielen
im Treppenhaus laut schreien
Abfall neben die Container stellen
die Velos im Treppenhaus abstellen
auf dem Balkon grillieren

den Abfall trennen
Lärm vermeiden
nachts laut Musik hören
…

1. Es ist Vorschrift, die Tür nach 22 Uhr abzuschliessen.

5 Gespräche im Gang

a Schreiben Sie Sätze mit Infinitiv mit *zu*.

1. ich / wichtig finden / es / , // die Nachbarn grüssen / .

   Ich finde es wichtig, die Nachbarn zu grüssen.

2. Spass machen / es / , // im Garten grillieren / mit den Nachbarn / .

   ....

3. notwendig sein / es / , // nach dem Grillieren / aufräumen / .

   ....

4. Herr Eckert / keine Zeit haben / , // Kaffee trinken / mit der Nachbarin / .

   ....

5. Vorschrift sein / es / , // die Treppe frei halten / immer / .

   ....

6. die Nachbarin / gestern mich bitten / , // die Pflanzen giessen / .

   ....

b Schreiben Sie fünf Sätze über sich.

1. Heute habe ich keine Lust, …
2. Es macht mir grossen Spass, …
3. Ich finde es wichtig, …
4. Es ist interessant, …
5. Ich fange bald an, …

6 Das geht doch nicht …

a Sie hören nun ein Gespräch zwischen zwei Nachbarn. Sie hören das Gespräch einmal. Sind die Aussagen richtig oder falsch? Lesen Sie jetzt die Aufgaben 1 bis 7.

	R	F
1. Herr Altun hat in der Türkei Ferien gemacht.	☐	☒
2. Das Wetter war in den Ferien nicht so schön.	☒	☐
3. Der Service im Hotel war sehr gut.	☒	☐
4. Herr Altun muss morgen wieder arbeiten.	☐	☒
5. Im zweiten Stock ist eine neue Mieterin eingezogen.	☐	☒
6. Die Malerfirma kommt nächste Woche zu Familie Meyer.	☐	☒
7. Herr Altun lädt Frau Meyer und ihren Mann für Sonntag um drei Uhr ein.	☒	☐

b Lesen Sie. Welche Probleme hat nelly2016 mit den Nachbarn? Kreuzen Sie an.

☒ Abfallsäcke vor der Wohnungstür   ☐ Abfall nicht getrennt   ☐ Grillieren auf dem Balkon
☒ laute Musik   ☐ Treppe nicht geputzt   ☒ Lärm in der Nacht

Forum   Suche

nelly2016
Hallo zusammen
Seit vier Monaten haben wir neue Nachbarn und wir haben grosse Probleme mit ihnen. Wir haben drei Wochen lang praktisch nicht mehr geschlafen, weil sie fast jede Nacht ab circa 24 Uhr Besuch bekommen, der sehr laut ist und dann bis 3 oder 4 Uhr bleibt.
Auch sonntags haben wir keine Ruhe. Da hören unsere Nachbarn gerne sehr laute Musik. Ausserdem stellen sie ihre Abfallsäcke vor die Wohnungstür und dann riecht es im ganzen Treppenhaus schrecklich. Wir haben schon mit ihnen gesprochen, aber das hat auch nicht geholfen. Wer kennt die Probleme und weiss eine Lösung?
Liebe Grüsse, Nelly

senta Hallo Nelly, ich kenne das Problem mit dem Lärm sehr gut. Ich habe die Polizei gerufen. Seit dieser Zeit halten die Nachbarn sich an die Ruhezeiten!

siggi Fühlen sich die anderen Nachbarn durch diese Leute auch gestört? Wenn ja, dann schreibt zusammen einen Brief an die Hausverwaltung.

katja An deiner Stelle würde ich ausziehen und eine neue Wohnung suchen, weil dich diese Situation krank macht.

wendy Du solltest unbedingt immer notieren, wann die Nachbarn welchen Lärm machen. Ausserdem solltest du Fotos vom Abfall vor der Wohnungstür machen.

c Welche Vorschläge finden Sie gut/nicht so gut? Haben Sie noch andere Ideen? Ergänzen Sie die Sätze.

| An deiner Stelle würde ich … | Ich finde es nicht gut, wenn … | Du könntest … | Es ist keine gute Idee, … zu … | Wie wäre es, wenn … |

d Schreiben Sie Sätze mit sowohl … als auch. *(nicht nur… sondern auch)*

1. Herr Moreno / arbeiten / vormittags + nachmittags
2. Herr Eckert / haben / ein Velo + ein Motorrad
3. Carla / lernen / Deutsch + Englisch
4. Frau Kandel / spielen / Klavier + Gitarre
5. Familie Moreno / zur Party einladen / Freunde + Nachbarn

1. Herr Moreno arbeitet sowohl vormittags als auch nachmittags.

Familie Moreno laden nicht nur Freunde sondern auch Nachbarn zur Party ein.

ÜBUNGEN 1

7 Mein Quartier

a Was finden Sie wichtig/unwichtig in Ihrem Quartier? Schreiben Sie die Tabelle in Ihr Heft.

~~viele Freizeitmöglichkeiten~~

Geschäft in der Nähe – W

nette Nachbarn – W

Garten/Balkon – W

wenig Verkehr – W   *der ÖV*

Kindergarten in der Nähe – U

öffentliche Verkehrsmittel in der Nähe – W

Arbeitsplatz in der Nähe – W

frische Luft – W

Parkplatz/Garage – W

…

wichtig	unwichtig
viele Freizeitmöglichkeiten …	…

b Schreiben Sie Sätze mit den Satzteilen aus 7a.

Ich finde es wichtig, … *frische Luft zu haben*

Für mich ist es nicht so wichtig, … *Kindergarten in der Nähe zu habe*

Ich möchte …

Ich brauche …, weil …

Ich … Deshalb …

WORTBILDUNG: Wortfamilien

Leichter lernen mit Wortfamilien: Ergänzen Sie die Wortigel.

das Park**haus**   das **Haus**tier   *der Hausmeister*   das **Wohn**zimmer   *Wohnwagen*

das Gartenhaus

(Haus-/-haus)   *der Hagaret*   (Wohn-/(-)wohn-)   der Ein**wohn**er

die **Haus**aufgabe   *die Hausarbeit*   *die Hausordung*   **wohnen**   *Mitwewohner*

RICHTIG SCHREIBEN: au/äu/eu und a/ä/e

Bäume = Eule – pronuncia igual "oi"
Beule – gdpe

Ergänzen Sie mit au, äu, eu, a, ä oder e.

1. der Freund – fr**eu**ndlich
2. der Tr**au**m – die Träume
3. der Tag – t**ä**glich
4. das Hemd – die H**e**mden
5. das Haus – die H**äu**ser   *"Holser"*
6. die Wand – die W**ä**nde
7. der Parkplatz – die Parkpl**ä**tze
8. der Baum – die B**äu**me
9. die H**a**nd – die Hände
10. die Z**a**hl – zählen; zahlen

> e und eu bleiben e und eu. 🙂
>
> Manchmal wird a zu ä und au zu äu.

dreizehn 13

Mein Deutsch nach Kapitel 1

Das kann ich:

Haus und Nachbarschaft beschreiben 		Beschreiben Sie Ihr Haus und Ihre Nachbarschaft. *Ich wohne …* *Unser Haus / Unsere Wohnung …* *Meine Nachbarn …*
um einen Gefallen bitten 	👥	Sprechen Sie. ● Ich hätte eine Bitte. Könnten Sie …? ○ Ja, klar. ○ Darf ich dich um einen Gefallen bitten? ● …
über Hausregeln sprechen 		Schreiben Sie über drei Regeln. *Man sollte versuchen…* *Ich finde es gut, …* *Es ist wichtig, …*
Probleme ansprechen / mich entschuldigen   	👥	Spielen Sie zwei Dialoge. ● Du, …, es gibt ein Problem. Es geht nicht, dass … ○ Entschuldigung … ○ Entschuldigen Sie bitte, Herr/Frau …, aber Sie können nicht … ● Tut mir leid. … →B1/K1

Das kenne ich:

Infinitiv mit *zu* nach bestimmten Verben, Nomen und Adjektiven

Verben	Adjektive + *sein/finden*	Nomen + Verb
(nicht) vergessen, versuchen, versprechen, bitten, anfangen, beginnen, …	Es ist (nicht) möglich, notwendig … Es ist (nicht) einfach, … Ich finde es wichtig, gut …	(keine) Zeit haben, … Es macht Spass, … Es ist Vorschrift, …

Hauptsatz	Nebensatz
Vergessen Sie nicht,	vor einer Feier die Nachbarn **zu informieren**.
Es ist verboten,	im Treppenhaus Velos **abzustellen**.
Es ist Vorschrift,	nach 20:00 Uhr die Haustür **abzuschliessen**.

sowohl … als auch

Herr Grob ist am Montag und Freitag da.
Herr Grob ist **sowohl** am Montag **als auch** am Freitag da.

Wechselpräpositionen

in, an, auf, vor, hinter, über, unter, neben, zwischen

WO? • Dativ   *in der Küche sein*   WOHIN? → Akkusativ   *in die Küche gehen*

Hier kaufe ich ein.

2

1 Wir brauchen noch …

a Was passt zu welchem Foto? Ordnen Sie zu.

etwas liefern D Waren/Material bestellen C einkaufen müssen E das Paket D der Absender D eine Frühstückspause haben B

den Empfang bestätigen D der Laden / das Geschäft / der Supermarkt F etwas aus der Bäckerei mitbringen A

🎧 1.24–26 **b** Hören Sie drei Dialoge. Was machen die Personen? Wie kaufen sie ein? Welche Vorteile nennen sie?

> Jemand hat etwas aus der Bäckerei geholt. Da ist alles ganz frisch.

1) Frische Pretzel, Amareti. Organik. von Rosi
2)
3) Papier für Drucker → Heute kommt

c Was kaufen Sie wo? Fragen Sie mindestens drei Personen im Kurs.

> Pedro, was kaufst du in kleinen Geschäften?   Brot hole ich in …

	in kleinen Geschäften	online	im Supermarkt
Pedro	Brot in der Bäckerei		

Sprechen sich über Einkaufsmöglichkeiten und -gewohnheiten austauschen; Vorteile und Nachteile ausdrücken; reklamieren; Gespräche beim Einkaufen | **Hören** Gespräche im Büro; Gespräche beim Einkaufen; Reklamation | **Schreiben** Text über Einkaufsgewohnheiten | **Lesen** Artikel über Einkaufsgewohnheiten; Mahnung; Texte über Einkaufsmöglichkeiten | **Beruf** mit Kunden telefonieren; auf Reklamationen reagieren

2 Ich mache es meistens so.

a Lesen Sie den Chat. Wie geht es weiter? Was kann Eleni machen? Sammeln Sie Ihre Ideen.

> **Vera** 21:38 — Warum bist du so früh gegangen? Wir waren noch in der Bar. Es war sehr lustig. 😄
>
> **Eleni** 21:45 — Ich musste dringend einkaufen, wir hatten fast nichts mehr zu Hause. Und es war schon viertel vor acht. Morgen ist Feiertag und kein feines Frühstück geht gar nicht!
>
> **Vera** 21:52 — Aber man kann doch …

Eleni kann doch zu einer Tankstelle fahren und …

b Arbeiten Sie zu dritt. Jeder liest einen Text. Machen Sie dann gemeinsam eine Tabelle.

SO KAUFE ICH AM LIEBSTEN EIN

Auf dem Markt, im kleinen Laden oder Supermarkt, auf dem Bahnhof oder online: Es gibt viele Möglichkeiten, wie man seine Einkäufe erledigen kann. Wir haben drei Personen gefragt.

Mike Grosser, 32

Ich habe fast nie Zeit zum Einkaufen. Ich bin selbstständig und arbeite sehr viel. Deshalb ziehe ich es vor, meine Lebensmittel online zu bestellen. Der Lieferservice bringt die Sachen nach Hause, bis nachts um 22:00 Uhr. So verliere ich keine Zeit. Die Dinge für den Haushalt bestelle ich gleich mit.
Ich kaufe beinahe alles online, auch Geräte. Kleidung und Schuhe kaufe ich allerdings im Geschäft, weil ich da Beratung brauche.

Anna Leutert, 84

Ich habe immer gern eingekauft, weil ich da Leute getroffen habe. Aber dann sind die kleinen Läden verschwunden: keine Metzgerei, keine Bäckerei, kein Gemüseladen mehr. Mein Sohn musste jede Woche mit mir in den Supermarkt einkaufen fahren. Aber jetzt gibt es wieder einen türkischen Händler gleich um die Ecke. Da bekomme ich alle Nahrungsmittel und auch viele Sachen für den Haushalt. Seine Tochter trägt mir sogar die schwere Tasche nach Hause.

Sophia Garga, 34

Wir machen einmal pro Woche den grossen Einkauf – am Samstag. Dann fahren wir zum grossen Supermarkt und mein Mann kommt gewöhnlich auch mit. Sonst haben wir unter der Woche keine Zeit. Brot und Fleisch kaufen wir nur tiefgekühlt, weil das lange haltbar ist. Wenn mir beim Kochen etwas fehlt, dann besorge ich das schnell an der Tankstelle. Die ist 17 Stunden am Tag geöffnet. In den Ferien gehe ich gern auf den Markt. Dann habe ich Zeit.

	Was kauft die Person? Wie?	Warum macht er/sie das so?
Mike Grosser	Lebensmittel: online	

UND SIE?

Wählen Sie.

Es ist Sonntag. Sie bekommen unerwartet Besuch und müssen etwas für die Gäste einkaufen. Was machen Sie? Sprechen Sie.

Wann und wie kann man in der Schweiz und in Ihrem Land einkaufen? Beschreiben Sie die Möglichkeiten. Schreiben Sie.

3 Kommst du mit auf den Markt?

a Lesen Sie beide Inserate. Vergleichen Sie die Informationen.

Zeit? Preis? Qualität? Beratung? Kontakt?

WEBBI online

Der Supermarkt kommt zu Ihnen nach Hause

Sie wählen aus unserem gesamten Angebot, wann und wo Sie wollen.

Sie sagen uns, wann wir die Waren liefern können. Spätestens drei Stunden nach der Bestellung kann alles bei Ihnen sein.

Sie müssen nicht an der Kasse warten und tragen keine schweren Einkäufe.

Sie sparen Zeit und die Kosten für die Fahrt.

Ihre Ausgaben für die Zustellung sind gering, wir berechnen die Kosten je nach Entfernung zu Ihrem Wohnort. Einkäufe mit Waren im Wert von CHF 100.- und mehr stellen wir gratis zu.

www.webbi.ch/onlineshop

Der SAMSTAGSMARKT auf dem Kirchhofplatz: Einkaufen als Erlebnis

Wir garantieren: Sie kaufen ausschliesslich direkt bei Produzenten aus der Umgebung: kurze Transportwege, keine lange Lagerung.

- Käse von Schafen vom Gasser-Hof
- Frische Forellen und andere Fischprodukte von der Fischzucht Bachmühle
- Rind- und Schweinefleisch sowie Wurst vom Biohof Schneckenbühl — Name von Bauerhof
- biologisches Gemüse, Kartoffeln und Früchte je nach Saison direkt von fünf Gemüsebauern
- Konfitüren und Säfte aus eigener Herstellung vom Knüsel-Hof

Jeden Samstag von 7:30–13:00 Uhr. Wir verkaufen nicht nur, wir beraten Sie auch gerne. Überzeugen Sie sich selbst von der Qualität: Sie können die meisten Produkte probieren.

b 🎧 1.27 Fabian und Eleni unterhalten sich. Welche Vor- und Nachteile vom Markt am Kirchhofplatz nennen sie? Sprechen Sie.

c 🎧 1.27 Hören Sie noch einmal. Wer sagt was? Notieren Sie E (Eleni) oder F (Fabian).

1. Ich interessiere mich nicht für Märkte. __F__
2. Ich sehe mir die Produkte an. __E__
3. Dann entscheide ich mich. __E__
4. Ich unterhalte mich auch gern mit Verkäufern. __E__ — entertain
5. Ich überlege mir das noch. __F__ — consider

d Markieren Sie in 3c das Verb und *mir/mich*. Ergänzen Sie die Tabelle. (G)

FOKUS Reflexivpronomen im Akkusativ und im Dativ

Verb	Dativ	Akkusativ	
Ich _interessiere_		mich	nicht für Märkte.
Ich _verkaufe_		_mich_	gern mit Verkäufern.
Ich _sehe_	mir	die Produkte	an.
Ich überlege	_mir_		noch.

	Akkusativ	Dativ
ich	mich	mir
du	dich	dir
er/es/sie	sich	sich
wir	uns	uns
ihr	euch	euch
sie/Sie	sich	sich

e Schreiben Sie.

1. viele Leute / sich ärgern / wenn / …
2. ich / sich überlegen / ob / …
3. wir / sich unterhalten / weil / …
4. ich / sich ansehen / weil / …

> *Viele Leute ärgern sich, wenn …*

4 Am Telefon reklamieren

a Die Lieferung ist da! Was passiert zuerst, was dann? Ordnen Sie die Bilder und vergleichen Sie im Kurs.

🎧 1.28 **b** Hören Sie und kreuzen Sie an: Welche Sätze sind richtig?

☐ 1. Büroprofi hat das Papier nicht pünktlich geliefert.
☒ 2. Eleni hat kein blaues Papier bekommen, sondern weisses.
☐ 3. Eleni bekommt das richtige Papier nicht mehr heute, sondern Büroprofi liefert erst morgen.

sondern
Sie hat **kein** blaues Papier bekommen, **sondern** weisses.
Sie bekommt das Papier **nicht** heute, **sondern** Büroprofi liefert morgen.

🎧 1.28 **c** Lesen Sie die Redemittel und hören Sie noch einmal. Was sagen die Personen? Markieren Sie.

wegen etwas reklamieren	auf Reklamationen reagieren
Sie haben leider die falsche Ware geschickt.	✗ Sagen Sie mir bitte zuerst Ihre Kundennummer?
✗ Ich habe … bestellt, aber Sie haben … geliefert.	✗ Es tut mir leid, das ist unser Fehler.
✗ Sie haben kein … geschickt, sondern …	Sie können alles kostenlos zurückschicken.
Ich habe eine Reklamation: …	✗ Wir schicken Ihnen sofort die richtige Ware.
… funktioniert nicht.	Sie müssen die Rechnung nicht voll bezahlen, sondern sie bekommen … Prozent Rabatt.
… ist kaputt.	Wir schicken Ihnen einen Monteur/Fahrer, der …
… hat die falsche Grösse / hat ein Loch.	Sie bekommen das Geld zurück.
Kann ich die Ware umtauschen?	

d Reklamationen – Planen und spielen Sie einen Dialog zu A, B oder zu einer anderen Reklamation.

A
Problem: Die Wäscherei hat die falsche Wäsche geliefert.
Lösung: Der Fahrer holt die falsche Wäsche ab und bringt die richtige Wäsche.

B
Problem: Sie haben einen neuen Monitor bestellt, aber er funktioniert nicht.
Lösung: Die Firma schickt eine Informatikerin, die den Monitor repariert.

UND SIE?

Haben Sie schon einmal wegen etwas reklamiert oder etwas umgetauscht? Erzählen Sie.

> Gestern habe ich im Restaurant eine kalte Suppe bekommen. Da habe ich …

5 Die Mahnung

a Lesen Sie den Brief und die Antworten. Was ist das Problem? Wie ist die Lösung?

Erste Mahnung

Sehr geehrte Damen und Herren
Anscheinend haben Sie in der Hektik des Alltags übersehen,
dass Sie unsere Rechnung vom 23. Mai noch nicht bezahlt haben.
Bitte überweisen Sie den Betrag von CHF 70.90 bis zum 12. Juni.

Freundliche Grüsse
Erich Schmied
Büroprofi Kundendienst

Von: eleni.dumitru@k&l.com

Sehr geehrter Herr Schmied
Vielleicht erinnern Sie sich: Die Lieferung, die wir am 23. Mai von Ihnen bekommen haben, war falsch. Am Telefon haben Sie mir Folgendes gesagt: «Das blaue Papier, das Sie bestellt haben, schicken wir Ihnen heute noch ohne Liefergebühr. Die fünf Packungen weisses Papier, die wir falsch geschickt haben, nehmen wir wieder mit.» Die Rechnung habe ich am 25. Mai bezahlt und das Geld überwiesen. Die Mahnung, die Sie geschickt haben, ist also falsch.

Sehr geehrte Frau Dumitru
Sie haben natürlich recht. Wir entschuldigen uns für den Fehler, den wir gemacht haben. Wir geben Ihnen auf Ihre nächste Bestellung 5% Rabatt.

b Lesen Sie die E-Mails noch einmal und ergänzen Sie die Tabelle.

FOKUS Relativpronomen im Akkusativ

Wir entschuldigen uns für den Fehler.   Wir (haben) (den Fehler) (gemacht).

Wir entschuldigen uns für den Fehler, ...*den*... wir (gemacht) (haben).

Das blaue Papier, ... Sie bestellt haben, schicken wir heute.

Die Lieferung, ... wir zuerst von Ihnen bekommen haben, war falsch.

Die fünf Packungen, ... wir falsch geschickt haben, nehmen wir wieder mit.

⚠️ Das Relativpronomen im Akkusativ ist wie der bestimmte Artikel im Akkusativ.
Der Relativsatz steht meistens direkt nach dem Nomen.

c Welche Wörter stehen in beiden Sätzen? Markieren Sie und schreiben Sie dann Relativsätze.

1. **Die Ware** ist schon da. Der Kunde hat **die Ware** zurückgeschickt.
2. Der Drucker ist sehr teuer. Der Chef hat den Drucker bestellt.
3. Das Paket ist zu spät angekommen. Wir haben das Paket geschickt.
4. Der Mitarbeiter war nett. Ich habe den Mitarbeiter angerufen.
5. Die Gipfeli waren fein. Die Chefin hat gestern Gipfeli mitgebracht.

1. Die Ware, die der Kunde zurückgeschickt hat, ist schon da.

d Fragen und antworten Sie mit den Nomen und Verben unten.

Kundinnen / anrufen   Material / bestellen   Orangen / kaufen   Rechnung / schreiben
Kollegin / treffen   Kuchen / backen   E-Mail / schicken   Saft / mitbringen

Welche Kundinnen meinst du?   Die Kundinnen, die ich angerufen habe.

6 Könnten Sie bitte …?

a Sehen Sie die Bilder an. Was passiert?

 A □    B □    C □    D □

b Lesen Sie die Dialoge. Ordnen Sie die Dialoge den Bildern zu. Zu einem Bild gibt es keinen Dialog.

Dialog 1
- ● Könnten Sie mich vielleicht schnell vorlassen? Ich habe nur das hier, und ich muss auf den Zug.
- ○ Das ist doch gar kein Problem! Gehen Sie vor, bitte.
- ● Danke vielmals; das ist sehr nett!
- ○ Nichts zu danken.

Dialog 2
- ● Wer ist jetzt dran?
- ○ Ich bin dran. Ich hätte gern …
- ◐ Moment mal bitte, ich warte hier schon länger!
- ○ Tut mir leid, ich wusste nicht, dass Sie vor mir da waren.
- ◐ Kein Problem!

Dialog 3
- ● Darfs ein bisschen mehr sein?
- ○ Nein, danke, ich möchte wirklich nur ein Pfund.
- ● Hier, bitte, Ihre Mandarinen.
- ○ Würden Sie mir bitte eine andere Mandarine geben? Diese hier ist nicht gut.
- ● Entschuldigung, das habe ich nicht gesehen.

c Lesen Sie die Dialoge in 6b noch einmal und ergänzen Sie den Kasten mit passenden Redemitteln.

sich durchsetzen	sich entschuldigen	um etwas bitten
Moment mal bitte, ich warte hier schon länger!	Das ist mir jetzt wirklich peinlich, aber …	Könnten Sie mich vielleicht schnell vorlassen? Ich …
Ich war schon vor Ihnen da.		
Nein danke, ich möchte wirklich nur ein Pfund.		
Ich glaube, das stimmt nicht.		

🎵 1.29 **d** Aussprache: Hören Sie. Was ist freundlich: Version a oder b?

1. Entschuldigung, ich war schon vor Ihnen da.
2. Schauen Sie mal, diese Birne hier ist aber nicht gut.
3. Ich glaube, das stimmt nicht.
4. Ich möchte wirklich nur ein Pfund.

e Sprechen Sie die Sätze 1 bis 4 aus 6d freundlich.

f Spielen Sie freundliche Dialoge beim Einkaufen. Die Redemittel in 6c helfen. Wählen Sie.

Bild A, C oder D   *oder*   Bild B   *oder*   Eine eigene Situation

UND SIE?

Ihre Erlebnisse beim Einkaufen – Erzählen Sie.

> Ich war auf dem Markt und hatte nicht genug Geld dabei. Da hat der Verkäufer gesagt: …

7 Einkaufen mal anders

a Lesen Sie die Texte schnell. Welche Überschriften passen? Kreuzen Sie an.

- ☐ Verpackung kostet extra!
- ☑ Ohne Plastik geht es auch! **A**
- ☐ Neuer Asien-Laden in der Weststadt
- ☐ Erdbeeren vom Feld im Sonderangebot!
- ☑ Direkt vom Feld: reif & fein! **B**
- ☑ Essen wie im fernen Osten **C**

Drei ganz besondere Einkaufstipps

Einkaufen im Supermarkt – mal ganz ehrlich: Wird Ihnen das nicht auch ein bisschen langweilig? Deshalb lassen wir heute Menschen zu Wort kommen, bei denen Sie mal anders einkaufen können.

A
1 Wir finden es schlimm, wie viel Plastik in den Ozeanen schwimmt. Deshalb gibt es bei uns alles offen: Nudeln, Mehl,
5 Milch, … Die Kunden bringen Dosen, Taschen und Flaschen mit. So schonen wir die Umwelt. Noch ein Vorteil: Man kauft nur genau so viel, wie
10 man konsumieren kann und muss keine Reste wegwerfen.

B
1 Nur bei uns gibt es sie so frisch – von der Pflanze sofort in den Mund! Das ist Genuss pur für die ganze Familie! Hier
5 können Sie selbst ernten und dabei essen, so viel Sie wollen! Sie zahlen am Ende einen fairen Preis nach Gewicht, pro Person mindestens 500
10 Gramm. Täglich von 9 bis 19 Uhr.

C
1 Von scharf bis fruchtig, von süss bis sauer: Wir haben für jeden Geschmack etwas! Bei uns bekommen Sie schon seit drei
5 Jahren asiatische Lebensmittel in bester Qualität. Neu ist unser Mittagsimbiss: Hier können Sie chinesische Spezialitäten geniessen. Wir geben Ihnen
10 auch die Rezepte und beraten Sie beim Einkauf der Zutaten!

b Wo steht das in welchem Text? Notieren Sie und vergleichen Sie.

1. Bei uns können Sie auch etwas Warmes essen. — Text C, Zeile 6–9
2. Wir meinen, es gibt zu viel Abfall. — Text A, Zeile 8–11
3. Sie und Ihre Kinder werden Ihre Freude haben! — Text B, Zeile 3–6
4. Bei uns kann man Lebensmittel ohne Verpackung kaufen. — Text A, Zeile 3–6
5. Wir sagen Ihnen, was Sie für die Gerichte brauchen. — Text C, Zeile 9–11

c Kennen Sie andere besondere Einkaufsmöglichkeiten? Tauschen Sie sich aus.

> Ich habe kürzlich an der Strasse einen Stand mit Konfitüren gesehen. Man konnte das Geld einfach in eine Kasse legen. Ich habe ein Glas mitgenommen, die Konfitüre ist sehr fein!

VORHANG AUF

Wählen Sie eine Situation. Planen und spielen Sie Dialoge.

A Supermarkt! Online! Markt!

B Rabatt? Geld zurück? Umtauschen?

ÜBUNGEN

1 Wir brauchen noch …

H.W.

🎧 1.30 **a** Hören Sie. Welche Reaktion passt? Kreuzen Sie an: ⓐ oder ⓑ?

Wir haben schon wieder keine Milch mehr!

1. ⓐ Ich hole schnell welche im Supermarkt. ⓑ Ja, das finde ich auch.
2. ⓐ Der war nicht teuer! ⓑ Beim Bäcker gleich um die Ecke.
3. ⓐ Bleistifte finde ich besser. ⓑ Klar, das erledige ich gleich.
4. ⓐ Ich habe die Firma schon angerufen. ⓑ Heute noch.
5. ⓐ Morgen ist Feiertag und ich muss noch einkaufen. ⓑ Ich habe heute viel Zeit.
6. ⓐ Okay, aber dann beeil dich! ⓑ Das geht jetzt nicht!

🎧 1.31 **b** Hören Sie noch einmal und sprechen Sie die passende Reaktion.

c Was kaufen Sie meistens wo? Schreiben Sie die Wörter in die Tabelle und ergänzen Sie sie mit dem Artikel und wo möglich dem Plural.

der Salat   das Brötchen   die Waschmaschine   ~~Fisch~~   Lampe   Taschentuch   der Pilz   die Brezel
das Brot   die Rose   der Drucker   die Schokolade   der USB-Stick   der Kaffee   der Kuchen
das Mineralwasser   die Torte   die Nudel   die DVD   die Banane   das Salz   die Tomatensauce
Apfel   der Rahm   die Butter   das Öl   die Konfitüre   die Kamera   das Fleisch   die Blume

im Supermarkt	auf dem Markt	in der Bäckerei	im Technikmarkt
der Fisch, die Fische		die Brötchen	die Lampe
r Salat, die Schokolade		das Brot	die Waschmaschine
der Kaffee			
das Salz			

22 zweiundzwanzig

2 Ich mache es meistens so.

Lesen Sie die Texte 1 bis 7. Wählen Sie: Ist die Person *für Ladenöffnungszeiten nach 19 Uhr*?

In einer Zeitung lesen Sie Kommentare zu einem Artikel über Ladenöffnungszeiten.

Beispiel

0 Maria	Ja	~~Nein~~	1 Navid	~~Ja~~	Nein	5 Darina	~~Ja~~	Nein
			2 Max	Ja	~~Nein~~	6 Annette	Ja	~~Nein~~
			3 Svenja	~~Ja~~	Nein	7 Milan	~~Ja~~	Nein
			4 Helmut	Ja	~~Nein~~			

Leserbriefe

Beispiel Läden, die rund um die Uhr geöffnet sind, brauchen wir nicht, oder? Früher gab es das nicht, und wir sind auch nicht verhungert. Klar, manchmal ärgere ich mich auch, wenn ich spätabends Lust auf Schokolade habe und keine im Haus ist. Da wäre ein offener Laden schon schön. Aber dann warte ich halt mal ein bisschen, das schadet auch nichts!
Maria, 56, Linz

1 Ich finde es schon gut, wenn ich nicht abends schnell aus dem Büro zum Bäcker rennen muss, damit ich noch ein Brot fürs Abendessen bekomme. Seit die Läden länger offen sind, kann ich ganz entspannt auf dem Weg nach Hause im Supermarkt einkaufen, das finde ich toll! Aber die Verkäuferinnen, die immer bis spätabends arbeiten müssen, die tun mir schon manchmal leid.
Navid, 34, Gelsenkirchen

2 Was ist der Vorteil, wenn Geschäfte nachts um zwölf noch offen sind? Man kann doch seine Einkäufe auch ein bisschen planen! Ausserdem – wenn mir mal was fehlt und die Läden schon zu sind, dann frage ich einfach meine Nachbarin! Natürlich ist es viel bequemer, wenn man immer einkaufen kann. Ich kenne viele Leute, die das ganz wichtig finden, aber ich persönlich finde das unnötig.
Max, 29, Chur

3 Ich bin Verkäuferin, und privat gehe ich spätabends nur einkaufen, wenn ich etwas dringend brauche. Aber für mich sind die langen Öffnungszeiten jetzt sehr praktisch. Ich habe ein Baby und kann abends in Ruhe arbeiten gehen, weil mein Mann dann zu Hause ist. Später will ich aber vormittags arbeiten, damit ich abends mehr Zeit für die Familie habe.
Svenja, 27, Magdeburg

4 Man kann doch abends notfalls an Tankstellen etwas zu essen kaufen. Deshalb finde ich, dass Öffnungszeiten von 9 bis 19 Uhr lang genug sind. Wenn man unter der Woche viel arbeitet, muss man eben am Samstag den Grosseinkauf machen, das habe ich früher auch immer so gemacht. Man muss doch an die Verkäuferinnen und Verkäufer denken, die wollen auch mal Feierabend haben!
Helmut, 72, Würzburg

5 Ich bin ein spontaner Typ. Manchmal bekomme ich abends um zehn Lust, etwas zu kochen. Dann wäre es einfach blöd, wenn ich nicht einkaufen könnte. Und ich will nicht immer schon ein paar Tage vorher planen, was ich esse. Die Läden müssen ja nicht rund um die Uhr offen sein, aber dass ich bis Mitternacht im Supermarkt einkaufen kann, das finde ich schon gut.
Darina, 19, Köln

6 Natürlich ist es bequem, immer einkaufen zu können, das geht mir selbst auch so. Aber es gibt ein Argument, das ich wichtiger finde: Die kleinen Läden haben bei langen Öffnungszeiten keine Chance mehr gegen die grossen Supermärkte, weil sie nicht so viele Leute bezahlen können. Und ich finde es einfach nicht gut, wenn so viele kleine Läden schliessen müssen!
Annette, 33, Basel

7 Bei uns auf dem Land schliessen die Läden um 18 Uhr. Unsere drei kleinen Kinder will ich aber nicht zum Einkaufen mitnehmen. Wenn meine Frau abends zu Hause ist, fahre ich in den grossen Supermarkt in der Stadt. Das kostet aber Zeit und Geld. Am Sonntag können die Läden ruhig zu bleiben, aber unter der Woche wünsche ich mir hier längere Öffnungszeiten.
Martin, 39, Andreasberg

3 Kommst du mit auf den Markt?

a Was passt zusammen? Verbinden Sie. Markieren Sie dann: Welche Sätze drücken Vorteile (+) aus, welche Nachteile (–)?

1. [+] Ein Vorteil vom Markt ist, dass d. / a
2. [+] Am Supermarkt gefällt mir, g.
3. [–] Ein Nachteil vom Markt ist, dass . f.
4. [–] Beim Online-Einkauf finde ich es nicht gut, dass b.
5. [+] Es ist schön, auf den Markt zu gehen, a.
6. [ ] Für das Online-Einkaufen spricht, …
7. [+] Außerdem ist es online manchmal billiger . c.

a) weil man dort ganz frische Waren bekommt.
b) man keine Beratung bekommt.
c) als im Supermarkt.
d) man dort oft etwas probieren kann.
e) dass man keine schweren Taschen tragen muss.
f) es dort oft teurer ist als im Supermarkt.
g) dass ich dort in einem Geschäft alles finde, was ich brauche.

b Ergänzen Sie mit den Reflexivpronomen im Akkusativ.

● Komm, wir müssen (1) **uns** beeilen! Die Läden machen gleich zu! Und wir haben heute Abend zehn Gäste!

○ Freust du (2) **dich** auch schon so auf unsere Party?

● Ja, klar! Hoffentlich kann Carlos heute kommen, er hat (3) **sich** gestern nicht gut gefühlt.

○ Das hoffe ich auch! Wenn er da ist, langweilt (4) **sich** bestimmt niemand! Er ist so lustig!

● Aber jetzt sei bitte einen Moment ruhig! Ich muss (5) **mich** konzentrieren, ich muss noch die Einkaufsliste fertig schreiben.

dich • sich • mich • uns • sich

c Dativ oder Akkusativ? Markieren Sie die passenden Reflexivpronomen.

1. Ich habe mich/**mir** lang überlegt, was ich kochen soll, und konnte mich/mir nicht entscheiden.
2. Mama, ich langweile mich/**mir** so! Wann bekomme ich endlich ein neues Handy?
3. Ich unterhalte **mich**/mir gerne mit Jugendlichen. Ich will einfach wissen, was sie interessiert.
4. Siehst du dich/**dir** auch so gerne Filme an?
5. Ja, aber manchmal ärgere ich **mich**/mir über die Kinopreise.

d Dativ oder Akkusativ? Ergänzen Sie mit den Reflexivpronomen.

~~dich~~   ~~dir~~   euch   ~~mich~~   ~~mir~~   uns   uns

● Ich koche gerne Gerichte aus Asien. Zuerst suche ich ein Rezept im Internet, dann entscheide ich (1) **mich**, was ich kochen will. Danach überlege ich (2) **mir**, wo ich alles einkaufe. Ich kaufe gerne in kleinen Läden ein. Der Vorteil ist, dass du (3) **dir** dort die Waren direkt ansehen kannst. Außerdem kannst du (4) **dich** mit den Verkäufern unterhalten.

○ Wir kochen auch gerne asiatisch. Aber wir entscheiden (5) **uns** oft spontan, was wir kochen.

● Ärgert ihr (6) **euch** dann nicht, wenn ihr mal nicht alles da habt, was ihr braucht?

○ Na ja, ein bisschen ärgern wir (7) **uns** schon, aber dann kochen wir etwas anderes.

> Merken Sie sich die Verben mit Reflexivpronomen mit einem Satz mit *ich*:
> Ich **entscheide mich**.
> Ich **überlege mir** das noch.

H.W.
4 Am Telefon reklamieren

a Welches Verb passt nicht? Streichen Sie es durch.

1. eine Bestellung	bestätigen • ~~einkaufen~~ • unterschreiben
2. ein Paket	liefern • zurückschicken • ~~arbeiten~~
3. die Rechnung	bezahlen • schreiben • ~~fragen~~
4. einen Rabatt	geben • bekommen • ~~schicken~~
5. Geld	~~schreiben~~ • zurückbekommen • überweisen
6. einen Monteur	schicken • fragen • ~~liefern~~

b Schreiben Sie Sätze mit *sondern* wie im Beispiel. → la primera frase es negativa(+) y la segunda positiva (-)

1. Termin – sein (Präteritum) – 15 Uhr – 14 Uhr
2. Firma – liefern (Perfekt) – Orangen – Äpfel
3. er – gehen (Perfekt) – auf den Markt – in den Supermarkt
4. in dem Kuchen – sein (Präteritum) – Zucker – Salz
5. sie – anrufen (Präsens) – ein E-Mail schreiben (Präsens)

1. Der Termin war nicht um 15 Uhr, sondern um 14 Uhr.

c Eine Reklamation – Schreiben Sie den Dialog.

● was / ich / können / tun / für Sie / ?
○ gestern / ich / kaufen (Perfekt) / diese Hose / .
ein Loch / haben / aber / die Hose / hier / !
● das leidtun / mir / ! // kein Problem / sein / das / aber / .
wir / nähen lassen / das / . // unser Nähservice / ganz schnell / arbeiten / .
natürlich / nichts kosten / für Sie / das / .
○ die Hose / ich / brauchen / aber schon heute Abend / !
● das / wir / schaffen / . // die Hose / können / heute um 18 Uhr / Sie / abholen / .
○ Gut, // bis später / dann / !

• Was kann ich für Sie tun?

5 Die Mahnung

HW
a *Den, das* oder *die*? Ergänzen Sie mit den Relativpronomen im Akkusativ.

1. Wir entschuldigen uns für die Probleme, ...die... Sie mit dem Drucker hatten.
2. Das Paket, ...das... Sie uns zurückgeschickt haben, ist heute bei uns angekommen.
3. Den neuen Drucker, ...den... wir Ihnen heute schicken, haben wir extra noch einmal kontrolliert.
4. Mit dem Service, ...den... wir anbieten, sind unsere Kunden immer sehr zufrieden.
5. Die Informatikerin, ...die... Sie sprechen wollen, ist im Moment nicht im Haus.

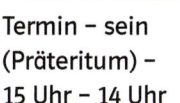

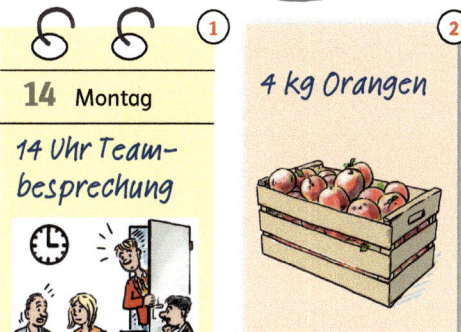

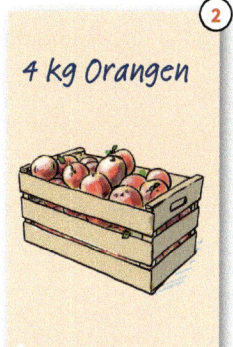

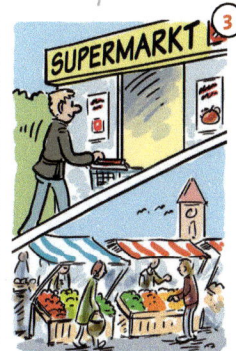

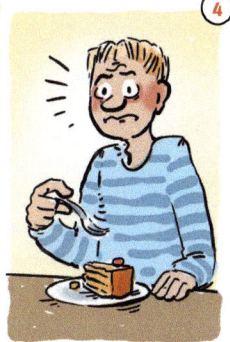

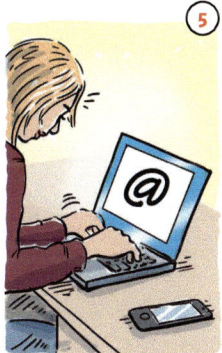

b Schreiben Sie die Relativsätze im Perfekt ins Heft. Markieren Sie die Verben wie im Beispiel.

1. Mir schmeckt der Kuchen, … du / backen / .
2. Ist das der Wein, … du / für die Party / bestellen / ?
3. Gib mir bitte die Guetsli, … ich / gestern / kaufen / !
4. Wo ist der Saft, … wir / für die Kinder / mitbringen / ?
5. Wann kommt der neue Kollege, … / ihr / einladen / ?
6. Wo ist das Kleid, … ich / gestern / waschen / ?

1. Mir ==schmeckt== der Kuchen, den du ==gebacken hast==.

c Ordnen Sie die Texte und schreiben Sie sie ins Heft.

Text 1
- 8 Silvia Zehnder Kundendienst
- 5 Bitte überweisen Sie uns das Geld
- 6 so schnell wie möglich. Vielen Dank!
- 4 nicht auf unserem Konto eingegangen.
- 1 Sehr geehrter Herr Bärfuss,
- 3 Rechnung vom 12.3. noch
- 7 Freundliche Grüsse
- 2 Leider ist der Betrag von CHF 103.50 für unsere

Text 2
- 2 erst heute habe ich gemerkt, dass ich
- 5 Freundliche Grüsse K. Bärfuss
- 4 habe den Betrag gerade auf Ihr richtiges Konto überwiesen.
- 1 Sehr geehrte Frau Zehnder,
- 3 bei der ersten Überweisung leider eine falsche IBAN verwendet habe. Ich

d Schreiben Sie mit den folgenden Stichwörtern einen Text. Text 2 in 5c hilft.

Entschuldigung   Überweisung vergessen   Geld gerade überwiesen   Danke für Ihr Verständnis

6 Könnten Sie bitte …?

a Ergänzen Sie die Dialoge und hören Sie zur Kontrolle.

Dialog 1
- ● Wer kommt jetzt dran, bitte?
- ○ Ich glaube, ich bin dran. Ich hätte gerne …
- ● 1. _a_
- ○ Oh, das tut mir leid, das habe ich nicht gesehen! Aber könnten Sie mich vielleicht vorlassen? Ich brauche nur ein paar Bananen.
- ● 2. _c_
- ○ Vielen Dank, das ist sehr nett!
- ● 3. _b_

Dialog 2
- ● Schauen Sie mal, hier steht, dass dieser Joghurt bis zum 12. April gut ist. Und heute haben wir den 13. April.
- ○ 4. _a_
- ● Genau diesen Joghurt gibt es aber nicht mehr, und mein Sohn will immer unbedingt diesen!
- ○ 5. _e_
- ● Ja, gerne, danke!

b) Kein Problem!
c) Na gut, wenn Sie es so eilig haben …
~~d) Entschuldigung, ich war vor Ihnen da!~~
a) Oh, stimmt, Sie haben recht. Das habe ich übersehen. Dann holen Sie sich doch bitte einfach einen anderen aus dem Kühlregal.
e) Gut, dann nehmen Sie den Joghurt mit. Ich darf ihn sowieso nicht verkaufen.

Hilfe? – Hören Sie zuerst und ergänzen Sie dann.

ÜBUNGEN 2

1.33 b Aussprache: h. Hören Sie und sprechen Sie nach: zuerst die Wörter mit grünem *h* einzeln und dann die ganzen Sätze.

habe • heute • Hunger • Gasthaus • Bahnhof • abholen

Ich habe heute ganz viel Hunger und wir haben nichts mehr hier zu Hause!
Wir können heisse Hotdogs hier im Gasthaus am Bahnhof abholen.
Herr Heinzer, mein Lebensmittelhändler, holt den Honig direkt vom Hof.

> Sie sprechen h am Wortanfang und am Silbenanfang: habe, heute, Hunger, Gasthaus, Bahnhof, abholen

7 Einkaufen mal anders

1.34 Birgits Müesliladen – Hören Sie und kreuzen Sie an: richtig oder falsch?

	R	F
1. In Birgits Laden gibt es auch fertige Müeslimischungen.	X	
2. Birgit wollte immer schon einen Laden haben.	X	
3. Der Müesliladen ist ihre eigene Idee.	X	
4. Birgit verdient mit dem Laden genug.	X	
5. Bald möchte sie auch online Müeslimischungen verkaufen.	X	

WORTBILDUNG: zusammengesetzte Wörter (Komposita I)

Schreiben Sie die Wörter mit Artikel wie in den Beispielen. Kombinieren Sie dann.

das Büro + der Stuhl = *der Bürostuhl — el articulo es del objeto al final*

das Büro + das Papier = *das Büropapier*

das Büro + die Pflanze = *die Büropflanze*

das Haus + *der* Schlüssel = *der Hausschlüssel*

das Haus + *die* Katze = *die Hauskatze*

das Haus + *die* Frau = *die Hausfrau*

liefern + die Gebühr = *die Liefergebühr*

liefern + der Termin = *der Liefertermin*

liefern + der Service = *der Lieferservice*

wohnen + *der* Ort = *der Wohnort*

wohnen + *die* Gemeinschaft = *die Wohngemeinschaft (WG)*

wohnen + *das* Zimmer = *das Wohnzimmer (die Stube - CH)*

RICHTIG SCHREIBEN: Komma vor und nach Relativsätzen

Ergänzen Sie den Text mit vier fehlenden Kommas.

> **«Tipps rund ums Wohnen»**
>
> Der Möbel-Lieferservice, den ich euch hier empfehle, ist wirklich gut. Das Regal das ich bestellt habe, war sehr günstig. Das kleine Problem, das ich beim Aufbauen hatte konnte ich schnell lösen. Der Mitarbeiter den ich angerufen habe hat mir alles genau erklärt.

> Vor Relativsätzen steht immer ein Komma. Wenn der Relativsatz im Hauptsatz steht, steht auch nach dem Relativsatz ein Komma.

Mein Deutsch nach Kapitel 2

Das kann ich:

über Einkaufsgewohnheiten sprechen

| Online | Markt | Supermarkt | ... |

Fragen und antworten Sie.

- Wo kaufst du Gemüse ein?
- Ich ..., und du?
- Ich ...

Vorteile und Nachteile ausdrücken

Supermarkt   Online-Service

kleines Geschäft um die Ecke   Markt

Notieren Sie je einen Vorteil und einen Nachteil. Die Stichwörter helfen.

Zeit?   Preis?   Qualität?   Beratung?   Kontakt?

Auf dem Markt gefällt mir, dass ich mit den Händlern reden kann. Aber ... Im Supermarkt finde ich gut, dass ...

reklamieren und auf Reklamationen reagieren

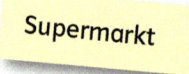

Sprechen Sie.

- Guten Tag, mein Name ist ...
  Sie haben mir gestern einen Kühlschrank geliefert, aber der funktioniert überhaupt nicht!
- Bitte ...

Gespräche beim Einkaufen führen

Ergänzen Sie den Minidialog. Sprechen Sie dann zu zweit.

länger   dran   stimmt   Ihnen   wenig

- Entschuldigen Sie bitte, ich war vor .... da!
- Nein, das .... nicht, ich bin jetzt ...., ich warte hier schon viel .... Und ich brauche auch nur ganz ....
- Also gut.

→ B1/K2

Das kenne ich:

Reflexivpronomen im Akkusativ und im Dativ

	Akkusativ	Dativ
ich	mich	mir
du	dich	dir
er/es/sie	sich	sich
wir	uns	uns
ihr	euch	euch
sie/Sie	sich	sich

sondern

Sie hat kein blaues Papier bekommen, sondern weisses.
Sie bekommt das Papier nicht heute, sondern Büroprofi liefert morgen.

Relativpronomen im Akkusativ

den	Entschuldigen Sie den Fehler,	den wir gemacht haben.
das	Das ist das blaue Papier,	das Sie haben möchten.
die	Die Ware,	die ich in der Packung sehe, habe ich nicht bestellt.
die	Die fünf Packungen,	die wir falsch geschickt haben, nehmen wir wieder mit.

HALTESTELLE

1 Beruf – Verkäuferin im Supermarkt

a Im Supermarkt arbeiten – Ordnen Sie den Text.

...1... Ich möchte nicht Vollzeit arbeiten, weil meine Kinder noch klein sind. Deshalb arbeite ich 25 Stunden pro Woche als Verkäuferin.

.... Jetzt bediene ich manchmal auch an der Wurst- und Käsetheke. Das mache ich viel lieber. Da kann man auch ein bisschen mit den Kunden sprechen und sie etwas kennen lernen.

.... Sie macht den Dienstplan. Ich arbeite vormittags und meistens den ganzen Samstag.

.... Ich bin in einem kleinen Supermarkt in meinem Quartier angestellt. Wir sind insgesamt acht Verkäuferinnen, aber nie arbeiten alle gleichzeitig. Die Kolleginnen sind nett, die Filialleiterin auch.

.... Zuerst habe ich nur Waren in die Regale geräumt. Da habe ich nur mit Kunden gesprochen, wenn sie ein Problem hatten. «Wo finde ich das oder das?» war die häufigste Frage. Das war ein bisschen langweilig.

b Berufe raten – Denken Sie sich einen Beruf aus. Erzählen Sie, was Sie in dem Beruf gerne machen und was Ihnen nicht so gut gefällt. Nennen Sie den Beruf nicht. Die anderen raten.

2 Sprechtraining

a Minidialoge – Was passt zusammen? Verbinden Sie.

1. Kann ich Ihnen helfen? Die Tasche ist bestimmt sehr schwer.
2. Das stimmt nicht ganz. Da fehlt ein Franken.
3. Es geht nicht, dass Sie Ihr Auto hier parkieren.
4. Ich möchte mich entschuldigen, dass es gestern Nacht ziemlich laut war.
5. Ist das Ihr Schlüssel? Den habe ich im Keller gefunden.

a) Ja, da bin ich aber froh. Vielen Dank. Ich habe ihn schon überall gesucht.
b) Das ist aber nett von Ihnen. Danke!
c) Ich habe nichts gemerkt. Ich habe gut geschlafen.
d) Oh, das tut mir leid. Hier ist noch ein Franken für Sie. Entschuldigen Sie bitte.
e) Tut mir leid. Das habe ich nicht gewusst. Ich fahre gleich weg.

b Formulieren Sie zu drei Situationen aus 2a andere Reaktionen. Spielen Sie die Gespräche.

> Kann ich Ihnen helfen? Die Tasche ist bestimmt sehr schwer.

> Danke, das ist nicht nötig. Die Tasche sieht nur so schwer aus.

3 Verstehen Sie Schweizerdeutsch?

🎧 1.35–36 Hören Sie die Dialoge und kreuzen Sie an.

Dialog 1
1. Als Frau Hässig an der Wohnungstür klingelt, ist es
   (a) Morgen.
   (b) Mittag.
2. Die Wäsche von Herrn Fröhlich ist
   (a) im Treppenhaus
   (b) in der Waschmaschine.
3. Dienstag ist der Waschtag von
   (a) Frau Hässig.
   (b) Herrn Fröhlich.

Dialog 2
1. Als Larissa Tamara anruft, sind im Café Oberstadt
   (a) drei Leute.
   (b) sehr viele Leute.
2. Larissa ist nicht gekommen, weil
   (a) sie den Bus verpasst hat.
   (b) sie in das falsche Café gegangen ist.
3. Am Ende treffen sich die beiden Frauen
   (a) im Café Oberstadt.
   (b) im Café Unterstadt.

neunundzwanzig 29

4 Spielen und wiederholen

Stationen eines Tages. Ein Spiel für vier Personen.

1. Alle stellen ihre Spielfigur auf das Feld «Start».
2. Werfen Sie eine Münze. Gehen Sie bei «Zahl» 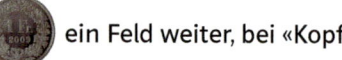 ein Feld weiter, bei «Kopf»  zwei Felder weiter.
3. Wählen Sie einen Mitspieler / eine Mitspielerin und spielen Sie mit ihm/ihr die Situation.
4. Sind Sie zuerst am Ziel? Sie haben gewonnen!

1 START

2 Sie gehen am Morgen zur Arbeit und treffen jemanden aus dem Haus. Sprechen Sie kurz mit ihm.

3 Sie erwarten ein Paket, sind heute aber nicht zu Hause. Bitten Sie eine Nachbarin, das Paket anzunehmen.

6 Das Internet funktioniert nicht. Fragen Sie Ihren Nachbarn, ob er Ihnen helfen kann.

5 Sie kommen vom Einkaufen, eine Flasche fällt auf den Boden und zerbricht. Pause zum Putzen – einmal aussetzen.

4 Ihr Nachbar geht zur Bäckerei und kauft für das Frühstück ein. Bitten Sie ihn, Ihnen etwas mitzubringen.

7 Ihre Waschmaschine ist kaputt. Sie haben noch Garantie. Rufen Sie beim Kundendienst an.

8 Online einkaufen. Was finden Sie gut, was nicht? Sprechen Sie zu zweit.

9 Sie kaufen im Supermarkt ein. Die Person vor Ihnen lässt Sie an der Kasse vorgehen. Werfen Sie noch einmal die Münze.

12 Das Velo der Nachbarin steht vor der Wohnungstür und blockiert den Gang. Sprechen Sie mit ihr.

11 Sie haben 1 Kilo Orangen gekauft, aber zwei Orangen sind schlecht. Sprechen Sie mit der Verkäuferin.

10 Jemand drängt sich an der Kasse vor, aber Sie sind dran. Sagen Sie das der Person höflich.

13 Sie möchten in Ihrer Wohnung eine Party machen und informieren Ihre Nachbarn.

14 Das Licht im Treppenhaus funktioniert nicht. Rufen Sie den Hauswart an.

15 ZIEL Feierabend: Sie sind in Ihrer Wohnung. Alles ist gut.

TESTTRAINING

HALTESTELLE A

Die Testtrainings A bis H helfen Ihnen bei der Vorbereitung auf die wichtigen Deutschprüfungen: `P telc` telc Deutsch B1, `P Goethe/ÖSD` Goethe-/ÖSD-Zertifikat B1 und `Sprachnachweis fide`. In allen drei Prüfungen gibt es Aufgaben zum *Hören, Sprechen, Lesen* und *Schreiben*.
In telc Deutsch B1 gibt es ausserdem noch den Teil *Sprachbausteine*.

Unter www.klett-sprachen.de/tests, www.telc.net, www.goethe.de und www.osd.at finden Sie komplette Modelltests der ersten beiden Prüfungen. In Testtraining A lernen Sie den Sprachnachweis *fide* kennen.

1 Was ist der Sprachnachweis *fide*?

Der Sprachnachweis *fide* ist ein Test, den man in den schweizerischen Landessprachen Deutsch, Französisch und Italienisch machen kann. Bei diesem Test gibt es kein «Bestanden» oder «Nicht Bestanden», sondern das Ergebnis zeigt, welches Niveau man in der getesteten Sprache mündlich (Hören und Verstehen, Sprechen) und schriftlich (Lesen und Verstehen, Schreiben) erreicht hat: *A1, A2* oder *B1*. Nach dem Test bekommt man den Sprachenpass, auf dem die Niveaus angegeben sind, die man im mündlichen und im schriftlichen Teil erreicht hat. Man kann die beiden Testteile auch einzeln machen.
Die Testaufgaben im Sprachnachweis *fide* sind speziell für die Schweiz gemacht. Bei allen geht es um Situationen, die Sie hier im Alltag erleben können. Zum Beispiel bei der Arbeit, in der Nachbarschaft, beim Einkaufen, beim Arztbesuch oder in Ihrer Freizeit.

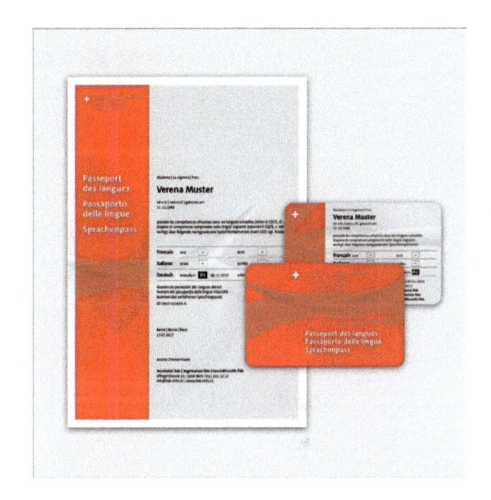

2 Das Einleitungsgespräch

Der Sprachnachweis *fide* beginnt mit einem Einleitungsgespräch. Das ist eine Art Kennenlern-Gespräch und zeigt den Gesprächspartnerinnen oder Gesprächspartnern *fide*, wie fortgeschritten Sie in der Sprache schon sind. Danach bekommen Sie etwas schwierigere oder etwas einfachere Aufgaben.

3 Der Testteil «Sprechen und Verstehen»

Beim Sprechen und beim Verstehen gibt es mehrere Aufgaben, zuerst etwas leichtere, dann etwas schwerere. In diesem Teil müssen Sie nichts lesen. Ihre Gesprächspartnerin oder Ihr Gesprächspartner erklärt Ihnen die Aufgaben mündlich und Sie arbeiten dabei mit Bildern.
Zuerst ist Sprechen an der Reihe. Ein mögliches Aufgabenbeispiel: In einem Rollenspiel vereinbaren Sie telefonisch einen Termin für eine Versicherungsberatung. Dabei erklären Sie, warum Sie anrufen und welche Versicherung Sie interessiert.
Beim Verstehen hören Sie verschiedene kurze Texte und beantworten Fragen dazu. Zum Beispiel hören Sie einen Dialog beim Einkaufen und wählen aus, welches von drei Bildern zu dem Dialog passt.

a)   b)   c)

Das Einleitungsgespräch und der mündliche Testteil dauern total ungefähr 45 Minuten.

4 Der Testteil «Lesen und Schreiben»

Am Anfang des schriftlichen Teils erklärt Ihnen eine Aufsichtsperson, wie die Aufgaben funktionieren. Zu Texten aus dem Alltag müssen Sie verschiedene Fragen beantworten. Dabei wählen Sie aus mehreren Antworten die richtige aus, oder Sie müssen entscheiden, ob Aussagen zum Text richtig oder falsch sind.

1. *Im Asienladen von Familie Gunaseelam bekommt man auch afrikanische Lebensmittel.*   richtig ○   falsch ○

1. *Für welche Zeit sucht der Laden eine Aushilfe?*
   a) *Ab sofort bis zu den Sommerferien*   a) ○
   b) *Für die Sommerferien*   b) ○
   c) *Für die Zeit nach den Sommerferien*   c) ○

Bei den einfachen Schreibaufgaben ergänzen Sie ein Formular mit Angaben, bei den schwierigeren lesen Sie zuerst einige Informationen zu einer Situation aus dem Alltag und schreiben dann nach Stichpunkten einen Text, z. B. ein E-Mail. Dieser Test dauert 60 Minuten.

Situation
Sie sind gerade in eine neue Wohnung eingezogen. Gestern wollten Sie zum ersten Mal etwas backen und haben festgestellt, dass der Backofen nicht warm wird. Das müssen Sie dem Vermieter sofort melden.

Aufgabe
Schreiben Sie ein E-Mail. Schreiben Sie,
was das Problem ist;
wann Sie es bemerkt haben;
was Sie vom Vermieter möchten;
wie man Sie erreichen kann.
Schliessen Sie das E-Mail mit einem Dank und einem Gruss ab.

5 Wie kann ich mich auf den Test vorbereiten? 😊

Darauf könnte man antworten: Sie sind vorbereitet, denn Sie verstehen, sprechen und schreiben ja schon Deutsch. Aber Sie hoffen natürlich, dass Sie im Test auch wirklich zeigen können, wie gut Ihr Deutsch schon ist – Sie wollen es in der Testsituation genauso gut können wie im normalen Alltag. Und Sie wünschen sich vielleicht ein bestimmtes Niveau als Ergebnis in Ihrem Sprachenpass; z. B. mündlich B1 und schriftlich A2.

Zwei Dinge helfen Ihnen, Ihre persönlichen Ziele zu erreichen: die Arbeit im Kurs und alles, was Sie im täglichen Leben auf Deutsch tun. Trainieren Sie täglich Ihr Deutsch, indem Sie es sprechen, hören, lesen und schreiben!

Weitere Informationen zum Sprachnachweis *fide* und zum Sprachenpass finden Sie auf www.fide-info.ch.

Wir sind für Sie da.

3

1 Die kaputte Vase

a Frau Hafner und Jan besuchen Herrn Moreno. Sehen Sie das Bild an. Vermuten Sie: Was ist passiert? Wie würden Sie das Problem lösen?

- Vermutlich hat Jan …
- Ich glaube, Herr Moreno möchte …
- Ich finde, Frau Hafner sollte …

b Spielen Sie das Gespräch zwischen Herrn Moreno und Frau Hafner. Die Stichpunkte helfen Ihnen.

leidtun   mit einem Fussball spielen   teuer sein   besser aufpassen   traurig sein
eine neue Vase kaufen   nicht wieder passieren   der Versicherung melden

🎧 1.37 **c** Hören Sie das Gespräch. Was ist richtig? Kreuzen Sie an.

1. Frau Hafner möchte eine neue Vase kaufen. ☐
2. Die Versicherung von Frau Hafner bezahlt einen Teil des Schadens. ☒
3. Jan muss die Vase selbst bezahlen. ☐
4. Herr Moreno hat die Rechnung noch. ☒
5. Herr Moreno soll den Schaden melden. ☐

d Ist Ihnen schon etwas Ähnliches passiert? Erzählen Sie.

- Eine Freundin hat einmal bei uns gekocht. Als sie …

Sprechen sich über Versicherungen informieren; über Erfahrungen mit Versicherungen und Banken sprechen; Helpline anrufen | **Hören** Gespräch zwischen Nachbarn; Mailbox-Nachricht; Beratungsgespräch; Bankangebote | **Schreiben** E-Mail über Erfahrungen in der Schweiz | **Lesen** Brief über Versicherungsfall; Texte über Versicherungen; Infotext über Bankkarte; Forumstexte zu Konsumentenfragen | **Beruf** ein Beratungsgespräch führen

2 Welche Versicherung hilft?

a Lesen Sie das E-Mail von Frau Hafner und ordnen Sie die Bilder.

Hallo Mama
Zum Glück hast du mir damals eine Haftpflichtversicherung empfohlen – letzte Woche habe ich sie wirklich gebraucht! Jan hat bei unserem neuen Nachbarn eine wertvolle Vase kaputt gemacht. Ich habe dann gleich Fotos mit dem Handy gemacht und meiner Versicherung den Schaden online gemeldet. Nach zwei Tagen habe ich ein E-Mail bekommen, dass sie die Quittung brauchen. Die hat mir unser Nachbar gleich gegeben, ich habe sie dann gescannt und eine Datei mit den Fotos gesendet. Jetzt erstattet die Versicherung die Kosten für die Vase, abzüglich Selbstbehalt, natürlich. Herrn Moreno habe ich dann einen Kuchen und Unterlagen von meiner Versicherung gebracht. Er hat vor, hier in der Schweiz eine Versicherung abzuschliessen. Komm uns doch bald besuchen.
Liebe Grüsse
Susanne

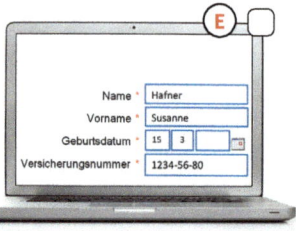

A ☐ B ☐ C ☐ D ① E ☐ F ☐

b Was wissen Sie über diese Versicherungen? Sammeln Sie im Kurs.

Rechtsschutzversicherung   Motorfahrzeugversicherung   Krankenversicherung (Krankenkasse)
Haftpflichtversicherung   Unfallversicherung   Hausratversicherung

c Herr Moreno informiert sich. Lesen Sie die Beschreibungen. Welche Versicherung aus 2b passt?

A Diese Versicherung bietet Ihnen einen kostenlosen Anwalt-Service, d. h. eine Anwältin oder ein Anwalt unterstützt Sie bei einem Rechtsstreit und auch bei einem Gerichtsprozess. Und was kostet Sie dieser Schutz? Zwischen 100 und 150 Franken jährlich, das ist abhängig von verschiedenen Faktoren.

B Unsere Versicherung übernimmt die Kosten z. B. bei einem Wasserschaden in Ihrer Wohnung oder bei Einbrüchen. Auch auf Reisen sind Ihre Sachen versichert. Wir kümmern uns um Ihren Schaden und beraten Sie individuell. Für eine Wohnung mit einer Fläche von 65 m² zahlen Sie ca. Fr. 150.-- bis 200.-- pro Jahr.

C Es kann immer etwas passieren – und dann hilft Ihnen diese Versicherung. Wir erstatten sämtliche Kosten über Fr. 200.-- (Selbstbehalt), wenn Sie aus Versehen etwas beschädigen, kaputt machen oder jemand anderem einen Schaden zufügen. Das kostet für eine Familie Fr. 100.-- im Jahr, für eine Person Fr. 50.--. Haustiere sind auch versichert.

d Welche Versicherung aus 2c brauchen Sie für diese Situationen? Notieren Sie und vergleichen Sie.

1. Im Hotel hatten Sie kein warmes Wasser und wollen einen Teil von Ihrem Geld zurück. ....
2. Ihre Waschmaschine ist nicht dicht. Das Wasser läuft auch in die Nachbarwohnung. ....
3. Ein Handwerker hat bei Ihnen ein Fenster kaputt gemacht und zahlt nicht dafür. ....
4. Ein Einbrecher stiehlt aus Ihrer Wohnung Schmuck und teure Elektrogeräte. ....
5. Ihre Katze ist bei den Nachbarn und macht dort das Sofa kaputt. ....

3 Die Versicherungsvertreterin

🎧 1.38 **a** Hören Sie die Nachricht auf der Mobilbox von Herrn Moreno. Kreuzen Sie die richtige Antwort an.

1. Frau Weiss verschiebt den Termin. ☐ Richtig ☒ Falsch

2. Herr Moreno soll Frau Weiss anrufen, weil sie …
   - ⓐ seine Kontodaten braucht.
   - ⓑ das Treffen vorbereiten möchte.
   - ⓒ noch Fragen zur kaputten Vase hat.

b Welche Fragen finden Sie wichtig, bevor Sie einen Vertrag für eine Haftpflichtversicherung abschliessen? Notieren Sie und vergleichen Sie mit Ihrem Partner / Ihrer Partnerin.

- 1. ✗ Wie teuer ist die Versicherung? 100 Franken im Jahr
- 2. ✗ Hat man auch Anspruch auf Zahlung, wenn die eigenen Kinder etwas kaputt machen?
- 3. ..... Gibt es einen Selbstbehalt? Das heisst: Muss man einen Teil selbst bezahlen? →deducible
- 4. ✗ Wann kann man kündigen? Brief per Post / jede Zeit
- 5. ✗ Wie schnell muss man einen Schaden melden?
- 6. ✗ Für welche Schäden zahlt die Versicherung nicht? eigene Dinge
- 7. ..... Wie schnell bearbeitet die Versicherung einen Schadensfall?
- 8. ✗ Wie hoch ist die Versicherungssumme? 5'000'000

> Also, ich finde es sehr wichtig, wie teuer die Versicherung ist. Und du?

🎧 1.39 **c** Hören Sie das Gespräch von Herrn Moreno und Frau Weiss. Was fragt Herr Moreno? Markieren Sie in 3b mit √ und vergleichen Sie mit Ihrer Auswahl.

🎧 1.39 **d** Hören Sie noch einmal und notieren Sie die Antworten im Heft.

1. 100 Franken im …
2. …

e Auslandskrankenversicherung – Planen und spielen Sie einen Dialog.

Kunde / Kundin

Sie (1 Erwachsener, 1 Kind) möchten Ihre Ferien in Vietnam verbringen und brauchen deshalb eine Reisekrankenversicherung für das Ausland. Fragen Sie nach Preis, Personen, Dauer.

Versicherungsvertreter/in

Sie haben Reisekrankenversicherungen für einen Monat (Fr. 30.-- pro Person). Es gibt auch eine Jahresversicherung für Fr. 90.-- pro Person oder Fr. 250.-- für eine Familie von drei bis vier Personen.

UND SIE?

Welche Erfahrungen haben Sie mit Versicherungen gemacht? Was ist für Sie bei einer Versicherung wichtig? Sprechen Sie zu dritt.

über Erfahrungen sprechen

Bei mir war es so: …
Mir hat es (nicht) gut gefallen, dass …
Ich war (nicht) zufrieden, weil …
Es war einfach/kompliziert, als …

Wichtigkeit ausdrücken

Ich finde es wichtig, dass …
Eine grosse Rolle spielt …
Die Versicherung sollte …
Ich finde, man braucht unbedingt …

4 Papa, ich möchte ein eigenes Konto.

a Warum gibt Herr Moreno seiner Tochter Carla Geld?

> Vielleicht soll sie einkaufen gehen.

🎧 1.40 **b** Hören Sie das Gespräch. Was ist richtig? Kreuzen Sie an: ⓐ oder ⓑ?

1. Carla möchte ein Konto und eine Bankkarte, …
   - ⓐ weil sie immer bequem Geld überweisen will.
   - **ⓑ** weil alle in ihrer Klasse das haben.

2. Herr Moreno gibt seiner Tochter 50 Franken, …
   - ⓐ weil sie neue Schuhe kaufen will.
   - **ⓑ** weil sie jeden Monat 50 Franken Taschengeld bekommt.

🎧 1.41 **c** Ordnen Sie die Fragen von Carla den Antworten von Juliana und Herrn Moreno zu. Hören Sie dann zur Kontrolle.

- Ⓐ _3_ Was sind «Kontoauszüge»?
- Ⓑ _5_ Was ist ein «Dauerauftrag»?
- Ⓒ _1_ Was bedeutet «Überweisung»?
- Ⓓ _2_ Was heisst «Geld abheben»?
- Ⓔ _4_ Was ist eine «Direktbank»?

1. Wenn man etwas bargeldlos von seinem Konto auf ein anderes Konto einzahlen will, füllt man ein Formular online am Computer oder von Hand in der Bank aus.
2. Du gehst mit deiner Bankkarte zum Geldautomaten und bekommst Bargeld.
3. Da kannst du sehen, wann und von wem du Geld bekommen hast und wann und wohin du Geld geschickt hast.
4. Seine Bankgeschäfte kann man dort nicht in einer Filiale machen, man macht alles online.
5. Wenn man das hat, überweist die Bank automatisch jeden Monat eine bestimmte Summe, z.B. das Taschengeld, den Mietzins oder die Versicherung.

🎧 1.41 **d** Lesen Sie die zwei Inserate. Hören Sie den Dialog aus 4c dann noch einmal. Welche Bank ist für Carla passend? Warum? Sprechen Sie.

✓ BankDirect

Deine Vorteile auf einen Blick:

- Kostenlos für Schüler, Lernende und Studierende bis 26 Jahre
- Kostenlose Bankkarte
- Kostenlose Kreditkarte (ab 18 Jahren)
- Kostenlos abheben bei Partnerbanken
- Kostenlose Betreuung über den Online-Kundendienst
- Mobiles B@nking mit appTAN für iOS oder Android

EasyBank 2020

Deine Vorteile beim Jugendprivatkonto:

- √ Kostenlos Bargeld an 7000 Geldautomaten schweizweit abheben
- √ Beim Einkaufen bargeldlos bezahlen
- √ Überweisungen und Daueraufträge möglich
- √ Gratis E-Banking
- √ Voller Überblick über deine Finanzen mit Kontoauszügen online
- √ Freundliche und kompetente Beratung in deiner Bankfiliale

UND SIE?

Wie erledigen Sie Ihre Bankgeschäfte? Warum? Tauschen Sie sich aus.

> Ich mache alles mit einer BankApp auf meinem Handy.

> Die Kontoauszüge drucke ich in der Bank aus.

5 Hilfe – meine Bankkarte ist weg!

a Herr Moreno findet seine Bankkarte nicht mehr. Was soll er machen?

> Er könnte seine Frau fragen. Die weiss das bestimmt.

b Im Internet findet Herr Moreno folgende Information. Lesen Sie und kreuzen Sie an: richtig oder falsch?

Karte verloren? – Karte sperren
- Lassen Sie bei Verlust Ihrer Bankkarte diese sofort sperren.
- Wählen Sie die Nummer der Helpline Ihrer Bank.
- Für das Sperren der Bankkarte müssen Sie sich durch persönliche Angaben identifizieren.
- Die Nummer ist 365 Tage im Jahr rund um die Uhr erreichbar.
- Der Anruf der Helpline ist im Inland kostenlos.
- Bei Diebstahl der Karte informieren Sie zusätzlich die Polizei.

	R	F
1. Sonntags kann man die Helpline auch anrufen.	☒	☐
2. Im Inland kostet der Anruf nichts.	☒	☐
3. Man muss Fragen beantworten, die zeigen, wer man ist.	☒	☐
4. Die Polizei muss man auch immer informieren.	☐	☒

c Service unserer Bank – Ordnen Sie zu.

1. Die Kosten des Anrufs — c) trägt die Bank.
2. Bei Verlust Ihrer Bankkarte — e) müssen Sie Ihre Bank informieren.
3. Bei Eröffnung eines Kontos — a) bekommen Sie Fr. 50.-- Startguthaben.
4. Zum Ausdruck Ihrer Kontoauszüge — b) benutzen Sie unseren Kontomaten.
5. Die Mitarbeiter unserer Filiale — d) helfen Ihnen gerne.

d Lesen Sie die Sätze in 5c noch einmal und ergänzen Sie die Tabelle. (G)

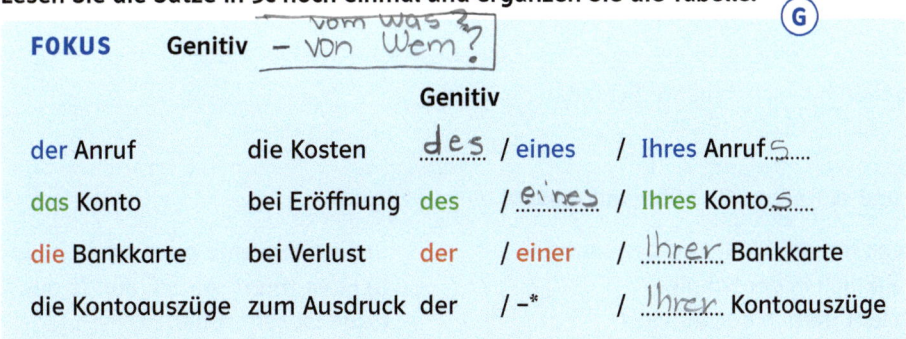

FOKUS Genitiv – vom was? – von wem?

		Genitiv		
der Anruf	die Kosten	des	/ eines	/ Ihres Anrufs
das Konto	bei Eröffnung	des	/ eines	/ Ihres Kontos
die Bankkarte	bei Verlust	der	/ einer	/ Ihrer Bankkarte
die Kontoauszüge	zum Ausdruck	der	/ -*	/ Ihrer Kontoauszüge

*Kein Genitiv Plural bei unbestimmtem Artikel, sondern *von* mit Dativ: **von Kontoauszügen**

e Schreiben Sie Sätze mit Genitiv wie in 5c.

1. die Nummer / die Polizei / 117 sein — der Polizei
2. Carla / am Anfang / der Monat / Geld bekommen — Carla hat am Anfang des Monats Geld bekommen.
3. das Drucken / von Kontoauszügen / kostenlos sein — ist kostenlos
4. das Display / das Handy / kaputt sein — des Handys

f Spielen Sie die Sperrung einer Bankkarte.

Person A
Sie haben Ihr Portemonnaie verloren. In dem Portemonnaie war auch Ihre Bankkarte. Rufen Sie die Helpline an und melden Sie den Verlust.

Person B
Sie arbeiten bei der Helpline. Fragen Sie den Anrufer nach Namen, *was* er *wo* kürzlich mit seiner Kreditkarte gekauft hat sowie Ort und Zeitpunkt des Verlusts.

6 Wir fühlen uns schon sehr wohl hier.

a Welche Meinungen und Ansichten gibt es in Ihrem Heimatland über das Leben in der Schweiz und die Schweizerinnen und Schweizer? Sammeln Sie.

> Bei uns denkt man, dass die Schweizer …

> Viele Leute in … denken, dass in der Schweiz …

b Lesen Sie das E-Mail von Frau Moreno an eine Freundin. Was ist richtig? Markieren Sie.

Liebe Andrea

Es war schön, wieder von dir zu hören! Es geht uns momentan sehr gut. Obwohl wir noch nicht lange in Winterthur wohnen, fühlen wir uns schon sehr wohl. Carla und Lucas gehen schon in die Schule und lernen dort intensiv Deutsch. Besonders gut gefällt mir, dass die Verkehrsmittel, also Busse, Züge usw., hier immer so pünktlich und zuverlässig fahren. Andere Sachen dagegen dauern erstaunlich lange. Bis unser Internetanschluss endlich funktionierte, hat es fast einen Monat gedauert. Mit unserem Internetanbieter hatten wir auch nachher noch Probleme. Ich habe dann eine Konsumentenorganisation kontaktiert und die Beraterin hat uns zum Glück schnell geholfen. Viele Leute in Spanien sind der Ansicht, dass die Schweizer distanziert sind, aber ich habe ganz andere Erfahrungen gemacht. Die Leute, die ich kenne, sind nett und helfen gern. Ruf doch mal an, dann erzähle ich dir mehr.
Herzliche Grüsse
Deine Soledad

---

1. Frau Moreno denkt, dass die öffentlichen Verkehrsmittel in der Schweiz *gut / schlecht* funktionieren.
2. Familie Moreno konnte das Internet in der neuen Wohnung *sofort / erst nach einiger Zeit* benutzen.
3. Frau Moreno hat die Erfahrung gemacht, dass viele Schweizer *verschlossen / freundlich und hilfsbereit* sind.

c Markieren Sie die *obwohl*-Sätze in dem E-Mail und ergänzen Sie den Kasten.

FOKUS Nebensätze mit *obwohl*: anders als erwartet

Nebensatz	Hauptsatz
Obwohl wir noch nicht lange hier wohnen,	....

Hauptsatz	Nebensatz
Die Kinder gehen hier schon in die Schule,	obwohl ....

d Verbinden Sie und schreiben Sie Sätze mit *obwohl*.

1. Familie Moreno hat die Wohnung genommen.
2. Lucas war pünktlich in der Schule.
3. Herr Moreno lebt gern in der Schweiz.
4. Frau Moreno ist in die Schweiz gezogen.

a) Sie hatte eine gute Arbeit in Spanien.
b) Er vermisst seine Freunde aus Madrid.
c) Sie ist sehr teuer.
d) Der Bus hatte Verspätung.

1. Familie Moreno hat die Wohnung genommen, obwohl sie sehr teuer ist.

e Schreiben Sie drei Zettel wie im Beispiel. Tauschen Sie die Zettel und schreiben Sie die Sätze zu Ende.

Natalie kauft ein neues Kleid, obwohl …

UND SIE?

Schreiben Sie ein E-Mail wie in 6b. Wählen Sie.

Ein Freund zieht in die Schweiz. Berichten Sie von Ihren Erfahrungen und geben Sie Tipps.

oder

Ein Freund möchte in Ihr Heimatland ziehen. Geben Sie Tipps und Empfehlungen.

7 Hilfe für Konsumentinnen und Konsumenten

a In der Schweiz kann man sich bei verschiedenen Organisationen informieren und beraten lassen. Lesen Sie die Forumstexte. Wer schreibt zu welchem Thema etwas?

- Reise, Freizeit, Mobilität ....
- Energie, Bauen, Wohnen ....
- Finanzen ....
- Versicherung ....
- Lebensmittel, Ernährung *babs*
- Gesundheit, Pflege ....
- Medien, Telefon ....
- Haushalt, Umwelt ....

babs 22:04 Ich finde die Mütter- und Väterberatung ganz wichtig. Sie hat mir zum Beispiel bei zahlreichen Fragen zu Babynahrung und zu Medikamenten geholfen.

siggi 22:35 Ich hatte Probleme mit meinem Vermieter. Beim Auszug sollte ich für eine neue Badewanne bezahlen, obwohl die alte schon beim Einzug einen Schaden hatte. Beim Mieterverband hat man mich sehr freundlich und kompetent beraten.

boris 22:47 Zum Thema «Versicherungen» habe ich gleich zuerst im Internet recherchiert. Zuerst war ich auf ch.ch. Da fand ich einen Überblick, welche Versicherungen ich unbedingt brauche und mehrere Links zu anderen nützlichen Seiten.

luisa 22:59 Obwohl ich rechtzeitig gekündigt habe, wollte mein Internetanbieter die Kündigung nicht akzeptieren. Deswegen habe ich bei einer Konsumentenorganisation mit einem Rechtsanwalt gesprochen. Die Beratung hat zwar Geld gekostet, aber seine Ratschläge haben mir geholfen.

sandmann 23:11 Ich wollte ein Haus kaufen. Vorher habe ich mich beim Hauseigentümerverband und bei der Bank erkundigt, was ich beachten muss, wenn ich einen Kredit aufnehme, zum Beispiel wie hoch mein Einkommen sein muss.

b Warum haben die Personen in 7a Beratung gebraucht? Wie haben die verschiedenen Stellen geholfen? Was würden Sie bei diesen Problemen machen? Sprechen Sie.

c Haben Sie schon einmal bei einer Konsumentenorganisation Hilfe gesucht? Gibt es in Ihrem Land ähnliche Beratungsstellen?

8 Aussprache: schwierige Wörter

♪ 1.42 **a** Hören Sie und sprechen Sie nach.

1. Versicherung — Haftpflichtversicherung — Ich brauche eine Haftpflichtversicherung.
2. Beratung — Mütter- und Väterberatung — Gehen Sie zur Mütter- und Väterberatung.
3. Organisation — Konsumentenorganisation — Fragen Sie eine Konsumentenorganisation.

b Sprechen Sie die Wörter zuerst sehr langsam und dann schneller. Suchen und üben Sie auch andere Wörter, die für Sie schwierig sind.

Auslandskrankenversicherung   Jugendprivatkonto   Internetanbieter   …

VORHANG AUF

Planen und spielen Sie Dialoge.

A Ich hatte letztes Jahr einen Unfall. — Und hattest du eine Versicherung?

B Mama, ich brauche ein Konto …

C Ich ziehe nach … Kannst du mir ein paar Tipps geben?

ÜBUNGEN

1 Die kaputte Vase

🎧 1.43 Lesen Sie die WhatsApp-Nachrichten von Herrn Moreno und vergleichen Sie mit Aufgabe 1 auf Seite 33. Was ist falsch? Korrigieren Sie und hören Sie zur Kontrolle.

> Gestern war meine Tante zu Besuch.

> Ihre Tochter war auch dabei und hat Ball gespielt.

> Dann hat sie die schöne Lampe kaputt gemacht.

> Die Mutter hat gesagt: «Gut gemacht!»

> Zum Glück hat sie mir den Schaden gleich bezahlt.

1. _Nachbarin_ 2. _ihr Sohn_ 3. _die Vase / die alte Vase_ 4. _Oh nein_ 5. _Nein_

2 Welche Versicherung hilft?

a Die Schadensmeldung – Ordnen Sie den Brief.

..... Anbei schicke ich ein Foto der kaputten Lampe und die Rechnung.

..... Freundliche Grüsse

Maria Canale

..... Meine Freunde erreichen Sie für Fragen unter 076 231 24 11, Sarah und Fred Rost.

..... Ich muss Ihnen einen Schaden melden.

..... Wir haben zusammen zu Abend gegessen und ich habe eine Lampe kaputt gemacht.

..... Die Lampe war zwei Monate alt und hat Fr. 450.-- gekostet.

..... Letztes Wochenende, am 10.04., war ich bei Freunden in St. Gallen, Hohbühlstrasse 28.

_1_ Vertragsnummer 70/1234 567

Sehr geehrte Damen und Herren

b Schreiben Sie eine eigene Schadensmeldung an die Versicherung wie in 2a. Die Angaben helfen Ihnen.

Vertragsnummer 70/1234 567   bei einem Kollegen zu Besuch: Luis Burger   am letzten Mittwoch

Laptop runtergefallen   Fr. 799.--   Reparatur nicht möglich   einen Monat alt

Handynummer: 076 123 45 67   Rechnung

c Welches Wort passt? Ergänzen Sie.

Anwalt   günstig   individuelle   Kosten   kümmern   Prozess   ~~Schaden~~

Unsere Versicherung bietet Ihnen bei einem (1) _Schaden_ Schutz und übernimmt alle (2) .... Wir helfen Ihnen auch, wenn es zu einem (3) .... vor Gericht kommt und Sie einen (4) .... brauchen. Wir bieten für jeden Kunden (5) .... Tarife und sind deshalb für Sie besonders (6) .... Entscheiden Sie sich für uns und wir (7) .... uns um alles!

3 Die Versicherungsvertreterin

a Ergänzen Sie das Gespräch zwischen Frau Weiss und Herrn Moreno. Hören Sie dann zur Kontrolle.

- Ich (1) i_nteressiere_ m_ich_ auch für eine Unfallversicherung.
- Wie (2) t_euer_ i_st_ die Versicherung?
- Oh! Und bezahlt die Versicherung (4) f_ür_ a_lle_ Unfallschäden?
- Ja, (6) i_ch_ a_rbeite_ Vollzeit bei der Firma SolarCom.
- Dann (8) b_rauche_ i_ch_ also Ihre Versicherung gar nicht?
- Und wenn ich mich zum Beispiel später selbstständig mache?

○ Sehr gerne. Wir haben da ein gutes Angebot, die «Unfallversicherung plus».
○ Für (3) S_ie_ k_ostet_ das ca. Fr. 400.--.
○ Nein, für Unfälle während der Arbeitszeit sind Sie durch Ihren Arbeitgeber versichert. (5) S_ind_ S_ie_ irgendwo angestellt?
○ Ach so. In diesem Fall sind Sie automatisch gegen Unfall versichert, nicht nur bei der (7) A_rbeit_, s_ondern_ auch in Ihrer Freizeit.
○ Nein, nur wenn Sie (9) w_eniger_ a_ls_ acht Stunden pro Woche angestellt sind.
○ Ja genau. Dann (10) k_ommen_ S_ie_ doch gerne wieder zu uns.

Hilfe? – Hören Sie zuerst und schreiben Sie dann die Fragen.

b Besprechen Sie, was Sie verstanden haben: Wann muss man eine eigene Unfallversicherung abschliessen und wann nicht?

c Was gehört zusammen? Verbinden Sie.

1. Ich finde es wichtig, dass …
2. Mir hat es nicht gut gefallen, dass …
3. Es war kompliziert, …
4. Die Versicherung sollte …
5. Eine grosse Rolle spielt …

a) besondere Tarife für Familien bieten.
b) für mich der Preis für die Versicherung.
c) man die Versicherung immer anrufen kann.
d) die Überweisung so lange gedauert hat.
e) online die Informationen zu finden.

d Lesen Sie zuerst die Aufgaben 1 bis 3 und suchen Sie dann die Informationen im Text. Kreuzen Sie an: richtig oder falsch?

Reiserücktrittsversicherung
Wenn Sie Ihre Ferien nicht machen können

Was ist versichert?
Wenn Sie eine Reise wegen eines versicherten Grundes (z. B. eine plötzliche Erkrankung) nicht antreten können, erstatten wir Ihnen die Kosten für den Reiseausfall. Auch wenn Sie die Reise vorzeitig beenden müssen, übernehmen wir die Kosten der Reise.
Die Versicherung können Sie auch abschliessen, wenn Sie die Reise schon gebucht haben. Wenn Sie eine Jahresversicherung wählen, sind alle Reisen innerhalb des Jahres versichert.

Wer ist versichert?
Die Versicherung gilt für die ganze Familie. Zur Familie gehören Sie, Ihr Ehe- oder Lebenspartner und Ihre Kinder unter 18 Jahren. Sie können getrennt oder zusammen verreisen, auch Einzelreisen der minderjährigen Kinder sind versichert.

Was müssen Sie bei der Zahlung beachten?
Die Höhe des Beitrags hängt vom Tarif ab, den Sie wählen, und ausserdem von Ihrem Alter. Die Preise finden Sie in der Liste hier. Für den Jahresbeitrag können Sie eine einmalige Zahlung zu Versicherungsbeginn wählen oder in monatlichen Raten zahlen. Die Versicherung verlängert sich automatisch, wenn Sie nicht einen Monat vor Vertragsende kündigen.

	R	F
1. Die Versicherung zahlt, wenn Sie während der Reise krank werden.	☒	☐
2. Die Familienversicherung gilt für Kinder nur, wenn sie mit den Eltern verreisen.	☐	☒
3. Die Versicherung zahlt im Jahr nur für eine bestimmte Zahl von Reisen.	☐	☒

4 Papa, ich möchte ein eigenes Konto.

a Ergänzen Sie mit den fehlenden Wörtern.

1. Bei der Bank kann man ein … eröffnen. — _Konto_
2. Dann kann man zum Beispiel den Mietzins … — _überweisen_
3. Viele machen dafür einen …, dann bezahlt man automatisch. — _Dauerauftrag_
4. Von der Bank bekommt man eine …. — _Bankkarte_
5. Damit kann man Geld am Geldautomaten …. — _abheben_
6. Viele haben auch eine … Mit ihr kann man auch zahlen. — _Kreditkarte_

abheben • Dauerauftrag • ~~Konto~~ • Bankkarte • Kreditkarte • überweisen

b 1.45 Die Kontoeröffnung – Hören Sie das Gespräch in der Bank. Kreuzen Sie an: ⓐ oder ⓑ?

1. Was für ein Konto möchte Frau Jurić?
   - [x] **a** Ein Privatkonto.
   - [ ] **b** Ein Sparkonto.

2. Das Konto …
   - [ ] **a** ist für Frau Jurić kostenlos.
   - [x] **b** kostet 50 Franken.

3. Frau Jurić arbeitet jetzt …
   - [ ] **a** in einem Kindergarten.
   - [x] **b** in einem Hort.

4. Sie hat die Schweizer Nationalität …
   - [ ] **a** noch nicht.
   - [x] **b** seit kurzer Zeit.

5 Hilfe – meine Bankkarte ist weg!

a Markieren Sie die Genitiv-Form.

1. Für das Konto **der**/den/des Kinder brauchen wir die Unterschrift der/den/des Eltern.
2. Die Auszüge Ihr/Ihres/Ihrer Kontos erhalten Sie auf Wunsch per Post.
3. Beim Verlust der/den/des Karte müssen Sie die Karte sofort sperren lassen.
4. Die Nummer der/den/des Helpline finden Sie auf der Webseite Ihr/Ihres/Ihrer Bank.

b Ergänzen Sie den Text. Die Bilder helfen.

die Kollegen  — der Mitarbeiter  — die Kollegin  — der Schrank  — das Büro

Der Chef hat gestern zuerst die Tassen (1) _der Kollegen_ abgewaschen.

Dann hat er noch den Schreibtisch (2) _____ aufgeräumt.

Die Jacke (3) _____ hat er in den Schrank gehängt. Den

Schlüssel (4) _____ hat er in seine Tasche gesteckt. Endlich hat

er die Tür (5) _____ abgesperrt und ist nach Hause gegangen.

> Vorsicht: maskulin und neutrum mit -(e)s: *des Schranks*

ÜBUNGEN 3

🎧 1.46 **c** Ein Anruf bei der Helpline. Ordnen Sie zu und hören Sie zur Kontrolle.

● BankDirect Helpline, Martin Miller, grüezi. Was kann ich für Sie tun?
○ 1. [c]
● Das kann passieren, bleiben Sie einfach ruhig.
○ 2. [ ]
● Jetzt sperren wir zuerst einmal Ihre Karte, dann kann das nicht passieren. Wie heissen Sie?
○ 3. [ ]
● Ich muss Ihnen ein paar Fragen stellen. In welcher ausländischen Stadt haben Sie zuletzt mit der Bankkarte Geld abgehoben?
○ 4. [ ]
● Und haben Sie noch andere Konten bei uns?
○ 5. [ ]
● Danke. Dann ist Ihre Karte jetzt gesperrt. Seit wann vermissen Sie Ihre Karte denn?
○ 6. [ ]
● Wenn Sie glauben, dass es ein Diebstahl ist, dann gehen Sie noch zur Polizei. Und Sie müssen eine neue Karte beantragen.
○ 7. [ ]

a) Also, gestern Abend hatte ich sie noch und heute Morgen habe ich sie nicht mehr gefunden.
b) Entschuldigen Sie, also, mein Name ist Laura Kaufmann. Ich wohne an der Pfingststrasse in Baden.
c) Hallo! Ich kann meine Bankkarte nicht mehr finden. Schrecklich!
d) Ja, aber ich habe Angst, dass jemand Geld von meinem Konto abhebt.
e) Das war in Madrid, vor etwa zehn Tagen, glaube ich.
f) Ja, ich habe noch ein Sparkonto.
g) Vielen Dank. Das mache ich gleich.

🚑 Hilfe? – Hören Sie zuerst und ordnen Sie dann zu.

6 Wir fühlen uns schon sehr wohl hier.

🔄 **a** Was passt? Wählen Sie für jeden Satz ein blaues Wort und schreiben Sie Sätze.

1. Letztes Jahr sind wir umgezogen, — weil — wir das schon immer wollten.
2. Wir hatten am Anfang keine Freunde, — deshalb — war es schwer für uns.
3. Wir haben dann einen Sprachkurs besucht, — damit — wir uns mit allen unterhalten können.
4. Wir haben uns gleich wohlgefühlt, — als — wir das erste Mal dort waren.
5. Wir treffen die Teilnehmer immer noch oft, — wenn — wir Zeit haben.
6. Jetzt haben wir viele Freunde, — aber — manchmal haben wir Heimweh. — Nostalgico
7. Ich finde es am wichtigsten, — dass — man sich überall zu Hause fühlt.

1. Letztes Jahr sind wir umgezogen, weil wir das schon immer wollten.

H.W.

b Schreiben Sie die Sätze fertig.

1. Ich bin nach Österreich gezogen, obwohl _ich eine gute Arbeit hatte_.
   eine gute Arbeit / haben (Präteritum) / ich

2. Viele Freunde kommen mich besuchen, obwohl _sie nicht viel Geld haben_.
   nicht viel Geld / haben / sie

3. Mir gefällt es sehr gut hier, obwohl _ich meine Familie vermisse_.
   vermissen / ich / meine Familie

4. Deutsch habe ich schnell gelernt, obwohl _ich kein Wort vor einem Jahr kannte_.
   kein Wort / kennen (Präteritum) / ich / vor einem Jahr

c Ergänzen Sie die Sätze frei.

1. Ich mache heute keine Hausaufgaben, obwohl _ich_
2. Mit Schweizerinnen und Schweizern spreche ich gerne, obwohl
3. Das Essen hier schmeckt mir gut, obwohl

7 Hilfe für Konsumentinnen und Konsumenten

a Ordnen Sie zu. Meistens passen zwei Wörter.

Bauen   Ernährung   ~~Finanzen~~   Freizeit   Gesundheit   Haushalt   Lebensmittel   Medien
Pflege   Reise   Telefon   Umwelt   Versicherung   Wohnen

1. _Finanzen_
2. ....
3. ....
4. ....
5. ....
6. ....
7. ....
8. ....

b Lesen Sie die Forumstexte auf Seite 39 in 7a noch einmal. Warum haben die Personen Beratung gebraucht? Notieren Sie die Namen.

babs   siggi   boris   luisa   ~~sandmann~~

1. _sandmann_ hat viel Geld auf einmal gebraucht und hat sich beraten lassen.
2. .... hat Informationen bekommen, wie er sich richtig versichern kann.
3. .... wollte etwas nicht bezahlen und konnte seine Rechte klären.
4. .... hatte Schwierigkeiten mit einer Firma, obwohl sie alles richtig gemacht hat.
5. .... hat die Möglichkeit genutzt, sich über bestimmte Themen zu informieren.

8 Aussprache: schwierige Wörter

♪ 1.47 **a** Hören Sie und sprechen Sie nach.

1. Auszug
2. Auftrag
3. bargeldlos
4. empfehlen
5. Einbruch
6. Haftpflicht
7. unterschiedlich
8. Deutschland
9. entstehen

b Notieren Sie zehn schwierige Wörter mit mehreren Konsonanten. Sprechen Sie diese laut.

Waschmaschine, ...

....

WORTBILDUNG: Zeitangaben

a *Tagelang, täglich, sonntags* – Was bedeuten die Ausdrücke? Kreuzen Sie an: ⓐ oder ⓑ?

1. Tagelang habe ich auf den Brief gewartet.
   - ⓐ Ich habe den ganzen Tag gewartet.
   - ⓑ Ich habe mehrere Tage gewartet.
2. Meine Mutter ruft mich täglich an.
   - ⓐ Sie ruft am Tag, nicht am Abend an.
   - ⓑ Sie ruft jeden Tag an.
3. Sonntags fahren wir sie besuchen.
   - ⓐ Wir fahren jeden Sonntag zu ihr.
   - ⓑ Wir fahren nur diesen Sonntag zu ihr.

b Ordnen Sie die Wörter.

~~stündlich~~   abends   jahrelang   freitags   minutenlang   monatlich   nachmittags   dienstags   wöchentlich   jahrhundertelang   nachts   stundenlang   nächtelang   jährlich   morgendlich

> Mit *-lang/-lich* kann es einen Vokalwechsel geben: u → ü, a → ä, o → ö

Wochentage und Zeitangaben wie *Morgen, Mittag, ...* + *-s*	Zeitangaben + *-lich* → meist als Adjektiv	Zeitangaben wie *Stunde, Tag, Monat, ...* + *-lang*
	stündlich	

RICHTIG SCHREIBEN: Fehlerkorrektur

Suchen Sie die sechs Fehler. Streichen Sie das falsche Wort und notieren Sie das richtige Wort rechts.

Letzte Woche habe ich mit ~~mein~~ Internetanbieter telefoniert, weil ich so viele Spam-Mails bekomme. Ich weiss nicht mehr, was ich tun soll. Zum Glück hat meine Computer noch keinen Probleme, aber ich habe schon keine Lust mehr, Mails zu öffnen. Der nette Mitarbeiter hat mir eine Programm empfohlen und meinte, dass viele dieses Problem haben. Man sollte einfach kein Mails von unbekannter Absendern öffnen und im Internet immer gut aufpassen.

meinem

Mein Deutsch nach Kapitel 3

Das kann ich:

mich über Versicherungen informieren

Ergänzen Sie die Fragen.
- Wie teuer …?
- Wann kann …?
- Wie schnell muss …?
- Für welche Schäden …?

über meine Erfahrungen mit Banken und Versicherungen sprechen

Bank   Versicherung

Wählen Sie ein Thema und sprechen Sie.
- Ich habe seit zwei Jahren ein Girokonto. Das …
- Letztes Jahr hatte ich einen Unfall. Meine Versicherung …

über Erfahrungen in der Schweiz schreiben

Schreiben Sie einen Kommentar für ein Internetforum.

Das Leben in der Schweiz ist ganz anders als in meinem Heimatland. Bei uns haben die Leute zum Beispiel nicht so viele Versicherungen, in der Schweiz ist das aber normal.

erzählen, wie ich etwas verloren habe

Sprechen Sie.
- Letzten Monat habe ich … verloren.
- Das war ärgerlich, weil …
- Ich …

→ B1/K3

Das kenne ich:

Genitiv

		Genitiv
der Selbstbehalt	die Höhe	des/eines/Ihres Selbstbehalts
das Konto	bei Eröffnung	des/eines/Ihres Kontos
die Bankkarte	bei Verlust	der/einer/Ihrer Bankkarte
die Auszüge	zum Ausdruck	der/ –*/Ihrer Kontoauszüge

* Kein Genitiv Plural bei unbestimmtem Artikel, sondern Dativ mit *von*: **von Kontoauszügen**

Nebensatz mit *obwohl*: anders als erwartet

Nebensatz — **Hauptsatz**

Obwohl wir noch nicht lange hier (wohnen), haben wir schon viel Kontakt mit den Nachbarn.

Hauptsatz — **Nebensatz**

Ich lebe gerne in der Schweiz, obwohl ich meine Familie (vermisse).

Guten Appetit! 4

Hast was verpasst. Selber schuld 😉

1 Aus dem Fotoalbum

a Sehen Sie die Bilder an. Was hat sich verändert? Sammeln Sie Ihre Eindrücke und Vermutungen.

> Das Foto A ist bestimmt ziemlich alt, vielleicht aus dem Jahr … Hier sitzen … und … Heute hingegen …

🎧 1.48–50 **b** Hören Sie drei Gespräche. Notieren Sie für die Bilder A bis C drei Informationen. Vergleichen Sie.

	Wann war das?	Was gab es zu essen?
Bild A	Mittagessen	…

c Wie sind Ihre Essgewohnheiten? Was essen Sie zum Frühstück, zu Mittag, zum Abendessen? Erzählen Sie.

Für mich ist beim Essen wichtig, dass …
Bei mir/uns gibt es oft/selten …
Die wichtigste Mahlzeit ist …
Ein besonderes Gericht ist … Das gibt es …

Zum Frühstück gehören für mich …
Zu Mittag mag ich … / Zu Mittag esse ich gern …
Zum Abendessen gibt es …
Kuchen/… esse ich …

Sprechen Gewohnheiten und Veränderungen beschreiben; über Veränderungen berichten; Gespräche beim Essen führen; Ratschläge zur Ernährung geben; eine Präsentation machen | **Hören** Smalltalk | **Schreiben** Bildgeschichte; Text über Essgewohnheiten | **Lesen** Artikel über Essgewohnheiten; Umfrage | **Beruf** Workshop in der Firma; Ernährungsberaterin

2 Essen früher und heute

a Wie und warum verändern sich Essgewohnheiten? Lesen Sie die Fragen und sammeln Sie Antworten im Kurs.

1. Wer arbeitet, wer kocht, wo isst man?
2. Welche Lebensmittel gibt es, was isst man oft/selten?

b Arbeiten Sie zu zweit. Jede/r sucht auf dem Arbeitsblatt von Jonas Informationen zu einer Frage von 2a. Tauschen Sie die Informationen aus.

Datum 23.5.　　Klasse 2a　　Name Jonas Wächter

Essgewohnheiten früher und heute

Vor 60 Jahren war es in der Schweiz normal, dass verheiratete Frauen nicht arbeiten gingen. Die meisten blieben zu Hause und sorgten «nur» für Haushalt und Kinder. Es gab drei Mahlzeiten pro Tag. Wenn es möglich war, kamen die Männer zum Mittagessen nach Hause. Dann ass die ganze Familie gemeinsam.

Heute ist vieles anders. Fast 80% der Frauen sind berufstätig. Viele Leute essen mittags in der Kantine oder direkt am Arbeitsplatz: Auf dem Weg zur Arbeit kaufen sie Sandwiches, einen Salat oder ein Fertiggericht, das sie in der Mikrowelle aufwärmen. Auch Kinder essen mittags oft an einem Schülermittagstisch oder im Hort.

Aber nicht nur die Arbeitswelt war anders. Die Frauen kochten viel mit Grundnahrungsmitteln: Kartoffeln, Mehl, Milch und Eiern. Das brauchte viel Zeit. Fleisch war teuer, der Sonntagsbraten hatte seinen Namen zu Recht. Unter der Woche kam nur wenig Fleisch auf den Tisch. Für ein Kilo Fleisch musste man viel länger arbeiten als heute (siehe auch Infokasten zum Fleischkonsum). Gemüse und Früchte gab es je nach Saison: Wenn gerade die heimischen Tomaten reif waren, ass man Tomaten, sonst nicht. Heute kann man fast alles zu jeder Zeit im Supermarkt kaufen. Das Essen ist auch internationaler geworden. Schon in den 50er-Jahren wurde die italienische Küche populär; heute kocht man auch sehr gerne asiatisch – z.B. indisch, chinesisch oder japanisch.

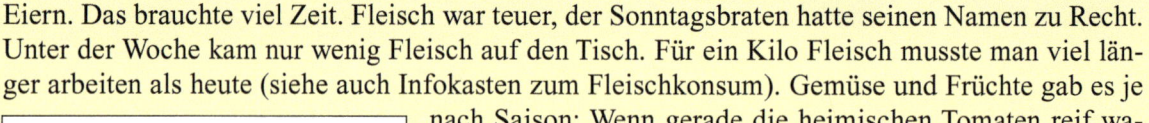

> So viel Fleisch konsumierte man in der Schweiz pro Person im Jahr…
> 1960: 30 kg
> 1980: 64 kg
> 2016: 51 kg

Projekt: Interview
Mach ein Interview mit älteren Personen zum Thema Essen in ihrer Kindheit und Jugend. Stelle mindestens 10 Fragen.

c Lesen Sie den Text noch einmal. Was war früher, was ist jetzt? Markieren Sie die Verben für Präsens und Präteritum mit zwei unterschiedlichen Farben und sprechen Sie.

> Vor 60 Jahren blieben die meisten Frauen zu Hause und … Heute …

UND SIE?

Sprechen Sie über Essgewohnheiten. Wählen Sie.

Unterschiede zwischen Ihrem Land und D-A-CH　**oder**　Veränderungen früher und heute

3 Jonas hat nachgefragt.

a Hören Sie die beiden Gespräche. Ergänzen Sie die Berichte von Jonas mit den passenden Verben im Präteritum.

ass • liebte • backte • gab • tranken • kochte • waren

Bericht von meiner Grossmutter Marianne

Als meine Grossmutter jung war, ... ihre Familie viel Kartoffeln, Getreide und Teigwaren. Ihre Mutter .... einfache Sachen, die billig .... Fleisch .... es immer am Sonntag. Ihr Vater .... Braten mit Kartoffelstock. Am Sonntag .... ihre Mutter immer einen Kuchen. Zum Kuchen .... die Kinder Süssmost.

assen • bekam • fiel weg • kamen • gingen • veränderten • wusste

Meine Mutter Lena berichtet

In den 80er-Jahren .... man alles und viele .... auch zu viel. Ab den 90er-Jahren .... man mehr über den Zusammenhang von Essen und Gesundheit. Deshalb .... sich die Gewohnheiten. Viele Frauen .... arbeiten, die Kinder .... oft erst spät von der Schule. Das gemeinsame Mittagessen ....

b Schreiben Sie Kärtchen mit den Verben aus der Liste und mit Substantiven. Ziehen Sie eine Karte aus jedem Stapel und bilden Sie Sätze.

schmecken • probieren • sich ärgern • stehen • machen • stellen • essen • holen • telefonieren • bestellen • bekommen • bezahlen • zufrieden sein

> Nach dem Fussballtraining schmeckte das Essen besonders gut.

c Als Jonas einmal kochte – Schreiben Sie die Geschichte im Präteritum.

- Jonas, mach bitte das Essen für dich und Anna warm. Guten Appetit!
- Igitt!
- Du hast recht!

> Jonas stand am Herd und machte das Essen warm.

4 Zu Gast bei Freunden

a Arbeiten Sie zu dritt. Jeder notiert Wörter zu einem Thema. Geben Sie dann Ihre Notizen weiter und ergänzen Sie den Zettel, den Sie bekommen, mit weiteren Wörtern. Geben Sie noch einmal weiter.

der Tisch
die Gabel
…

das Getränk
der Saft
…

das Essen
der Salat
…

b Wer sagt was? Ordnen Sie zu und ergänzen Sie die Sprechblasen.

Schmeckt es dir?

Mhm, fein! Das Rezept musst du mir unbedingt geben.

Es gibt nachher noch Dessert. Möchte jemand schon einen Kaffee?

…

…

c Hören Sie das Gespräch. Über welche Themen sprechen die Personen? Kreuzen Sie an. 🎧 1.53

- ☐ Sport
- ☐ Essen
- ☐ Ferien
- ☐ Kleidung
- ☐ Kinofilme
- ☐ Arbeit
- ☐ gemeinsamer Ausflug
- ☐ gesunde Ernährung

d Smalltalk – Worüber sprechen Sie in diesen Situationen? Arbeiten Sie in Gruppen und sammeln Sie Stichpunkte.

Mittagessen in der Kantine: _____

Festessen mit Verwandten: _____

Essen bei Freunden: _____

e Wählen Sie eine Situation aus 4d und spielen Sie Gespräche.

über Essen sprechen	etwas anbieten	ein neues Thema beginnen
Das schmeckt fein/ausgezeichnet!	Möchtest du vielleicht …?	Hast du / Habt ihr schon gehört, …
Das Rezept musst du mir unbedingt geben!	Wer möchte noch …?	Ich wollte dir/euch noch erzählen, …
Eigentlich esse ich nicht gern …, aber das schmeckt gut.	Hast du schon … probiert?	Ist es nicht toll/schrecklich, dass …?
Ich bin leider allergisch gegen …	Nimm dir / Nehmen Sie doch noch …	

5 So essen die Schweizerinnen und Schweizer.

a Stimmen Sie den Aussagen zu oder nicht? Notieren Sie und sprechen Sie mit Ihrem Partner / Ihrer Partnerin.

	Sie	Partner/in
1. Ich liebe Süssigkeiten.	....	....
2. Ich ernähre mich gesund und verzichte auch auf Fleisch.	....	....
3. Ich esse oft Fertiggerichte.	....	....
4. Frisches Essen ist am besten.	....	....

b Lesen Sie den Text und vergleichen Sie mit Ihren Aussagen.

Wie essen die die Schweizerinnen und Schweizer?

Wie gesund ernähren sich Schweizerinnen und Schweizer? In einer aktuellen Statistik erscheint die Schweiz auf dem zweiten Platz von 125 untersuchten Ländern. Die Menschen halten gesundes Essen für wichtig und viele geben auch gerne Geld für «Bio» aus. Allerdings isst man in diesem Land noch immer zu viel Süsses und Salziges, auch das hat eine Untersuchung gezeigt. Und wie ist der Trend beim Fleisch? 14% der Bevölkerung essen gar kein Fleisch, 17% nur selten. Zusammen machen sie etwa einen Drittel der gesamten Bevölkerung aus. Am meisten Fleisch essen die 35- bis 40-Jährigen. 24% der Männer und 15% der Frauen essen es sogar jeden Tag. Populär sind auch Fertiggerichte, denn sie sind praktisch. Trotzdem sagen 88% der Konsumentinnen und Konsumenten, dass sie frisches Essen besser finden.

25% = ein Viertel
33% = ein Drittel
50% = die Hälfte
75% = drei Viertel

> Die meisten Schweizerinnen und Schweizer essen Fleisch, aber ich ernähre mich vegetarisch.

c Lesen Sie den Text in 5b noch einmal. Was passt zusammen? Bilden Sie fünf richtige Sätze.

1. Gesundes Essen ist den Menschen in der Schweiz sehr wichtig.
2. Fertiggerichte sind praktisch.
3. Eine Ernährung ohne Fleisch ist im Trend.

a) deshalb sind sie beliebt.
b) trotzdem zieht die Mehrheit frisches Essen vor.
c) trotzdem essen sie zu viele Süssigkeiten.
d) deswegen kaufen sie auch teure Lebensmittel.
e) trotzdem essen es viele Leute täglich.

d Lesen Sie die Sätze in 5c noch einmal. Ergänzen Sie die Tabelle mit *deshalb/deswegen* und *trotzdem*.

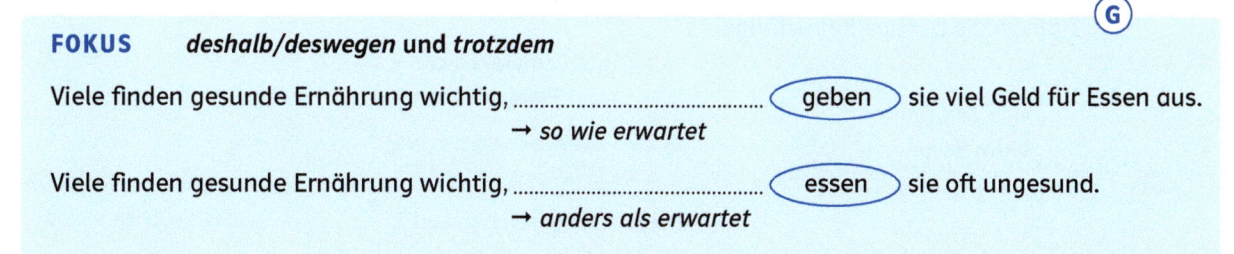

FOKUS *deshalb/deswegen* und *trotzdem*

Viele finden gesunde Ernährung wichtig, ... (geben) sie viel Geld für Essen aus.
→ so wie erwartet

Viele finden gesunde Ernährung wichtig, ... (essen) sie oft ungesund.
→ anders als erwartet

UND SIE?

Schreiben Sie die Sätze auf einem Zettel weiter. Verwenden Sie *deshalb/deswegen* oder *trotzdem*. Mischen Sie die Zettel, ziehen Sie und lesen Sie vor. Wer hat das geschrieben?

1. Ich mag Schweizer Essen (nicht) gern, …
2. Am liebsten esse ich …, …
3. Im Restaurant ist das Essen teuer, …
4. Ich kann (nicht) gut kochen, …

6 Gesund essen – Ein Workshop in der Firma

a Sehen Sie die Bilder an. Was ist gesund, was ist ungesund? Diskutieren Sie in Kleingruppen.

Schokoladeriegel
Pommes-Chips
Fastfood
Nüsse

Ich glaube, viel Kuchen ist nicht gesund. Aber manchmal kann man schon Kuchen essen.

b Lenas Kollege Jens möchte am Workshop «Gesund essen» teilnehmen. Lesen Sie das E-Mail. Kreuzen Sie an: richtig oder falsch?

Von:	Jens Radevski
An:	Lena Wächter
Betreff:	Wollen wir hingehen? Klingt doch spannend!

Gesund essen und trinken

Sie glauben, Sie brauchen kein richtiges Mittagessen? Sie trinken einfach einen Kaffee und essen schnell etwas Süsses dazu? Für Früchte und Gemüse haben Sie an einem Arbeitstag keine Zeit?
In diesem Workshop lernen Sie, was Sie in Ihrem Alltag ändern können. Sie brauchen nicht alles zu ändern, aber schon kleine Dinge verbessern Ihr Wohlbefinden. Sie fühlen sich aktiver und besser. Wir werden gemeinsam kleine Snacks zubereiten und uns über unser Essverhalten austauschen. Am Ende erhalten Sie noch eine Liste mit Tipps und weiteren Informationen.
Donnerstag 10:30–15:00 Uhr   Raum A232

	R	F
1. Der Workshop ist für Teilnehmende, die mittags nie Gemüse essen.	☐	☐
2. Man muss sein Verhalten komplett ändern. Nur dann fühlt man sich besser.	☐	☐
3. Im Workshop gibt es auch etwas zu essen.	☐	☐
4. Die Teilnehmenden sammeln gemeinsam Tipps für besseres Essverhalten.	☐	☐

c 🎧 1.54 Hören Sie. Lena und Jens hören beim Workshop eine Präsentation. Bringen Sie die Tipps in die richtige Reihenfolge.

- ☐ nicht zu viel Fisch oder Fleisch essen
- ☐ wenig Salz und Zucker nehmen
- ☐ sich Zeit nehmen beim Essen
- ☐ abwechslungsreich essen
- ☐ fünfmal am Tag Gemüse oder Früchte essen

d 🎧 1.54 Hören Sie noch einmal. Welche Tipps finden Sie auch wichtig? Sprechen Sie im Kurs.

Der Mann hat gesagt, man soll sich Zeit nehmen. Das finde ich auch: Wenn man keine Zeit hat, dann schmeckt das Essen auch nicht.

UND SIE?

Ernähren Sie sich gesund? Welche Speisen gelten in Ihrem Land als gesund? Tauschen Sie sich aus.

7 Gesund essen – Eine kurze Präsentation

a Aussprache: Frei sprechen – Hören Sie einen Ausschnitt aus einer Präsentation. Was sind die Unterschiede? Welche Version ist besser und warum? Markieren Sie.

	Version 1	Version 2
Tempo?	zu schnell • gut • zu langsam	zu schnell • gut • zu langsam
Pausen?	zu wenig • gut • zu lang • zu viel	zu wenig • gut • zu lang • zu viel

b Markieren Sie im Text mögliche Pausen mit |. Lesen Sie dann den Text mit Pausen vor.

«Hallo, | das Thema meiner Präsentation ist: Typische Speisen in meinem Heimatland. Zuerst erzähle ich Ihnen etwas über unser Nationalgericht und wann man es isst. Dann spreche ich über die Bedeutung von Gewürzen und gebe einige Beispiele, welche Speisen man damit zubereitet. Zuletzt erzähle ich mehr über meine Lieblingsspeise. Ich komme gleich zum ersten Punkt: unser Nationalgericht.»

c Welche Redemittel passen zum Anfang, zum Hauptteil und zum Schluss einer Präsentation? Notieren Sie A für Anfang, H für Hauptteil und S für Schluss.

Der erste Punkt … ………… • Ich möchte etwas über … erzählen. ………… • Ich bin der Meinung, dass … ………… • Ich möchte ein Beispiel nennen: … ………… • Mein Thema ist … ………… • Zum Schluss ………… • Dann komme ich zum zweiten Punkt: … ………… • Abschliessend möchte ich noch sagen: … …………

d Arbeiten Sie zu zweit. Jede/r wählt ein Thema und bereitet eine Präsentation vor. Die Fragen helfen Ihnen.

Vegetarische Ernährung
- Was ist das genau?
- Wie ist das in Ihrem Land?
- Was ist Ihre Meinung dazu?

Fertiggericht
- Was ist das genau?
- Was sind die Vor- und Nachteile?
- Was ist Ihre Meinung dazu?

Tipps
- ✓ Sprechen Sie deutlich und nicht zu schnell.
- ✓ Sehen Sie Ihre Zuhörer an.
- ✓ Verwenden Sie Ihre Notizen, aber lesen Sie nicht alles ab.
- ✓ Geben Sie auch Beispiele.

e Halten Sie die Präsentation vor Ihrem Partner / Ihrer Partnerin. Geben Sie Feedback zur Präsentation: Was war gut? Was kann er/sie noch besser machen?

> Deine Präsentation war sehr interessant. Aber du hast etwas zu schnell gesprochen, das war schwierig für mich.

VORHANG AUF

Sie organisieren das Buffet für ein Fest in der Sprachschule. Sie gehen zusammen einkaufen und kochen gemeinsam. Spielen Sie Gespräche zu den Situationen.

Planen Sie ein Essen.
Was wollen Sie kochen?
Typische Gerichte/Lebensmittel in Ihren Ländern.

Jetzt kaufen Sie ein.
Spielen Sie Gespräche auf dem Markt oder im Geschäft.

Gespräch beim Kochen
Wer macht was?

Tischgespräche
- Was essen Sie nicht? Warum?
- Sich gesund ernähren. Geben Sie Tipps.
- Bieten Sie einer anderen Gruppe etwas an. Beschreiben Sie die Speise, die Sie anbieten.
- Machen Sie Komplimente.

ÜBUNGEN

H.W.

1 Aus dem Fotoalbum

a Was passt wo? Schreiben Sie die Wörter zu den Zeichnungen.

das Fleisch   das Brot   ~~das Brötchen~~   die Butter   das Ei   der Fisch   das Gemüse   der Kaffee
die Kartoffeln   der Käse   der Kuchen   die Konfitüre   das Müesli   die Teigwaren (Pasta)   die Früchte
der Orangensaft   der Reis   der Salat   der Schinken   der Tee   das Wasser   die Wurst

das Brötchen, der Kuchen	die Früchte	das Wasser, der Saft
die Butter	die Wurst	das Gemüse
das Ei	das Brot	die Kartoffeln
das Müesli	der Käse	das Fleisch
der Tee	der Orangensaft	der Fisch
die Konfitüre	der Kuchen	der Reis, die Teigwaren

b Essgewohnheiten – Schreiben Sie Sätze.

1. für mich / gehören / zu einem guten Frühstück / Müesli / Kaffee / und / .
Zu einem _guten Frühstück gehören für mich Kaffee und Müesli._

2. esse / gerne / ich / zu Mittag / einen Salat / oder / eine Suppe / .
Ich _____

3. die wichtigste Mahlzeit / für mich / ist / das Abendessen / .
Das Abendessen _____

4. wichtig / beim Essen / für mich / ist / , // dass / schmeckt / es / gut / .
Beim _____

5. selten / es / bei mir / Fisch / gibt / , // weil / sehr teuer / ist / das / .
Bei mir _____

2 Essen früher und heute

a Ergänzen Sie mit *können*, *wollen*, *müssen* oder *dürfen* im Präteritum.

Ich (1) _musste_ immer pünktlich zum Essen kommen. Wenn ich die Suppe nicht essen (2) _wollte_, dann gab es kein Dessert. Meine Schwester und ich (3) _durften_ beim Essen nicht laut sein. Wenn wir fertig waren, (4) _mussten_ wir am Tisch sitzen bleiben. Wir (5) _durften_ erst gehen, wenn unser Vater fertig war. Nach dem Essen (6) _musste_ ich in der Küche helfen. Aber das Essen war meistens gut: Meine Mutter (7) _konnte_ wirklich gut kochen.

ÜBUNGEN 4

b Ein Bericht von Jonas – Unterstreichen Sie die Verben. Schreiben Sie sie in die Tabelle.

Meine Grossmama erzählte mir, wie es früher war. Wie die meisten verheirateten Frauen ging auch meine Urgrossmutter nicht ausser Haus arbeiten. Sie blieb zu Hause und sorgte für die Familie. Jeden Tag kochte sie das Essen. Die Kinder halfen in der Küche. Beim Essen sassen alle um den Tisch. Die Kinder sprachen nur, wenn die Erwachsenen sie etwas fragten. Man ass oft Kartoffeln und andere einfache Sachen. Am Sonntag machte die Urgrossmutter immer einen Braten. «Für uns Kinder war das manchmal ein bisschen langweilig», sagte meine Grossmama.

> Lernen Sie die unregelmässigen Verben mit allen drei Formen:
> *gehen – ging – ist gegangen*

Regelmässige Verben lernen – lernte – gelernt	Unregelmässige Verben kommen – kam – gekommen
erzählen –	sein – war – (ist) gewesen,

3 Jonas hat nachgefragt.

a Welche Form passt? Markieren Sie.

Gestern (1) **gab**/gabt es nach der Arbeit ein Picknick. Leider (2) wusste/wusstest ich es nicht. Antonin (3) sagtet/sagte, dass es sehr schön war. Ich (4) fragten/fragte ihn, warum er nicht angerufen hat. Er (5) dachte/dachtet, dass ich es weiss und keine Zeit habe. Viele Kolleginnen und Kollegen (6) kam/kamen.

b Schreiben Sie die Verben im Präteritum.

Heute Nacht (1) _hatte_ (haben) Lena einen verrückten Traum.

Sie (2) .... (besuchen) ein grosses Fest. Viele Leute

(3) .... (stehen) in einem schönen Garten. Alle

(4) .... (trinken) einen grünen Saft, der wunderbar

(5) .... (schmecken). Die Leute (6) .... (reden)

und (7) .... (lachen). Dann (8) .... (setzen)

sich alle Gäste an einen langen, langen Tisch. Viele Kellner (9) .... (stellen) das Essen auf

den Tisch, aber Lena (10) .... (bekommen) nichts. Sie (11) .... (wissen) nicht

warum und (12) .... (fragen) einen Kellner. Aber der Kellner (13) .... (holen)

kein Essen für Lena. Lena (14) .... (ärgern) sich und wollte gehen. Aber sie

(15) .... (können) nicht aufstehen. Da (16) .... (werden) Lena wach.

4 Zu Gast bei Freunden

a Was passt zusammen? Ordnen Sie zu.

1. Die Vorspeise ist genial! Wie hast du die gemacht? War das schwer?
2. Ist da Milch oder Rahm drin?
3. Schade, das darf ich leider nicht essen.
4. Du musst mir unbedingt das Rezept geben. Das möchte ich auch machen.
5. Eigentlich esse ich nie Dessert, aber das sieht so gut aus. Aber nur ein kleines Stück, bitte.

a) Ja, ich habe beides verwendet.
b) Ich habe es aus dem Internet. Ich schick dir den Link.
c) Nimm dir doch selbst. Du weisst am besten, wie viel du magst.
d) Das weiss ich nicht. Ich habe sie so auf dem Markt gekauft.
e) Ich habe nicht gewusst, dass du allergisch gegen Milchprodukte bist.

🎧 1.57 **b** Lesen Sie das Gespräch und füllen Sie die Lücken. Hören Sie zur Kontrolle.

● Wer möchte noch etwas (1) Fl_e_ _i_ _s_ _c_ _h_ und Reis? Es ist (2) ge_ _ _ _ da.

○ Vielen Dank, es (3) sch_ _ _ _ _ sehr gut. Aber ich bin (4) wirk_ _ _ _ _ satt.

● Und Sie? (5) Mö_ _ _ _ _ Sie nicht noch ein (6) biss_ _ _ _ von beidem?

◐ Ich (7) ne_ _ _ _ noch ein wenig, weil es wirklich (8) ausg_ _ _ _ _ _ _ _ _ ist. Aber nicht viel, bitte.

● Das (9) D_ _ _ _ _ _ -Buffet ist in etwa zehn Minuten bereit. Möchten Sie vielleicht jetzt schon (10) ei_ _ _ _ Kaffee?

◐ Ja, gerne. Nach einem so guten (11) E_ _ _ _ _ mag ich das gerne.

● Und für Sie auch einen (12) Ka_ _ _ _ _ ?

○ Nein danke. So spät am (13) Ab_ _ _ _ trinke ich keinen Kaffee mehr. Haben Sie auch Kräutertee?

● Selbstverständlich. Nur einen (14) Mo_ _ _ _ _ bitte. Ich bin gleich wieder da.

🚑 Hilfe? – Hören Sie zuerst und füllen Sie dann die Lücken.

c Das Abendessen bei Freunden – Bringen Sie den Text in die richtige Reihenfolge.

..... «Du hast ja richtig Hunger», sagte Eva. Sie nahm einfach meinen Teller, ohne zu fragen, und gab mir eine zweite grosse Portion. Die ass ich dann aber ganz langsam!

..... Eva deckte dann den Tisch und wir setzten uns.

..... Als ich zu ihnen kam, stand Ariel noch in der Küche. «Ich habe heute auf dem Markt Fisch gekauft. Das magst du doch!» – «Ja, klar», sagte ich, aber eigentlich esse ich nicht so gerne Fisch.

_1_ Meine Freunde Eva und Ariel leben seit ein paar Jahren in Hamburg, deshalb sehe ich sie nicht oft. Aber letzte Woche war ich zu Besuch in Hamburg und sie haben mich zum Abendessen eingeladen.

..... Das Dessert war dann wirklich gut, aber ich war schon so satt!

..... Ariel stellte einen grossen Topf auf den Tisch: Fischsuppe. Ich bekam einen grossen Teller voll. Ariel wünschte noch «Guten Appetit!».

..... Die Fischsuppe sah nicht gerade schön aus. Ich begann zu essen. Es schmeckte mir nicht wirklich, aber das wollte ich nicht zeigen. Deshalb ass ich ziemlich schnell, obwohl das nicht sehr höflich ist.

5 So essen die Schweizer.

a Was sagen die Leute? Was ist richtig: *deshalb* oder *trotzdem*? Markieren Sie.

1. Zu Mittag esse ich meistens nichts, **deshalb**/trotzdem habe ich am Abend richtig Hunger.
2. Frische Früchte sind ziemlich teuer, deshalb/trotzdem habe ich immer Früchte zu Hause.
3. Fettes Essen ist nicht gesund, deshalb/trotzdem geniessen es viele Menschen.
4. Meine Freundin kann sehr gut kochen, deshalb/trotzdem sind ihre Speisen sehr gut.
5. Frisch gekochtes Essen ist gesünder, deshalb/trotzdem sind Fertiggerichte sehr beliebt.
6. Kochen und gut essen sind meine Hobbys, deshalb/trotzdem nehme ich mir viel Zeit fürs Essen.
7. Ich kann nicht gut kochen, deshalb/trotzdem mache ich einen Kochkurs.

b 🎧 1.58 Ein Gespräch zwischen den Kollegen Johanna, Angelika und Matthias – Hören Sie das Gespräch und kreuzen Sie an: richtig oder falsch?

	R	F
1. Johanna mag den Salat in der Kantine.	X	☐
2. Manche Speisen waren in der alten Kantine richtig gut.	☐	☐
3. Angelika findet es gut, mittags im Büro zu essen.	☐	☐
4. Wenn man jeden Tag in der Kantine isst, dann ist es ziemlich teuer.	☐	☐
5. Die Kinder von Johanna sind über Mittag nicht gerne im Hort.	☐	☐
6. Matthias isst am liebsten Fleisch vom Grill.	☐	☐
7. Matthias überlegt, mehr Salat und häufiger vegetarisch zu essen.	☐	☐

c Wie essen Sie? Schreiben Sie sechs Sätze über sich. Verwenden Sie die Ausdrücke.

… ist für mich wichtig   ich ernähre mich …

ich finde, Essen muss …   ich esse oft/selten/nie …

ich kann … kochen   wichtig ist, dass …

> 1. Beim Essen ist der Geschmack für mich sehr wichtig, deshalb …

6 Gesund essen – Ein Workshop in der Firma

a Thema Ernährung – Suchen Sie zwölf Wörter. Schreiben Sie die Wörter, die Nomen mit Artikel.

BANO**GESUNDHEIT**ANGEBIWOHLBEFINDENRNENEPESSVERHALTENTERBEMUN

GESUNDÜSESILFETTSPIABWECHSLUNGSREICHNATROPERNÄHRUNGLAUORTO

FERTIGGERICHTMENAKTIVPASPEISEAUBEZULEBENSMITTELGINEMAHLZEITR

1. die Gesundheit
2.
3.
4.
5.
6.
7.
8.
9.
10.
11.
12.

b Ergänzen Sie den Text mit den Verben.

Die Teilnehmer am Workshop lernen, wie sie sich gesund (1) _ernähren_ können. Sie (2) .... auch Tipps, was sie in ihrem Alltag ändern können. Wichtig ist, sich für das Essen Zeit zu (3) .... Es ist nicht gut, nur schnell einen Kaffee zu (4) .... Man (5) .... eine richtige Pause, um sich zu erholen. Man muss nur ein paar Dinge anders (6) ...., dann kann man sich gleich besser (7) .... Dazu gehört, dass man nicht zu viel Fleisch und Fett (8) .... Vorsicht bei Salz und Zucker: weniger (9) .... gesünder. Sparen Sie nicht bei Früchten und Gemüse. Das ist gut für die Gesundheit.

brauchen • erhalten • ernähren • essen • fühlen • machen • nehmen • sein • sein • trinken

7 Gesund essen – Eine kurze Präsentation

a Feedback zu einer Präsentation – Welches Feedback passt zu welchem Tipp? Ordnen Sie zu.

1. Ich konnte nicht alles verstehen, weil du deinen Text schnell vorgelesen hast.
2. Ich habe nicht alles verstanden, weil du zu leise gesprochen hast. Das war anstrengend für mich.
3. Das Thema war interessant, aber du hast nur gesprochen. Man hat nichts gesehen.
4. Du hast viele Zahlen und Daten genannt. Das war nicht leicht.
5. Du hast gut über das Thema gesprochen. Du hast aber nicht mit uns gesprochen.

a) Verwende ein paar Bilder. Es macht mehr Spass beim Zuhören, wenn man auch etwas sieht.
b) Es ist wichtig, dass man die Zuhörerinnen und Zuhörer immer wieder ansieht.
c) Sprich so laut und deutlich, dass dich alle gut verstehen.
d) Eine Präsentation muss man sprechen. Du darfst nicht alles vorlesen.
e) Bring nicht zu viele Informationen. Verwende lieber ein paar schöne Beispiele.

♪ 1.59 **b** Aussprache: Sie hören eine kurze Präsentation. Wo macht die Person Pausen? Markieren Sie mit | .

Hallo und guten Morgen! | Ich möchte heute über gesunde Ernährung sprechen. Meine Präsentation hat drei Teile. Der erste Punkt ist: Was ist das überhaupt, gesunde Ernährung? Dann sage ich etwas über Veränderungen: «Gesundes Essen» ist ein aktuelles Thema. Damit kann man Geld verdienen. Ich gebe da auch ein Beispiel. Zum Schluss spreche ich noch über Probleme, die durch gesunde Ernährung entstehen können. Ja, wirklich, die gibt es auch! Ich komme gleich zum ersten Punkt. «Gesunde Ernährung»: Was ist das? Was weiss man heute über gesunde Ernährung?

♪ 1.59 **c** Hören Sie die Präsentation noch einmal. Sprechen Sie halblaut mit.

ÜBUNGEN

d Lesen Sie die Stichpunkte. Wie wollen Sie sie präsentieren? Schreiben Sie zu jeder Folie drei Sätze. Verwenden Sie die Ausdrücke aus 7b und 7c auf Seite 53.

Gesund essen im Alltag

Arbeit und gesunde Ernährung – das muss kein Gegensatz sein

Herzlich willkommen!

Begrüssen Sie die Zuhörer. Stellen Sie das Thema vor.

Hallo, das Thema meiner Präsentation ist:

1. Gesunde Ernährung beginnt beim Einkaufen: Früchte
2. Abwechslungsreiche Ernährung
3. sich Zeit nehmen für Kochen und Essen

Stellen Sie kurz den Inhalt vor.

WORTBILDUNG: zusammengesetzte Wörter (Komposita II)

a Ergänzen Sie mit den Artikeln. Was ist im zusammengesetzten Wort anders? Markieren Sie.

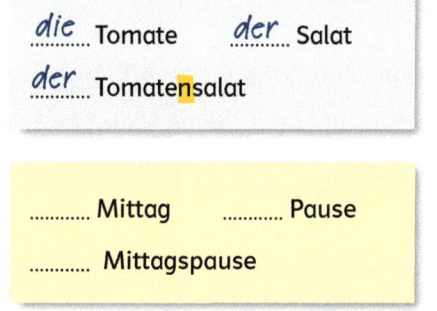

die Tomate   *der* Salat
der Tomate**n**salat

……… Früchte   ……… Kuchen
……… Früchtekuchen

……… Mittag   ……… Pause
……… Mittagspause

……… Schwein   ……… Fleisch
……… Schweinefleisch

Das letzte Wort ist das Grundwort. Es bestimmt den Artikel.

b Was ist kein/keine …? Streichen Sie die Wörter, die nicht passen.

Essen   das Festessen • ~~der Esslöffel~~ • das Lieblingsessen • das Abendessen
Salat   der Fruchtsalat • das Salatbesteck • der Kartoffelsalat • der Nudelsalat
Speise   die Speisekarte • die Vorspeise • die Hauptspeise • die Nachspeise
Suppe   die Nudelsuppe • der Suppenteller • die Kartoffelsuppe • die Gemüsesuppe

RICHTIG SCHREIBEN: Abkürzungen

Was bedeuten die Abkürzungen? Schreiben Sie die Wörter zur passenden Abkürzung.

das heisst   vor allem   die Nummer   die Telefonnummer   ~~und so weiter~~   zum Beispiel

1. usw. *und so weiter*
2. z. B. ………
3. v. a. ………
4. d. h. ………
5. Tel. ………
6. Nr. ………

Bei Abkürzungen, die man mit Punkt schreibt, spricht man ganze Wörter.

Mein Deutsch nach Kapitel 4

Das kann ich:

über Essgewohnheiten sprechen

Frühstück? Abendessen? Zu Mittag?
Ein besonderes Gericht? Die wichtigste Mahlzeit?

Fragen und antworten Sie.

● Was gehört für dich zu einem guten Frühstück?
○ Zum Frühstück gehören …

Veränderungen beschreiben

in der Küche helfen — um sechs aufstehen — am Sonntag Kuchen — zu Mittag essen um zwölf

Was machte Ihre Grossmutter, als sie klein war? Schreiben Sie.

Als meine Grossmutter klein war, stand sie um 6.00 Uhr auf. Ich stehe erst um … auf. …

Smalltalk beim Essen führen

beim Essen etwas anbieten — ein Angebot höflich ablehnen — ein Kompliment für das Essen machen — nach einem Rezept fragen

Sprechen Sie. Tauschen Sie die Rollen.

● Nehmen Sie nochmal von allem?
○ Aber gern. Es schmeckt wirklich sehr gut.

eine Präsentation machen

Bringen Sie die Ausdrücke in die richtige Reihenfolge.

…….. Ich spreche über das Thema «Gesunde Ernährung».
…….. Abschliessend möchte ich sagen, dass …
…….. Mein erster Punkt ist «…»
…….. Ich komme zum zweiten Teil.
…….. Zum ersten Punkt gebe ich ein Beispiel.
…….. Vielen Dank fürs Zuhören.

→ B1/K4

Das kenne ich:

Verben im Präteritum

Jonas **machte** ein Projekt. Er **ging** zu seiner Grossmutter. Sie **sprachen** über die Gewohnheiten beim Essen.
«Meine Mutter **kochte** einfach, aber gut, es gab oft Teigwaren», **erzählte** die Grossmama. «Wenn es **schmeckte**, dann **ass** ich besonders viel. Wir **begannen** erst zu essen, wenn der Vater am Tisch **sass**.»

	regelmässig	unregelmässig
ich	machte	ging
du	machtest	gingst
er/es/sie	machte	ging
wir	machten	gingen
ihr	machtet	gingt
Sie/Sie	machten	gingen

deshalb/deswegen und trotzdem

Fleisch war damals sehr teuer, **deshalb** (ass) man weniger Fleisch als heute. } *so wie erwartet*
Fertiggerichte sind sehr praktisch. **Deswegen** (kaufen) viele Leute sie.

Viele fette Speisen sind nicht gesund, **trotzdem** (sind) sie bei vielen Leuten beliebt. } *anders als erwartet*
Thomas konnte nicht gut kochen. **Trotzdem** (kochte) er sehr gern.

HALTESTELLE

1 Kennen Sie D-A-CH?

a Kennen Sie Feste zu Essen oder Getränken in D-A-CH? Sammeln Sie.

> Ich war einmal auf einem Kürbisfest. Da ...

b Jede Gruppe liest einen Text und schreibt Fragen dazu auf Zettel. Die Gruppen tauschen die Zettel und beantworten die Fragen. Dann geben sie die Zettel zurück und kontrollieren, ob die Antworten stimmen.

A Das Bundesland Tirol ist für seine Berge bekannt. Hier kann man sehr gut wandern und Ski fahren. Weniger bekannt ist, dass man in der Umgebung von Innsbruck viel Gemüse anbaut. Wenn es im Frühling endlich wieder die ersten frischen Radieschen gibt, feiert man in der kleinen Stadt Hall in Tirol das Radieschenfest. Hier kann man viele feine Speisen mit Radieschen probieren. Der Bürgermeister eröffnet das Fest, mit dabei ist auch die Radieschenprinzessin. Weil es ein Volksfest ist, gibt es sogar Freibier für alle. Und die Musik darf natürlich auch nicht fehlen!

B In der Obstanbauregion Werder an der Havel in der Nähe von Potsdam feiert man schon seit über hundert Jahren Ende April / Anfang Mai das Baumblütenfest. Am Abend vor der offiziellen Eröffnung gibt es den Baumblütenball. Da gibt die Baumblütenkönigin des letzten Jahres die Krone an die neue Baumblütenkönigin weiter. Und dann kann man eine Woche lang Obstwein bei verschiedenen Obstbauern probieren. Ausserdem gibt es ein Volksfest mit Karussell und Zuckerwatte für die Kinder, Musik, Essen und Konzerte. Zum Abschluss gibt es am Sonntagabend dann ein grosses Feuerwerk.

C Lange Zeit waren die Maroni oder Marroni (wie sie in der Deutschschweiz heissen), in der Südschweiz das Essen der armen Leute. Aber seit einiger Zeit sind die Esskastanien wieder «in». Jetzt pflegt man die Kastanienwälder wieder und feiert immer Anfang Oktober in Ascona das Kastanienfest. Die Einheimischen bereiten für ihre Gäste mehr als 2000 Kilo Kastanien über dem Feuer zu. Ausserdem bieten sie an verschiedenen Markständen feine Produkte aus Kastanien an, zum Beispiel Konfitüre, Kuchen oder Desserts. Nachmittags gibt es auch noch Konzerte.

> *Wann feiert man das Fest?*
> Im Frühling.

> *Wo ist das Fest?*
> In der Südschweiz.

c Vergleichen Sie die drei Feste. Was ist ähnlich, was ist bei den einzelnen Festen besonders?

> Bei allen drei Festen gibt es Musik.

d Gibt es solche oder ähnliche Feste in Ihrer Kultur? Tauschen Sie sich aus.

> Bei uns in Russland feiert man vor der Fastenzeit Masleniza. Da ...

2 Schreiben – Eine schöne Erinnerung aus meiner Kindheit

Schreiben Sie einen Text wie im Beispiel. Sie können die Satzanfänge aus dem Kasten verwenden. Sammeln Sie die Texte ein, ziehen Sie einen Text und suchen Sie die Person, die den Text geschrieben hat.

Als ich ein Kind war, sind wir jeden Sonntag in ein Restaurant zum Mittagessen gegangen. Damals mochte ich Pommes frites sehr gern. Ich habe mich immer schon die ganze Woche auf die feinen Pommes frites gefreut! Der Kellner war sehr nett zu mir und hat mir immer eine riesige Portion gebracht. Aber ich erinnere mich noch genau, wie er einmal nicht da war und ich nur eine kleine Portion bekommen habe. Deshalb war ich ganz traurig. Meine Tante, die auch dabei war, hat das gemerkt. Sie hat mir dann zum Trost eine Glace zum Dessert bestellt. Da war ich total glücklich!

Als ich ein Kind war …
Einmal durfte ich …
Früher mochte ich …
Ich erinnere mich noch genau, wie mein Grosspapa / meine Grossmama mit mir …

3 Spielen und wiederholen

a Schreiben Sie in fünf Minuten so viele obwohl-Sätze wie möglich zu den Hauptsätzen. Lesen Sie die Sätze vor und entscheiden Sie im Kurs: Stimmen die Sätze? Das Paar, das die meisten richtigen Sätze hat, gewinnt.

Er hat keine Kreditkarte, …
Sie lebt gern in der Schweiz, …
Ich esse viel Gemüse, …
Wir feiern ein Fest, …

*Er hat keine Kreditkarte, obwohl er schon lange ein regelmässiges Einkommen hat.
obwohl …
…*

b Wortfelder füllen – Wählen Sie ein Wortfeld (Frühstück oder Früchte/Gemüse) und schreiben Sie so viele Wörter wie möglich in das Bild. Stellen Sie dann Ihr Wortfeld einer Gruppe vor, die das andere Wortfeld gewählt hat.

der Kaffee

die Orange, –n

TESTTRAINING

HALTESTELLE B

P telc
P Goethe/ÖSD

1 Lesen – Anzeigen

> → Lesen Sie zuerst die Situationen genau. Lesen Sie dann die Anzeigen (Inserate). Achten Sie auf ähnliche Ausdrücke in den Situationen und in den Anzeigen, zum Beispiel: *Firma + feiern – Betriebsfeste*.
> → Achtung, manchmal gibt es in zwei Anzeigen ähnliche Angebote, aber nur eine Anzeige passt genau, zum Beispiel: *Firmenfeier in einem Restaurant* oder *Lieferservice für Firmenfeiern*.
> → Sie können jede Anzeige nur einmal verwenden.
> → Sie finden für eine Situation nicht schnell eine Anzeige? Machen Sie mit der nächsten Situation weiter!
> → Vergessen Sie nicht: Zu einer Situation passt keine Anzeige!

So sieht die Aufgabe in der Prüfung aus:

Lesen Sie die Situationen 1–5 und die Anzeigen A–H. Finden Sie für jede Situation die passende Anzeige. Für eine Aufgabe gibt es keine Lösung. Markieren Sie in diesem Fall ein X.

1 Ihren Betrieb gibt es jetzt seit 50 Jahren. Die Chefin will das an einem Freitagabend feiern und hat Sie gebeten, für 60 Personen ein Lokal in der Stadt zu suchen.
2 Sie haben 15 Nachbarn eingeladen. Sie möchten einen kleinen Imbiss bestellen, der nicht viel kostet.
3 Sie möchten am Sonntag mit Freunden frühstücken gehen. Sie möchten gerne draussen sitzen, aber nicht direkt in der Sonne.
4 Sie möchten mit einem Kollegen, der kein Fleisch isst, am Montag zu Mittag essen gehen. Sie haben sehr wenig Zeit.
5 Sie suchen ein Lokal für den Geburtstag Ihres Sohnes (8 Jahre) mit 10 Kindern am Montagnachmittag. Die Kinder wollen sich auch draussen bewegen.

A
Rheinstuben – Ihr Restaurant am Fluss!
Geniessen Sie mit uns den Frühling! Essen und trinken Sie auf unserer grossen Sonnenterrasse am Fluss oder in unserem Innenhof unter Bäumen! Jeden Freitag grosses Salatbüffet.
Wir haben täglich von 9 bis 15 Uhr geöffnet.
Für Reservierungen: kontakt@rheinstuben.com

B
Sie feiern – wir liefern!
Ob Hochzeit, Geburtstag, Jubiläum oder Firmenfeier: Der exklusive Partyservice *Menu de luxe* liefert zu Ihnen nach Hause oder in die Firma: Komplette Büffets oder Menus, ab 20 € pro Person. Auf Wunsch liefern wir Ihnen auch das Geschirr und organisieren Personal für Sie!

C
Das Veggie-Paradies
Es geht auch ohne Fleisch! Wir kochen und backen für Sie von Montag bis Freitag zwischen 8 und 18 Uhr: Salate, Suppen, Hauptgerichte, Kuchen und Desserts. Wir machen alles immer ganz frisch. Bitte haben Sie Verständnis, wenn Sie bei uns ein bisschen länger warten müssen – es lohnt sich!

D
Café am See
Die Eltern entspannen sich auf der Terrasse, während die lieben Kleinen auf unserem Spielplatz toben!
Selbst gemachte Torten und Kuchen, eine grosse Auswahl an selbst gemachtem Eis, auch für Veganer!
Öffnungszeiten: Montag bis Freitag von 14 bis 19 Uhr, Samstag, Sonn- und Feiertag von 14 bis 20 Uhr

E
RESTAURANT BACHMEIER
Das Traditionsrestaurant direkt am Marktplatz!
Wir bieten Ihnen zwei grosse Galerie, ein separates Raucherzimmer sowie einen grossen Raum für private Feiern oder Betriebsfeste mit bis zu 100 Gästen.
Täglich ab 18 Uhr, Gästeparkplatz vorhanden.

F
Highlight – das schicke Lokal mitten in der City!
Geniessen Sie auf unserer neu renovierten Dachterrasse ein Frühstück in der Sonne und den freien Blick über die ganze Innenstadt! Unser Angebot im Mai: Sonntags Brunch für die ganze Familie!

G
China-Restaurant zur goldenen Ente
Bei uns bekommen Sie eine grosse Auswahl an vegetarischen Gerichten sowie Fisch- und Fleischgerichten. Montag bis Freitag zwischen 11 und 14 Uhr Businesslunch: Suppe und Hauptgericht für 6,50 Euro.
Wir garantieren: Sie haben Ihr Essen in 15 Minuten!

H
Zum Auwald
Ihr Ausflugsrestaurant auf dem Land!
Frischer Fisch, Kaffee und Kuchen, grosse überdachte Terrasse! Bushaltestelle vor dem Lokal, 30 Min. Fahrzeit ab Stadtmitte.
Dienstag bis Sonntag ab 14 Uhr, Montag geschlossen.

P fide **2 Die Handlungsfelder nach fide**

In Haltestelle A haben Sie den Sprachnachweis *fide* kennen gelernt. Sie erinnern sich: Bei allen Testaufgaben geht es um Situationen, die im Alltag in der Schweiz oft vorkommen. Diese Situationen kann man 11 verschiedenen Lebensbereichen oder «Handlungsfeldern» zuordnen.

Vielleicht haben Sie im Alltag nicht mit allen Handlungsfeldern gleich viel zu tun. Das macht aber nichts, denn:
- im Test gibt es immer eine Mischung von Aufgaben aus verschiedenen Handlungsfeldern,
- auch im Kurs- und Übungsbuch sowie in den Miniszenarien von *Linie 1 Schweiz* trainieren Sie Situationen aus allen Handlungsfeldern.

Hier ein Überblick über die Handlungsfelder:

Handlungsfeld nach fide		Situationen: Beispiele aus Linie 1 Schweiz A2 und B1
Wohnumgebung		eine Nachbarin um etwas bitten; eine Mitteilung des Hauswarts verstehen
Kinder		über die Rollenverteilung von Vätern und Müttern sprechen; einen Betreuungsplatz suchen
Arbeit		eine neue Stelle antreten, ein Problem am Arbeitsplatz lösen
Arbeitssuche		ein Stelleninserat verstehen, Tipps für die Arbeitssuche austauschen
Behörden		zu einer Beratungsstelle gehen, einen Brief vom Migrationsamt verstehen
Medien und Freizeit		eine Einladung schreiben, sich mit Freunden zum Sport verabreden
Verkehr		sich für den Nothilfekurs anmelden, eine Anleitung zur Veloleihe verstehen
Einkäufe		Gespräche beim Einkaufen führen, wegen einer falschen Lieferung am Telefon reklamieren
Post, Bank, Versicherungen		sich zu Versicherungen beraten lassen, die Bankkarte sperren lassen
Gesundheit		einen Notfall melden, ein Formular im Spital ausfüllen
Weiterbildung		über den eigenen Werdegang sprechen, Erfahrungen zum Lernen mit neuen Medien austauschen

Jetzt verstehe ich das! 5

1 Ist das ein Problem?

a Um welche Frage geht es in den Zeichnungen? Ordnen Sie zu.

1. Welche Sprache spricht man mit wem?
2. Was zieht man für die Arbeit an?
3. Wie pünktlich muss man sein?
4. Darf man im Bus / auf der Strasse laut niesen?
5. Wann packt man Geschenke aus?

b Wo sehen Sie ein Problem? Sprechen Sie.

> Die Frau kommt zu spät zum Unterricht. Der Lehrer findet das nicht gut. Ich denke …

c 2.02 Antônio und Tanja sprechen über kulturelle Missverständnisse. Hören Sie den Dialog. Um welche vier Fragen aus 1a geht es?

> Zuerst geht es um die Frage, welche Sprache man mit wem spricht. Dann …

d Haben Sie schon ähnliche Situationen erlebt? Erzählen Sie.

> Ich war einmal in … Da …

Sprechen über Sprachenlernen sprechen; sich nach Regeln erkundigen; Tipps zum Sprachenlernen geben; jemanden beruhigen; über heikle Themen und interkulturelle Unterschiede sprechen | **Hören** Interview über Sprachenlernen | **Schreiben** Blog mit Tipps; Sprachprofil | **Lesen** Texte über Erfolgserlebnisse/Missverständnisse; Artikel über heikle Themen | **Beruf** Probleme bei der Arbeit

2 So viele Sprachen!

a Länder und Sprachen – Welche mehrsprachigen Länder kennen Sie? Welche Sprachen spricht man da? Sammeln Sie im Kurs.

> Schweiz: Deutsch, Französisch, Italienisch, Rätoromanisch
> Nigeria: …

b 2.03–05 Hören Sie drei Gespräche. Wer benutzt wann und wo welche Sprache? Arbeiten Sie zu dritt. Notieren Sie Informationen zu einer Person. Berichten Sie dann in der Gruppe.

A Ina Canale

in der Schule: *Italienisch & Deutsch, Englisch*

mit der Grossmama: *Italienisch*

mit Mama und Papa: *Deutsch*

mit Freundinnen: *Deutsch*

B John Obinna

in der Familie: *Igbo*

mit Freunden in Nigeria: *Yoruba oder englisch*

bei der Arbeit: *Englisch*

beim Einkaufen und auf Ämtern: *Deutsch* (z.B. RAV)

C Gabriel Favre

beim Fernsehen: *Italienisch*

in der Familie: *Französisch*

mit Freunden: *Deutsch, Englisch*

an der Universität: *English & Deutsch*

c Welche Sprachen benutzen Sie wann und wo? Erzählen Sie.

> Zu Hause sprechen wir …
> Bei der Arbeit …

d Das sind meine Sprachen. Lesen Sie das Sprachprofil und kreuzen Sie an: richtig oder falsch?

Ulima Hemidi

Ich komme aus Syrien. Meine Muttersprache ist Arabisch. In der Schule habe ich Englisch und ein bisschen Französisch gelernt. Nach der Schule habe ich ein Jahr bei meiner Tante in Paris gelebt. Deshalb spreche ich jetzt sehr gut Französisch, aber ich kann nicht so gut schreiben. Jetzt lebe ich mit meinem Mann zusammen seit zwei Jahren in der Schweiz. Seit vier Monaten lerne ich in einem Intensivkurs Deutsch am ECAP-Institut. Später möchte ich gerne in einem Hotel arbeiten. Viele Touristen hier sprechen nur Englisch, deshalb möchte ich dann auch noch meine Englischkenntnisse verbessern.

	R	F
1. Ulima hat in der Schule zwei Fremdsprachen gelernt.	☒	☐
2. Sie ist schriftlich sehr gut in Französisch.	☐	☒
3. Ulima hat in Frankreich einen Kurs besucht.	☐	☒
4. Später möchte sie mit internationalen Gästen arbeiten.	☒	☐

UND SIE?

Schreiben Sie Ihr Sprachprofil. Hängen Sie es im Kurs auf. Lesen Sie die Sprachprofile und suchen Sie Gemeinsamkeiten im Kurs.

3 Ich möchte besser Deutsch lernen.

a Was haben Sie beim Deutschlernen schon ausprobiert? Sammeln Sie zuerst gemeinsam auf Kärtchen und sprechen Sie dann: Was hat Ihnen geholfen, was war schwer?

- Wortschatz auf Kärtchen notieren
- wichtige Sätze auswendig lernen
- zu zweit lernen

> Hast du einen Tipp? Ich muss bei der Arbeit oft Deutsch sprechen und mache zu viele Fehler!
> Isabel
>
> Hör dir mal das Interview an, das ist sehr interessant. Viel Erfolg!
> Maria

b Lesen Sie die WhatsApp-Nachrichten. Warum möchte Isabel besser Deutsch lernen? Was würden Sie ihr empfehlen?

🎧 2.06 **c** Hören Sie das Interview mit Frau Dr. Gruber. Was empfiehlt sie zum Sprachenlernen? Kreuzen Sie an.

1. Aufgaben im Internet machen ☒
2. chatten ☒
3. Wörter mit Beispielsätzen lernen ☐
4. Sprach-Apps nutzen ☐
5. Fehler korrigieren lassen ☒
6. mit Lernpartner üben ☒
7. Lerngruppen bilden ☒
8. deutsche Videos ansehen ☒
9. mit Karteikarten lernen ☐

d Lesen Sie das E-Mail von Isabel. Wie möchte sie in Zukunft Deutsch lernen? Sprechen Sie.

> Liebe Maria
> Vielen Dank für deinen Tipp. Das Interview war sehr interessant und ich habe neue Ideen bekommen. Jetzt bin ich entschlossen, beim Lernen einiges zu ändern: Ich werde eine Tandempartnerin suchen, damit ich öfter die Gelegenheit [opportunity] zum Deutschsprechen habe.
> Wenn ich sie bitte, werden meine Kollegen hoffentlich bereit sein, mich zu verbessern. Ausserdem habe ich beschlossen, endlich wichtige Sätze für die Arbeit auf Kärtchen zu notieren, weil ich sie auf diese Art besser lernen kann. Ich werde mir auch eine App herunterladen. Und Antônio und ich werden oft deutsche Filme ansehen und deutsche Lieder hören. Wenn ich etwas nicht verstehe, wird er mir helfen. Super, oder? Was meinst du?
> Herzliche Grüsse
> Isabel

e Markieren Sie die Formen von *werden* in 3d und ergänzen Sie die Tabelle.

FOKUS   Futur mit *werden*

Ich __werde__ mir eine App herunterladen.
Antônio __wirt__ mir helfen.
Wir __werden__ zusammen deutsche Filme ansehen.

werden

ich	__werden__	wir	__werden__
du	wirst	ihr	werdet
er/es/sie	__wirt__	sie/Sie	werden

f Schreiben Sie Sätze.

ich   unsere Lehrerin   ihr | werde | feiern   abnehmen   gut Deutsch sprechen   …
du   wir   … | wirst | Deutsch lernen   Ferien machen   eine Prüfung bestehen
die Kursteilnehmenden | …

> Wir werden nächste Woche Ferien machen.

UND SIE?

Sprechen Sie über die Vorschläge in 3c. Was möchten Sie (nicht) ausprobieren? Warum?

> Ich werde eine Sprach-App ausprobieren, weil ich gern etwas mit dem Handy mache.

4 Das habe ich gut geschafft!

a Lesen Sie die Forumsbeiträge. Welche Erfolgserlebnisse hatten die Personen?

Forum Sprachenlernen   Suche

Sprachenlernen macht Spass? Erzähl uns von deinen Erfolgserlebnissen!

isape: Mir macht das Deutschlernen Spass, seit ich im Alltag auf Deutsch kommunizieren kann. Es ist eine tolle Herausforderung, die Sprache anzuwenden. Manchmal muss ich mich anstrengen, bis ich etwas richtig verstehe. Aber eigentlich haben alle Verständnis, wenn ich nachfrage. Seitdem wir in der Schweiz wohnen, kommt das immer seltener vor!

Sven89: Letzte Woche war ich ziemlich stolz! Ich habe mich im Zug zufällig mit einer Schweizerin unterhalten und sie hat nicht gemerkt, dass ich aus Schweden komme! Seitdem mir das passiert ist, habe ich keine Angst mehr vor dem Sprechen.

Malik: Gestern hatte ich mein erstes Vorstellungsgespräch auf Deutsch, weil Deutsch Voraussetzung für die Stelle ist! Auf dem Weg zu dem Termin war ich total ängstlich und nervös. Alle waren dann aber sehr nett und freundlich. Als das Gespräch angefangen hat, ging meine Nervosität zum Glück allmählich weg und ich hatte keine Probleme, alle Fragen zu beantworten. Der Chef hat danach gesagt, dass ich schon sehr gut Deutsch spreche. Da war ich wirklich zufrieden 😊!

Ueli: Mein englischer Nachbar hat Geburtstag gefeiert und alle haben Englisch gesprochen. An Schweizer Festen erzähle ich oft Witze, aber auf Englisch habe ich mich noch nie getraut. An dem Fest hatten alle so gute Laune, da habe ich dann auch Witze auf Englisch erzählt – und alle haben gelacht. Seit ich das gemacht habe, fragt mich mein Nachbar immer, wenn er Langeweile hat, ob ich einen neuen Witz habe!

b Lesen Sie die Beiträge noch einmal. Zu wem passen die Sätze?

	Isabel	Sven	Malik	Ueli
1. … hat eine sehr gute Aussprache.	☐	☐	☐	☐
2. … versteht schon viel, wenn sich Schweizer unterhalten.	☐	☐	☒	☐
3. … erzählt auch auf Englisch lustige Sachen.	☐	☐	☒	☐
4. … hat vor einem Gespräch Angst gehabt.	☐	☒	☐	☐
5. … muss nicht mehr oft nachfragen, was etwas auf Deutsch bedeutet.	☐	☐	☐	☐
6. … hat ein Kompliment für seine/ihre Sprachkenntnisse bekommen.	☐	☐	☒	☐

c Markieren Sie die Nebensätze mit *seit/seitdem* und *bis* in 4a und ergänzen Sie die Tabelle.

FOKUS — Temporale Nebensätze mit *seit/seitdem* und *bis* (G)

Ich habe keine Angst mehr, ……………………… mir das passiert ist.

Ich war nervös, ……………………… das Gespräch anfing.

seit: |─────────→
bis: ─────────→|

Seit und *bis* können auch Präpositionen sein:
Seit der Zugfahrt habe ich keine Angst mehr.
Bis Freitag haben wir Kurs.

d Schreiben Sie die Sätze zu Ende.

1. Seit ich Deutsch lerne, …
2. Bis die Lehrerin kommt, …
3. Seitdem wir zusammen im Kurs sind, …
4. Bis die Stunde zu Ende war, …

UND SIE?

Welche Erfolgserlebnisse hatten Sie schon? Sprechen Sie. Bilden Sie auch Sätze mit *seit* und *bis*.

5 Am Anfang ist es schwer.

a Ein Bekannter von Ihnen hat eine Stelle in der Schweiz gefunden. Was ist wahrscheinlich anders als in Ihrem Land? Sprechen Sie in Kleingruppen.

Nähe/Distanz   Höflichkeit   Gespräche mit Kollegen   offen über Fehler sprechen   …

> In meinem Land berühren sich Freunde viel öfter als in …

> Ein Kuss zur Begrüssung ist bei uns …

b Sehen Sie die Bilder an. Was passiert da? Ist das in Ihrem Land anders? Was sind die Unterschiede?

A   B   C

🎧 2.07 **c** Hören Sie das Gespräch zwischen Maria und ihrem Kollegen. Welches Bild aus 5b passt? Was findet Maria ungewöhnlich?

🎧 2.07 **d** Hören Sie noch einmal. Welche Redemittel hören Sie? Kreuzen Sie an.

- ☐ Tut mir leid, das habe ich nicht gewusst.
- ☐ Darf ich dich etwas fragen? …
- ☐ Darf man hier …?
- ☐ Wie ist das in … üblich?
- ☐ Ist es in Ordnung, wenn ich …?
- ☐ Kann ich fragen, ob …

🎵 2.08 **e** Aussprache: Aussagesatz als Frage – Hören Sie die Sätze und notieren Sie das passende Satzzeichen. Sind es Fragen (?) oder Aussagen (.)?

1. In der Schweiz kann der Chef später kommen_?_
2. Beim Essen fangen alle gleichzeitig an_
3. Unter Kollegen duzt man sich schnell_
4. Schweizer kritisieren immer indirekt_
5. Man schaut sich nicht in die Augen_
6. Sie arbeitet noch nicht lange in der Firma_

🎵 2.09 **f** Hören Sie alle Aussagesätze als Fragen. Sprechen Sie mit.

UND SIE?

Wie ist es bei Ihnen? Wählen Sie zwei Stichpunkte aus 5a und sprechen Sie.

> In meinem Heimatland darf man niemanden kritisieren. Man muss immer Respekt zeigen.

> Das ist bei uns auch so. Man spricht nicht offen über Fehler, im Gegenteil – man lobt nur.

> Bei uns ist es unhöflich, wenn …

6 Alles halb so schlimm!

a Lesen Sie Antônios Beitrag. Was für ein Problem hat er am Arbeitsplatz?

> Frage von APer 10:56
>
> Ich habe ein Problem und ich hoffe, ihr könnt mir helfen. Mein Chef ist sauer auf mich, seit ich etwas Blödes gesagt habe. Er ist eigentlich total nett und mir gefällt es gut in der Firma, aber letzte Woche war ich irgendwie genervt und habe in der Mittagspause mit meiner Kollegin über ihn gesprochen. Dann habe ich auch noch gesagt, dass ich sowieso meine eigene Firma aufmachen werde. Und plötzlich bemerke ich, dass er neben uns steht und mich ganz erschrocken und beleidigt anschaut. Ich habe es doch gar nicht ernst gemeint – wie kann ich das beweisen?

b Lesen Sie die Tipps. Welchen Tipp finden Sie am besten für Antônio? Warum?

> gast47 20:59
>
> Das kann doch jedem passieren! Du solltest das nächste Mal aufpassen, wo dein Chef ist, wenn du über ihn sprichst 😉. Probier doch mal, mit deiner Kollegin zu reden, vielleicht kann sie mit dem Chef sprechen und ihn beruhigen?

> gonter 21:23
>
> Alles halb so schlimm, lieber Antônio! Dein Chef hat bestimmt nur Angst, dass du bald kündigst. Du müsstest einfach zu ihm gehen und dich ernsthaft entschuldigen. Dann verzeiht er dir sicher! Du willst ja deine Stelle behalten und das müsste er auch direkt von dir erfahren. Mit klarer Kommunikation löst man Konflikte 😊! Das schaffst du, da bin ich ganz optimistisch.

> sunny 22:04
>
> Mach dir bloss keine Sorgen! An deiner Stelle würde ich mich beim Chef entschuldigen. Übrigens: Einen Fehler darf sich jeder einmal leisten! Wenn dein Chef nicht tolerant reagiert, kannst du dir immer noch überlegen, ob du nicht eine andere Stelle suchen willst.

c Welche Tipps würden Sie Antônio geben? Sprechen Sie zu viert. Einer ist Antônio, die anderen sind Freunde.

Tipps geben	beruhigen
Probier doch mal, …	Mach dir bloss keine Sorgen.
Du solltest/könntest/müsstest …	Alles halb so schlimm.
An deiner Stelle würde ich …	Jeder macht mal einen Fehler.
Du solltest dir überlegen, …	Keine Sorge/Angst/Panik.
Wenn ich dir einen Rat geben darf: …	Das kann doch jedem passieren.

müssen (G)

ich	müsste
du	müsstest
er/es/sie	müsste
wir	müssten
ihr	müsstet
sie/Sie	müssten

d Arbeiten Sie zu zweit. Wählen Sie ein Problem und schreiben Sie je einen Beitrag wie in 6b.

> Mein Kollege macht oft lange Mittagspausen und arbeitet dafür am Abend länger. Mittags bekommt er viele Anrufe, die ich beantworten muss. Deshalb habe ich weniger Zeit für meine eigene Arbeit.

> Meine Nachbarn sind in den Ferien und ich habe ihre Blumen gegossen. Eine Pflanze ist heruntergefallen. Jetzt ist ein grosser Fleck auf dem Teppich. Heute kommen meine Nachbarn zurück.

UND SIE?

Ist Ihnen auch schon etwas passiert, das Ihnen peinlich war? Wie haben Sie das Problem gelöst? Wählen Sie.

Privatleben **oder** Arbeit

> Ja, mir ist einmal Folgendes passiert: … Ich habe mich gleich entschuldigt, aber …

7 Darüber spricht man (nicht) …

a Über welche Themen sprechen Sie mit wem? Kreuzen Sie an und tauschen Sie sich aus.

	mit Familien-angehörigen	mit Freunden	mit Kollegen	mit Unbekannten auf einer Party
Hobbys				
Krankheiten				
Einkommen				
Wetter				
Politik				
Kinderwunsch				
Ferien				
Religion				

b Lesen Sie den Text. Welche Themen aus 7a kommen vor?

Ups … falsches Thema!

Über welche Themen man in der Schweiz spricht – und über welche besser nicht.

James versteht es einfach nicht: Er ist auf der Party eines Arbeitskollegen; gerade hat er sich noch so nett mit seiner neuen Bekannten unterhalten – bis er sie gefragt hat, was sie verdient. Sie hat verlegen gelacht und etwas unfreundlich geantwortet: «Es reicht zum Leben.» In seinem Land ist es üblich, dass man sagt, was man in welchem Job so verdienen kann – hier in der Schweiz offenbar nicht? Merkwürdig …

Ähnlich geht es Mukta aus Indien. Sie ist auch völlig neu in der Schweiz und hat eben ihre Kollegin, die sie erst ganz kurz kennt, gefragt: «Möchtest du eigentlich mal Kinder haben?» Die Kollegin hat nur ausweichend geantwortet und dann augenblicklich das Thema gewechselt. Mukta findet das seltsam. In Indien kann man das auch Leute fragen, die man kaum kennt.

Die beiden hatten Pech – sie haben zufällig nach Dingen gefragt, die in der Schweiz kein Thema für Smalltalk sind. In der Schweiz redet man gerne über das Wetter, über die Ferien oder über Hobbys. Geld und die Frage, warum man (keine) Kinder möchte, finden dagegen die meisten Schweizer zu privat. Über das Einkommen und über den Kinderwunsch spricht man praktisch nur in der Familie, mit Verwandten und sehr engen Freunden.

Mit Freunden kann man auch über Krankheiten, Religion oder Politik sprechen. Diese Themen vermeidet man aber besser beim Smalltalk.

Zurück zu James und Mukta. Sie treffen sich am Buffet, und James fragt: «Hast du diese knusprigen Käseküchlein schon probiert?» Essen – ein Thema, mit dem man wohl in kaum einer Kultur auf der Welt etwas falsch machen kann! Sie amüsieren sich sehr gut, und so ist der Abend schliesslich für beide doch noch gerettet …

c Welche Themen sind in Ihrer Kultur üblich, welche sind heikel? Vergleichen Sie mit den Informationen im Artikel und tauschen Sie sich aus.

VORHANG AUF

Wählen Sie eine Situation und spielen Sie einen Dialog.

A Missverständnisse
Ein Missverständnis zwischen Kulturen oder ein sprachliches Missverständnis.

B Eine Fremdsprache lernen
Ihre Nachbarin möchte Ihre Muttersprache lernen.

C Probleme bei der Arbeit
Jemand hat Probleme bei der Arbeit. Geben Sie Tipps.

ÜBUNGEN

1 Ist das ein Problem?

a Hören Sie den Dialog aus dem Kursbuch noch einmal und kreuzen Sie an: ⓐ, ⓑ oder ⓒ? (2.10)

1. Tanja
   - ⓐ spricht gut Portugiesisch.
   - ⓑ bietet Antônio Kaffee an.
   - ⓧ ist nicht mehr böse auf Antônio.

2. Tanjas Freundin
   - ⓐ arbeitet in einer grossen Firma.
   - ⓑ ist schon lange in der Firma.
   - ⓧ war nicht schick genug angezogen.

3. Tanjas Eltern _(puntual)_
   - ⓧ sind rechtzeitig zu der Einladung gekommen.
   - ⓑ haben das Geschenk vergessen.
   - ⓒ essen zu Hause immer ohne Besteck.

b Schreiben Sie die Wörter richtig. Ergänzen Sie die Nomen mit dem Artikel.

elegante — suficiente

1. SONANTG — der Sonntag
2. KIUDNN — die Kundin -nen
3. PZUETN — putzen
4. ASPUCKAEN — auspacken
5. LSEIE — leise
6. GBSTAGEERIN — die Gastgeberin -nen
7. SKICHC — schick
8. JAENS — die Jeans
9. ONNRDUG — die Ordnung
10. PÜLCKNTIH — pünktlich

c Ergänzen Sie mit den Wörtern aus 1b.

1. ● Muss man Blumen (1) _auspacken_ ?
   ○ Ja, man muss das Papier wegmachen, bevor man die Blumen der (2) _Gastgeberin_ gibt.

2. ● Meine Kollegin hat mich am (3) _Sonntag_ um drei Uhr zum Kaffeetrinken eingeladen. Wann sollte ich dort sein?
   ○ Am besten bist du (4) _pünktlich_ um drei Uhr dort.

3. ● Ich muss morgen zu einer wichtigen (5) _Kundin_. Kann ich da in (6) _Jeans_ hingehen?
   ○ Nein, du musst auf jeden Fall eine (7) _schicke_ Hose anziehen.

4. ● Kann ich mir bei Tisch die Nase (8) _putzen_ ?
   ○ Ja, das ist in der Schweiz in (9) _Ordnung_, aber machen Sie es so (10) _leise_ wie möglich und drehen Sie sich dabei etwas zur Seite.

→ silencioso

2 So viele Sprachen!

a Ergänzen Sie die Tabelle.

Land	Mann	Frau	Sprache(n)
Deutschland	der Deutsche	die Deutsche	Deutsch
Österreich	der Österreicher	die Österreicherin	Deutsch
die Schweiz	der Schweizer	die Schweizerin	Deutsch, Italienisch, Französisch, Rätoromanisch
Italien	der Italiener	die Italienerin	Italianisch
Frankreich	der Franzose	die Französin	Frankzosich
Polen	der Pole	die Polin	Polnisch
Russland	der Russe	die Russin	Russisch
die Türkei	der Türke	die Türkin	Türkisch
Syrien	der Syrer	die Syrerin	Arabisch
Brasilien	der Brasilianer	die Brasilianerin	Portugiesisch
Ihr Land:			

die Syrerin • der Italiener • die Italienerin • Französisch • Italienisch • die Schweizerin • der Pole • Deutsch • die Polin • der Brasilianer • Türkisch • die Türkin • der Österreicher • der Russe • Russisch

b Ordnen Sie zu und schreiben Sie Sätze. Manchmal gibt es mehrere Möglichkeiten.

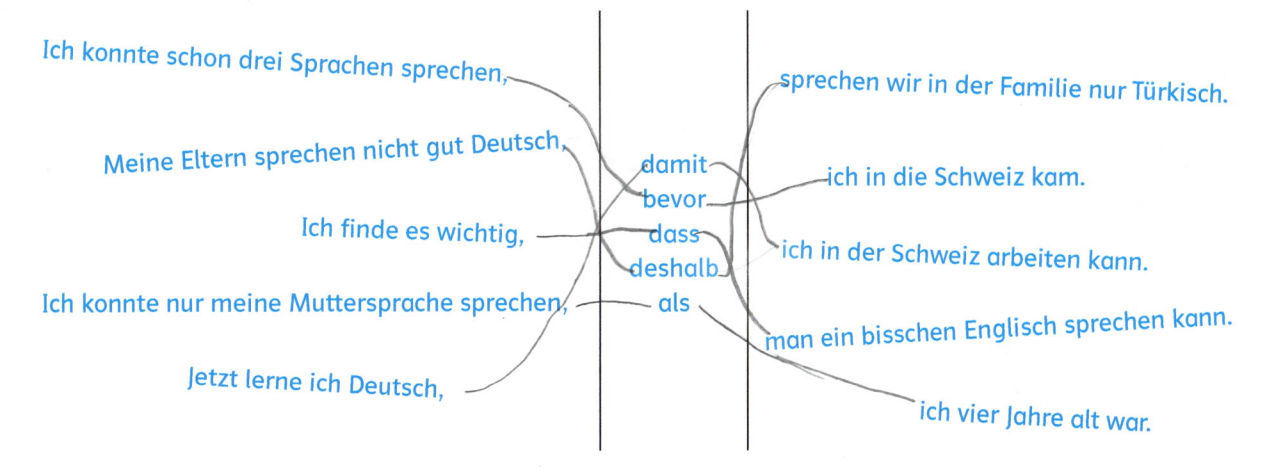

Ich konnte schon drei Sprachen sprechen, — sprechen wir in der Familie nur Türkisch.
Meine Eltern sprechen nicht gut Deutsch, — ich in die Schweiz kam.
Ich finde es wichtig, — ich in der Schweiz arbeiten kann.
Ich konnte nur meine Muttersprache sprechen, — man ein bisschen Englisch sprechen kann.
Jetzt lerne ich Deutsch, — ich vier Jahre alt war.

damit • bevor • dass • deshalb • als

> Ich konnte schon drei Sprachen sprechen, als ich vier Jahre alt war.

c Ergänzen Sie den Text.

Ich komme aus Po**len**. Meine Muttersprа**che** ist Poln**isch**. In d**ie** Schule ha**be** ich Englisch und Deu**tsch** gelernt. Jetzt stud**iere** ich an der Europa-Uni**versität** in Frankfurt an der Oder Wirtschaft. Meine Ku**rse** sind zum Teil a**uf** Deutsch und zum Tei**l** auf Polnisch. Aber i**ch** muss auch viele engl**ische** Bücher le**sen**. Nächstes Ja**hr** möchte ich in England studieren, we**il** ich glaube, dass he**ute** Englisch i**m** Beruf se**hr** wichtig ist. Mein Fre**und** kommt a**us** Frankreich. Des**halb** möchte ich jetzt au**ch** noch Franzö**sisch** lernen. Da**nn** vers**tehe** ich seine Familie, wenn w**ir** sie in Frank**reich** besuchen.

3 Ich möchte besser Deutsch lernen.

bilden = formar

a Tipps zum Sprachenlernen – Sehen Sie die Bilder an und überlegen Sie Tipps.

mit Karteikarten lernen • Sprach-Apps nutzen • mit Tandempartner üben • mit Liedern lernen • Filme auf Deutsch ansehen • Lerngruppen bilden

b Schreiben Sie die Tipps im Imperativ in der *du*- und *ihr*-Form.

1. Übe mit einem Tandempartner! / Übt mit einem Tandempartner!

c Ergänzen Sie mit *werden*.

1. Ich **werde** mir öfter Filme auf Deutsch ansehen.
2. **Wirst** du in einem Jahr mehr Deutsch mit mir sprechen?
3. Isabel **wirt** bald wieder einen Sprachkurs machen.
4. Wir **werden** oft Lieder mit deutschen Texten anhören.
5. **Werdet** ihr meine Fehler auch wirklich verbessern?
6. Die Kursteilnehmenden **werden** Lerngruppen bilden, weil man zusammen besser lernen kann.

d Lesen Sie den Text und schliessen Sie die Lücken 1 bis 10. Benutzen Sie die Wörter a bis o. Jedes Wort passt nur einmal. Schreiben Sie unten die Zahlen zu den Buchstaben.

> Man lernt eine Sprache am besten, wenn man zusammen etwas Schönes macht!
> Deshalb gibt es ab sofort im Quartiertreff ein neues Kursangebot:
>
> **Zusammen kochen und dabei besser Deutsch sprechen lernen!**
>
> Beginn: 4. Mai · mittwochs von 18 bis 20 Uhr · Kosten: pro Abend 6 Franken
> Anmeldung: georgette_sulzer@quartiertreff.ch

Liebe Frau Sulzer

Ich habe Ihr Inserat in der Quartierzeitung gelesen und interessiere mich sehr ...1... Ihr Angebot. Ich lebe ...2... einem Jahr in der Schweiz. ...3... mache ich einen Deutschkurs, ...4... ich finde es wichtig, noch mehr das Sprechen zu üben. ...5... möchte ich gerne bei Ihrem Kurs mitmachen.

Ich habe noch ein ...6... Fragen an Sie: Meine Schweizer Nachbarin kocht ...7... sehr gerne. ...8... sie auch teilnehmen? Ausserdem möchte ich vorschlagen, dass wir ...9... Woche ein Gericht aus einem anderen Land kochen. Und zum Schluss noch eine letzte Frage: ...10... ist der Kurs zu Ende?

Freundliche Grüsse

Romain Tirard

4 a aber	**5** d deshalb	**9** g jede	**6** j paar	**10** m wann
___ b alle	___ e einige	**8** h kann	**2** k seit	___ n wenn
7 c auch	**1** f für	___ i muss	___ l vor	**3** o zurzeit

74 vierundsiebzig

4 Das habe ich gut geschafft!

a Ergänzen Sie.

sich unterhalten · Spass · ~~selten~~ · sich trauen · Aussprache · Witze · verstehen · übersetzen
· brauchen

Liebe Mia

In meinem letzten E-Mail habe ich dir noch erzählt, wie (1) _selten_ ich die Chance habe, Deutsch zu sprechen. Aber gestern habe ich (2) _mich_ endlich _getraut_, meine Nachbarin zum Kaffee einzuladen. Und stell dir vor, wir haben (3) _uns_ über zwei Stunden _unterhalten_! Regina, so heisst die Nachbarin, hat mir ganz viele Schweizer (4) _Witze_ erzählt. Dann habe ich ein paar spanische Witze für sie ins Deutsche (5) _übersetzt_. Wir haben so gelacht!! Regina hat gesagt, dass sie meine (6) _Aussprache_ sehr gut findet und mich sehr gut (7) _versteht_. Das Beste ist aber: Regina will im Sommer nach Spanien in die Ferien fahren und möchte gerne ein bisschen Spanisch lernen. Sie will nur das lernen, was sie für die Reise (8) _braucht_.

Jetzt treffen wir uns einmal pro Woche und machen ein Sprachtandem – und haben ganz viel (9) _Spass_! Ich hoffe, bei dir gibt es auch gute Nachrichten, schreib mir bald mal wieder!

Consuelo

b Ergänzen Sie mit *seit* oder *bis*.

1. _Seit_ ich mit meiner Tandempartnerin zusammen lerne, spreche ich schon viel besser.
2. Ich möchte noch ein schönes spanisches Lied suchen, _bis_ wir uns das nächste Mal treffen.
3. _Bis_ sie nach Spanien fährt, hat sie noch genug Zeit, um ein paar wichtige Ausdrücke zu lernen.
4. _Seit_ sie meine Aussprache korrigiert, spreche ich noch besser.
5. Ich muss noch viel Schreiben üben, _bis_ ich meine E-Mails auf Deutsch beantworten kann.

c Ergänzen Sie die Sätze frei.

1. Seit ich _Bio-Lebensmittel esse_, _fühle ich mich gesünder_.
2. Bis ich _ein Haus kaufen kann_, _spare ich_.

5 Am Anfang ist es schwer.

a Was passt? Markieren Sie.

1. Darf man der Chefin einen Fehler direkt geben/**sagen**?
2. Kann man ältere Kollegen duzen/wissen?
3. Ist es üblich/stolz, Unbekannte mit einem Kuss zu begrüssen?
4. Muss man beim Essen auf die anderen ansehen/warten?
5. Ist es in Ordnung/ein Fehler, wenn ich bei einem Geschäftsessen keinen Alkohol trinke?
6. Kann ich denken/fragen, ob ich ein vegetarisches Essen bekommen kann?
7. Darf/Will man hier mit den Fingern essen?

♪ 2.11 **b** Aussprache: Rückfragen. Hören Sie und unterstreichen Sie die betonten Wörter.

1. In die Augen? Wirklich?   3. Die Hand?   5. Ganz direkt?
2. Ganz pünktlich?   4. Um acht? Bist du sicher?

♪ 2.12 **c** Hören Sie die Aussagen noch einmal und sprechen Sie die Rückfragen.

6 Alles halb so schlimm!

a Ergänzen Sie mit *müssen* im Konjunktiv II.

- ● Ich bin immer so im Stress! Ich (1) _müsste_ endlich mal weniger arbeiten.
- ○ Du (2) .... mit deiner Chefin sprechen. Sie (3) .... einfach mehr Leute anstellen, ihr habt zu viel Arbeit.
- ● Stimmt, wir arbeiten alle zu viel. Ja, wir (4) .... ihr wirklich sagen, dass es so nicht weitergeht.
- ○ Genau, ihr (5) .... alle zusammen mit ihr reden. Ach, und ich arbeite auch zu viel …
- ● Die Chefs (6) .... endlich verstehen, dass Arbeit nur das halbe Leben ist, nicht das ganze!

b Schreiben Sie Tipps in der *Sie*-Form. Verwenden Sie den Konjunktiv II.

1. ● Ich habe Ärger mit meiner Chefin, weil ich diese Woche schon dreimal zu spät gekommen bin! Aber meine Tochter ist krank! Was soll ich tun?
   ○ an Ihrer Stelle / mich entschuldigen (*würde*-Form) / .
   An Ihrer Stelle würde ich mich entschuldigen.
   ○ ihr / die Situation / erklären / müssen / Sie / .
   ....

2. ● Ich muss jede Woche Überstunden machen und kann nicht mehr! Haben Sie einen Tipp für mich?
   ○ mit der Personalchefin sprechen / Sie / sollen / .
   ....
   ○ an Ihrer Stelle / mit dem Chef / sprechen (*würde*-Form) / .
   ....
   ○ Sie / eine andere Stelle / suchen / können / .
   ....

🎧 2.13 **c** Welche Reaktion ist freundlicher? Kreuzen Sie an: ⓐ oder ⓑ? Hören Sie zur Kontrolle.

1. Meine Kollegin grüsst mich nicht mehr, seit ich auf dem Sommerfest mit ihrem Mann getanzt habe.
   ⓐ Das ist doch egal!   ⓑ Du solltest sie fragen, was los ist.
2. Gestern habe ich eine wichtige Datei gelöscht.
   ⓐ Das ist mir noch nie passiert!   ⓑ Jeder macht mal einen Fehler!
3. Der Chef ist zurzeit oft so unfreundlich.
   ⓐ Mach dir keine Sorgen, er ist einfach gerade im Stress!   ⓑ Finde ich nicht.
4. Ich habe so viel Arbeit! Ich schaffe das einfach nicht!
   ⓐ Wirklich? Also, ich schaffe meine Arbeit gut!   ⓑ Ich helfe dir gerne!

ÜBUNGEN 5

7 Darüber spricht man (nicht) …

a Lesen Sie den Text auf Seite 71 noch einmal. Kreuzen Sie an: ⓐ oder ⓑ?

1. ⓐ James hat gesagt, wie viel er verdient.
   ⓑ James hat seine Bekannte nach ihrem Lohn gefragt.
2. ⓐ Muktas Kollegin möchte nicht über Kinder sprechen.
   ⓑ Mukta und die Kollegin arbeiten schon lange zusammen.
3. ⓐ Das Wetter ist ein gutes Gesprächsthema auf Partys.
   ⓑ In der Schweiz spricht man gerne über Geld.
4. ⓐ Mit Unbekannten kann man über Krankheiten sprechen.
   ⓑ Freizeitaktivitäten sind immer ein gutes Thema.

b Ein Bekannter hat einige Fragen zu Ihrem Land. Antworten Sie ihm.

> Liebe / Lieber …
> Wie du weisst, werde ich bald einige Wochen in deinem Land arbeiten.
> Jetzt habe ich ganz viele Fragen und freue mich sehr, wenn du sie mir beantwortest: Wie ist das Wetter im Winter? Welche Kleidung braucht man? Und wie ist das Essen?
> Und was ist sonst noch wichtig? Hast du vielleicht Tipps für private Einladungen? Wann soll man kommen, wie ist es mit Geschenken, was muss man sonst noch beachten?
> Und gibt es sonst noch etwas, was ich wissen sollte? Danke dir schon jetzt!
> Herzliche Grüsse
> Marius

WORTBILDUNG: Adjektive als Nomen

Unterstreichen Sie die Adjektive, die hier Nomen sind.

clara 2000	Ich mache jetzt einen Online-Sprachkurs. Das <u>Tolle</u> ist: Ich kann lernen, wann ich will. Das Freie daran, das gefällt mir.
kaffeetante	Das wäre nichts für mich. Ich finde den direkten Kontakt immer noch am besten. Mein Lehrer ist ein ganz Netter. Und er ist so geduldig! Und das Schönste an einem Sprachkurs ist doch, dass man danach noch zusammen in die Beiz gehen kann!

> Adjektive können – wie Verben – zu Nomen werden. Es steht dann kein Nomen hinter den Adjektiven. Sie haben auch Endungen und man schreibt sie gross:
> *der Beste, das Schöne, die Gute*
> *ein Netter, eine Schlaue*

RICHTIG SCHREIBEN: Gross- und Kleinschreibung bei Sprachen

Gross oder klein? Was ist richtig? Markieren Sie.

1. Gestern habe ich einen englischen/Englischen Film gesehen. Ich wollte ihn unbedingt auf Englisch/englisch sehen, weil ich gerade englisch/Englisch lerne.
2. Meine amerikanische/Amerikanische Freundin sagt, dass mein Englisch/englisch jetzt schon viel besser ist. Weil ich ganz viele englische/Englische Lieder höre, kann ich jetzt so gut englisch/Englisch, dass wir inzwischen auf englisch/Englisch skypen können. Nur wenn ich ein wichtiges englisches/Englisches Wort nicht verstehe, frage ich meine Freundin: «Wie heisst das auf Deutsch/deutsch?»

> **gross: als Nomen**
> *Wie heisst das auf Deutsch?*
> *Ich kann/lerne/verstehe Deutsch.*
> *Meine Muttersprache ist Deutsch.*
> *Sie spricht gut Deutsch.*
> *Er kann kein Wort Deutsch.*
>
> **klein: als Adjektiv**
> *… die deutsche Sprache,*
> *deutsche Filme, …*

Mein Deutsch nach Kapitel 5

Das kann ich:

über interkulturelle Unterschiede sprechen

Fragen und antworten Sie.

● Muss man bei euch die Schuhe ausziehen, bevor man in eine Wohnung geht?
○ Ja, das machen wir so. Und ihr?
● Wir …

über den eigenen Sprachgebrauch sprechen

Ergänzen Sie die Sätze. Tauschen Sie sich dann aus.

Mit meinen Eltern spreche ich …
In der Schule habe ich … gelernt.
Beim Einkaufen spreche ich …
Auf Ämtern …
Später möchte ich noch …

über Erfolgserlebnisse beim Sprachenlernen sprechen

beim Einkaufen   im Sprachkurs   mit Schweizer Nachbarn   Aussprache   Witze auf Deutsch

Welche Erfolgserlebnisse hatten Sie schon beim Deutschlernen? Tauschen Sie sich aus.

> Ich war letzte Woche bei meinen Nachbarn. …

sich nach Regeln erkundigen

Sprechen Sie über Regeln in Ihrem Land und in der Schweiz.

> Bei uns ist es in Ordnung, wenn man zu einer Einladung noch andere Leute mitbringt. Wie ist das in der Schweiz?

Tipps geben und jemanden beruhigen

Es ist 20:30 Uhr. Ihr Kollege sitzt immer noch am Schreibtisch und hat noch sehr viel Arbeit.

Ihre Kollegin hat sich die Bluse mit Tomatensaft schmutzig gemacht.

Schreiben Sie passende Sätze zu den Situationen.

An Ihrer Stelle würde ich …
Machen Sie sich keine Sorgen …
Du solltest dir überlegen, …
…

→ B1/K5

Das kenne ich:

Futur mit *werden*

ich	werde lesen	wir	werden lesen
du	wirst lesen	ihr	werdet lesen
er/es/sie	wird lesen	sie/Sie	werden lesen

Konjunktiv II von *müssen*

ich	müsste	wir	müssten
du	müsstest	ihr	müsstet
er/es/sie	müsste	sie/Sie	müssten

Temporale Nebensätze mit *seit/seitdem* und *bis*

Ich habe keine Angst mehr, seit/seitdem mir das (passiert) ist.   Ich war nervös, bis ich an der Reihe (war).

seit: |———————▶
bis: |———————▶|

78   achtundsiebzig

Im Spital

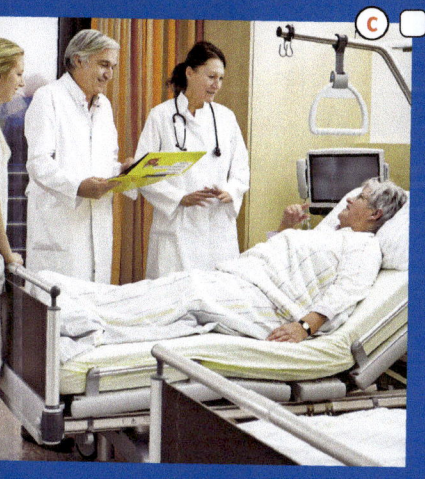

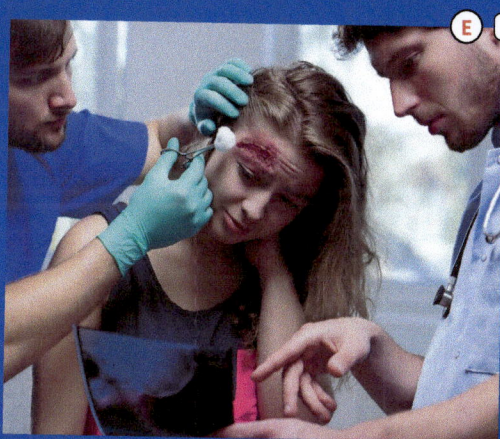

1 Im Spital

a Sehen Sie die Bilder an. Wählen Sie eine Situation. Was geschieht? Sprechen Sie.

> Der Patient spricht mit …   < Der Arzt behandelt …

b Hören Sie fünf Gespräche. Ordnen Sie die Gespräche den Bildern zu. (2.14–18)

c Hören Sie noch einmal. Was passt zu welcher Situation? Notieren Sie A bis E. (2.14–18)

die Wunde reinigen und nähen …………   die Krankenkassenkarte …………   die Verletzung …………

allergisch sein gegen … …………   das Röntgenbild …………   es ist nichts gebrochen …………

eine Spritze geben …………   stürzen …………   die Überweisung …………

Untersuchungen machen …………   Schmerzen haben …………   keinen Appetit haben …………

viel besser aussehen …………   Medikamente nehmen …………   in der Nacht läuten …………

d Spital und Arzt – Welche Ausdrücke und Wörter kennen Sie noch? Sammeln Sie an der Tafel.

Sprechen einen Notfall melden; mit dem Arzt sprechen; über einen Unfall informieren; Gefühle/Ängste/Mitgefühl ausdrücken |
Hören Anruf beim Notarzt; Gespräch mit der Ärztin; Gespräche im Patientenzimmer | **Schreiben** Formular im Spital |
Lesen Texte über Gesundheitsberufe | **Beruf** Personal im Spital; Stationen im Spital

2 Ein Notfall

a Was ist passiert? Arbeiten Sie zu fünft. Wählen Sie.

Jede/r erzählt zu einem Bild, was da passiert.

oder

Jede/r schreibt zu einem Bild zwei Sätze. Dann lesen alle ihre Sätze vor.

Tanja!

Ich rufe die 144 an!

den Notruf anrufen   es gibt Glatteis   nicht stehen können   zu einem Kunden fahren   stürzen
Hilfe holen   Schmerzen haben   sich am Bein verletzen
das Material ins Haus tragen   die Leiter vom Dach holen

b 2.19 Hören Sie den Anruf von Tanja. Was fragt der Mann vom Notruf? Nummerieren Sie die Fragen.

.... Sehen Sie Verletzungen?   .... Wann ist der Unfall passiert?

...1..... Sagen Sie mir bitte noch Ihren Namen?   .... Was ist genau passiert?

.... Und Sie sind jetzt dort?   .... Blutet er?

.... Hat er auch Verletzungen am Kopf?   .... Wo ist der Unfall passiert?

.... Ist er ansprechbar?

c 2.19 Hören Sie noch einmal. Notieren Sie die wichtigsten Informationen von Tanja.

Rettungswagen schicken

d 2.20 Aussprache: Gleicher Konsonant am Wortende und am Wortanfang – Markieren Sie wie im Beispiel und hören Sie dann.

1. nehmen.	Tabletten nehmen.	Sie müssen Tabletten nehmen.	Gleiche Konsonanten an Wortgrenzen spricht man nur einmal.
2. trinken.	Saft trinken.	Sie sollten diesen Saft trinken.	
3. lernen.	viel lernen.	Ein Arzt muss viel lernen.	
4. sagen?	etwas sagen?	Möchten Sie etwas sagen?	
5. mit dem Magen?	ein Problem mit dem Magen?	Haben Sie ein Problem mit dem Magen?	

e 2.20 Hören Sie noch einmal und sprechen Sie nach.

f Den Notruf anrufen – Verwenden Sie die Fragen aus 2b. Spielen Sie Dialoge.

Grafstr. 7

Ein alter Mann, den Sie nicht kennen, ist auf der Strasse gestürzt. Er blutet am Kopf.

Ein Kind hat sich in Ihrer Küche die Hand verbrannt.

3 In der Notaufnahme

🎧 2.21 **a** Lesen Sie die Fragen der Ärztin und ordnen Sie die Antworten zu. Hören Sie dann zur Kontrolle.

Ärztin Dr. Berger
1. Guten Tag, Herr Pereira.
2. Was ist denn passiert, Herr Pereira?
3. Und wo haben Sie Schmerzen?
4. Haben Sie sonst noch Schmerzen? Tut der Kopf auch weh?
5. Das weiss ich noch nicht. Wir müssen erst einmal ein Röntgenbild machen. Dann sehen wir weiter. Nur noch ein paar Fragen: Nehmen Sie Medikamente?
6. Haben Sie eine Allergie? Sind Sie allergisch gegen bestimmte Lebensmittel? Oder gegen Medikamente?
7. Das wissen wir noch nicht. Hatten Sie schon einmal eine Narkose, Herr Pereira? Eine Operation?

Patient Antônio Pereira
a) Das linke Bein tut weh. Ich kann nicht darauf stehen.
b) Guten Tag, Frau Doktor Berger.
c) Nein, mir ist keine bekannt. Ich kann alles essen. Muss ich im Spital bleiben?
d) Ja, vor sieben oder acht Jahren. Da hatte ich einen Unfall und eine Operation an der Schulter.
e) Nein, nur das Bein. Ist es schlimm?
f) Nein, nicht regelmässig. Ab und zu ein Schmerzmittel, wenn ich Kopfweh habe.
g) Ich wollte die Leiter vom Autodach herunternehmen und bin gestürzt.

b Füllen Sie das Formular für Antônio Pereira aus.

Familien-/Vorname		Geburtsdatum	13. Juni 1974
Geschlecht (m/w)		Kontaktperson	Isabel Pereira
Spitaleintritt wegen	Krankheit ☐	Unfall ☐	Mutterschaft ☐
Versicherungsdeckung	allgemein ☐	halbprivat ☐	privat ☐
Krankenversicherung	Sanosana	Ort (Sektion)	Schaffhausen
Unfallversicherung	SUVA	Betrieb	Maler Buchholz AG, Neuhausen
Unfallort	Buchweg 17, Neuhausen	Unfalldatum	21. Januar
Medikamente:		Einnahme wie oft:	
Allergien, Unverträglichkeiten:			
frühere Operationen:			

c Schreiben Sie Fragen für ein Interview mit Ihrem Partner / Ihrer Partnerin. Sprechen Sie dann. Sie müssen nicht alle Fragen beantworten, wenn Sie nicht möchten.

im Spital sein   Angst vor Spritzen haben   sich bei der Arbeit verletzen
eine Operation haben   den Notarzt holen   zum Hausarzt gehen
einen Unfall haben   gern zum Zahnarzt gehen   mit dem Rettungswagen fahren   …

▢ Hattest du schon mal eine Operation?   ▢ Darüber möchte ich nicht reden.

UND SIE?

Notieren Sie die Antworten auf diese Fragen.

1. Gibt es Lebensmittel, die Sie nicht essen dürfen (Unverträglichkeiten)?
2. Haben Sie Allergien? Sind Sie allergisch gegen a) Medikamente, b) Pflanzen oder c) Tierhaare? Wenn ja, gegen welche?

einundachtzig 81

4 Bitte vergiss nichts.

a Herr Pereira ruft seine Frau (F) und seinen Chef (C) an. Was sagt er zu wem? Ergänzen Sie den passenden Buchstaben.

- Bring mir eine weite Trainingshose mit. (F)
- Ich kann wahrscheinlich vier Wochen nicht zur Arbeit kommen.
- Ich brauche ein paar Dinge von zu Hause.
- Ich rufe euch aus dem Kantonsspital an.
- Bitte denk auch an meinen Laptop.
- Mach dir keine Sorgen, die Operation ist gut verlaufen.
- Wer hat meine Sachen von der Baustelle? Sind die bei Tanja?

b Wozu braucht Antônio Pereira diese Dinge? Ordnen Sie zu.

1. Antônio braucht das Necessaire,
2. Frau Pereira soll Kopfhörer bringen,
3. Seine Frau soll eine Trainingshose mitbringen,
4. Er wünscht sich einen Laptop und DVDs,

a) damit er die Hose über den Gips anziehen kann.
b) um Filme zu sehen.
c) um sich waschen zu können.
d) damit er Musik hören kann.

c Markieren Sie in den Sätzen in 4b alle Subjekte. Ergänzen Sie dann die Sätze unten.

FOKUS Zweck ausdrücken mit *damit* oder *um … zu* (G)

Hauptsatz	Nebensatz
Wozu braucht Antônio das Necessaire?	
<u>Antônio</u> braucht das Necessaire,	damit <u>er</u> (= Antônio) sich waschen kann.
<u>Antônio</u> braucht das Necessaire,	um sich ………………………………
<u>Er</u> wünscht sich einen Laptop und DVDs,	………………………………
<u>Frau Pereira</u> bringt Kopfhörer,	damit <u>Antônio</u> ………………………………

gleiches Subjekt: *damit* oder *um … zu*

verschiedene Subjekte: *damit*

d Wozu brauchen die Personen das im Spital? Bilden Sie Sätze mit *damit* und/oder *um … zu*.

1. Ich brauche die Zeitung.   Ich bin informiert.
2. Antônio braucht sein Handy.   Seine Frau erreicht ihn immer.
3. Ich brauche meinen Laptop.   Mein Chef kann mir Mails schicken.
4. Herr Wenger braucht ein Schlafmittel.   Er schläft besser.

1. Ich brauche die Zeitung, um informiert zu sein. / damit ich informiert bin.

UND SIE?

Schreiben Sie eine Frage mit *Wozu?* auf einen Zettel. Sammeln und mischen Sie die Zettel. Ziehen Sie einen Zettel und fragen Sie jemanden aus dem Kurs.

- *Wozu benutzt du dein Handy?*
- *Wozu lernst du Deutsch?*
- *Wozu geht Valentina zum Tanzkurs?*

5 Ich habe Angst vor der Operation.

a Was sind die Vorteile und Nachteile von einem Mehrbettzimmer?

> Wenn ich mit anderen in einem Zimmer liege, schlafe ich schlecht.

> Ich finde es gut, weil …

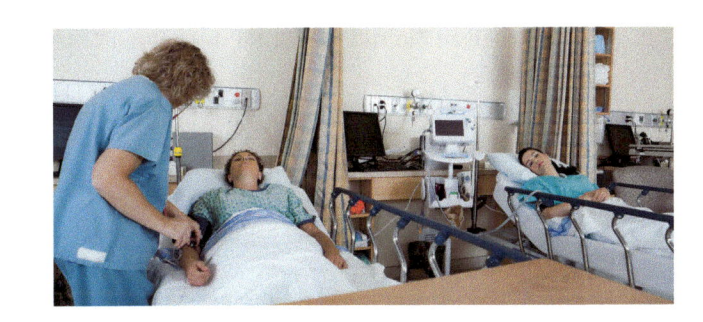

b Lesen Sie die Aufgaben. Hören Sie dann das Gespräch. Was ist richtig: ⓐ oder ⓑ?

1. Herr Schwab darf nichts essen,
   ⓐ weil er Diät macht.   ⓑ weil man ihn morgen operiert.

2. Herr Wenger hatte vor der Operation
   ⓐ auch Angst.   ⓑ keine Angst.

3. Herr Pereira fühlt sich heute
   ⓐ besser als gestern.   ⓑ schlechter als gestern.

c Hören Sie noch einmal. Welche Sätze hören Sie? Markieren Sie.

> Ich habe Angst vor der Operation. • Ich fürchte mich vor der Narkose. • Das kann ich verstehen. • Das verstehe ich. • Ich habe Angst, dass ich noch lange hier bleiben muss. • Haben Sie Schmerzen? • Wie fühlen Sie sich heute? • Wie geht es Ihnen? • Das tut mir leid. • Was fehlt Ihnen? • Das wird schon wieder. • Ja, das ist wirklich schlimm. • Fühlen Sie sich noch schwach? • Das kommt schon gut.

d Ordnen Sie die Redemittel aus 5c zu und schreiben Sie die Sätze in Ihr Heft.

nach dem Befinden fragen	Wie geht es Ihnen? …
Angst ausdrücken	Ich habe Angst vor der Operation. …
auf Angst eingehen / Mitgefühl ausdrücken	Das kommt schon gut. / Das wird schon wieder. …

e Spielen Sie Gespräche im Patientenzimmer. Die Redemittel oben helfen.

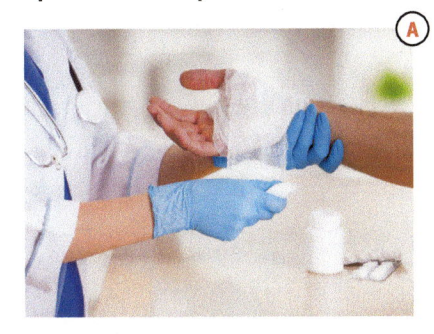

A Sie haben eine tiefe Wunde und bekommen einen Verband. Sie haben auch starke Schmerzen.

B Sie haben morgen eine Operation am Magen. Sie haben Angst vor der Operation.

C Sie haben einen Arm gebrochen und haben Angst, dass Sie nicht mehr Tennis spielen können.

6 Wir tun alles für Ihre Gesundheit.

a Arbeiten Sie zu viert. Jeder liest einen Text. Markieren Sie wichtige Informationen und tauschen Sie sich aus.

A Medizinische/r Praxisassistent/in | In diesem Beruf arbeiten in der Schweiz fast nur Frauen. Die Ausbildung dauert drei Jahre. Als medizinische Praxisassistentin arbeitet man meistens in Arztpraxen und vereinbart z. B. Termine für die Sprechstunde. Man macht aber nicht nur «Papierkram», sondern arbeitet auch im Labor und kümmert sich um Patientinnen und Patienten, misst z.B. den Blutdruck oder macht Röntgenbilder.

B Physiotherapeut/in | Zu mir kommen Patienten, die zum Beispiel starke Rückenschmerzen haben oder sich von einer Operation erholen. Ich mache Bewegungsübungen mit ihnen oder massiere sie manchmal. Ich habe zusammen mit zwei Kollegen eine eigene Praxis. Physiotherapeuten arbeiten aber auch in Kliniken oder Fitnesszentren. Physiotherapeut ist ein Hochschulberuf.

C Fachfrau/-mann Betagtenbetreuung | In diesem Beruf muss man nicht nur körperlich fit, sondern auch psychisch stabil sein. Ältere hilfsbedürftige Menschen unterstütze ich z. B. bei der Körperpflege, beim Essen oder beim Anziehen. Regelmässig plane ich auch Aktivitäten, um ihnen zu helfen, fitter, zufriedener und selbstständiger zu sein.

D Pflegefachfrau/-mann | Ich betreue Patientinnen und Patienten in einer Klinik und assistiere den Ärztinnen und Ärzten bei ihren Aufgaben. Ich leite das Pflegeteam auf meiner Station, schreibe Rapporte, spreche mit Angehörigen und gebe den Patienten Spritzen und Medikamente oder wechsle Verbände. Ich arbeite nicht nur im Schichtdienst, sondern auch am Wochenende und an Feiertagen.

b Welche Sätze treffen auf welchen Beruf zu? Notieren Sie den Buchstaben des Textes aus 6a.

.... 1. Er/Sie macht Übungen mit den Patientinnen und Patienten.

.... 2. Er/Sie hilft den Ärztinnen und Ärzten in Spitälern und gibt den Patientinnen und Patienten Medizin.

.... 3. Er/Sie arbeitet meistens in Arztpraxen und erledigt auch Büroarbeiten.

.... 4. Er/Sie arbeitet im Altersheim oder betreut alte Leute zu Hause.

c Markieren Sie in den Texten in 6a die Konnektoren *nicht nur ..., sondern auch* und ergänzen Sie dann die Sätze in der Tabelle.

FOKUS	ausdrücken, dass zwei Sachen zutreffen: *nicht nur ..., sondern auch*	
Ich arbeite im Schichtdienst.		Ich arbeite auch am Wochenende.
Ich arbeite .... im Schichtdienst,		sondern auch am Wochenende.
Man muss körperlich fit sein.		Man muss psychisch stabil sein.
Man muss nicht nur körperlich fit sein,		....

d Verbinden Sie die beiden Informationen. Schreiben Sie.

1. Als Physiotherapeut sollte man fit und geduldig sein.
2. Physiotherapeuten arbeiten in Kliniken und Privatpraxen.
3. Eine Betagtenbetreuerin sollte hilfsbereit und zuverlässig sein.
4. Sie hilft alten Leuten beim Essen und bei der Körperpflege.

1. Als Physiotherapeut sollte man nicht nur fit, sondern auch geduldig sein.

7 Entschuldigung, wo ist die Geburtshilfeabteilung?

a Sehen Sie den Spitalwegweiser an. Was kennen Sie? Sprechen Sie.

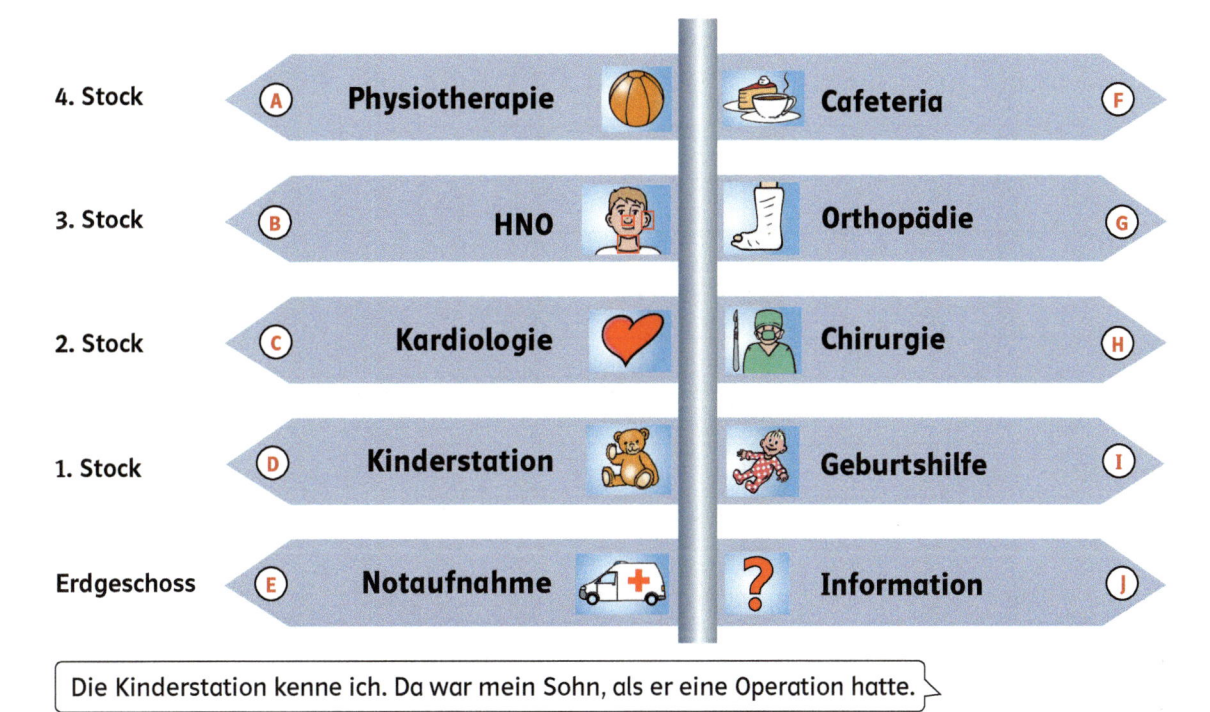

4. Stock	A Physiotherapie	Cafeteria F
3. Stock	B HNO	Orthopädie G
2. Stock	C Kardiologie	Chirurgie H
1. Stock	D Kinderstation	Geburtshilfe I
Erdgeschoss	E Notaufnahme	Information J

„Die Kinderstation kenne ich. Da war mein Sohn, als er eine Operation hatte."

b Ordnen Sie die Sprechblasen den Stationen und Orten A bis J zu.

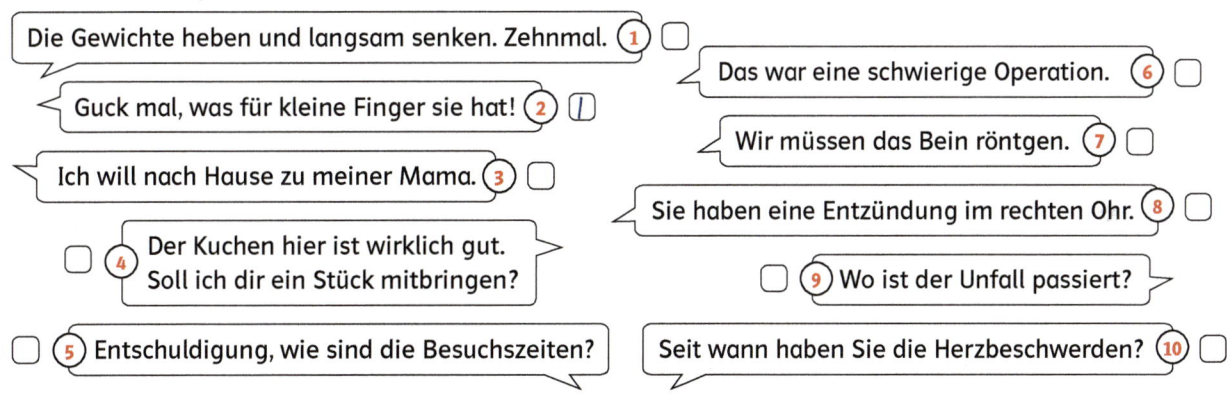

1. Die Gewichte heben und langsam senken. Zehnmal.
2. Guck mal, was für kleine Finger sie hat!
3. Ich will nach Hause zu meiner Mama.
4. Der Kuchen hier ist wirklich gut. Soll ich dir ein Stück mitbringen?
5. Entschuldigung, wie sind die Besuchszeiten?
6. Das war eine schwierige Operation.
7. Wir müssen das Bein röntgen.
8. Sie haben eine Entzündung im rechten Ohr.
9. Wo ist der Unfall passiert?
10. Seit wann haben Sie die Herzbeschwerden?

c Wählen Sie.

Schreiben Sie zu einer Sprechblase einen Dialog und spielen Sie ihn vor.

oder

Schreiben Sie zu jeder Situation eine zweite Sprechblase.

VORHANG AUF

Planen und spielen Sie Dialoge zu den Situationen.

A Sie hat sich am Kopf verletzt.
B Wo haben Sie Schmerzen?
C Was soll ich dir mitbringen?
D Und was hat der Arzt gesagt?
E Sie können morgen nach Hause gehen.

ÜBUNGEN

1 Im Spital

a Was ist das? Ergänzen Sie. Wie heisst das Lösungswort?

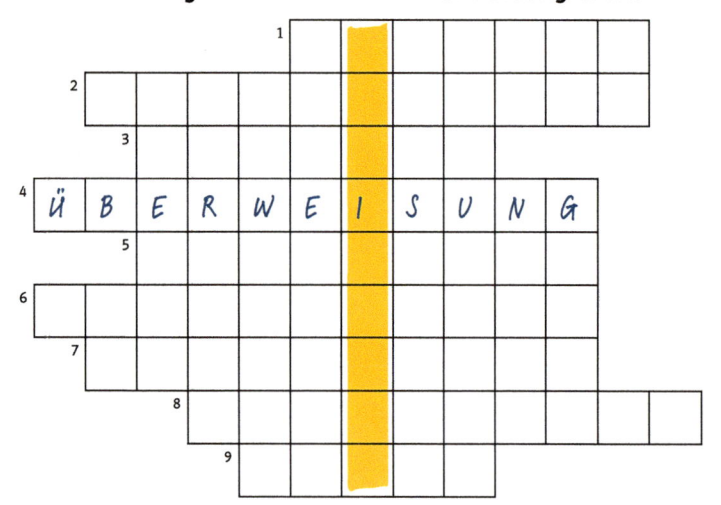

4. Ü B E R W E I S U N G

1. Sie haben grosse Schmerzen. Der Arzt gibt Ihnen eine … gegen die Schmerzen.
2. Der Arzt sagt, dass Sie regelmässig Ihre … nehmen müssen.
3. Sie liegen im Spital und sollten essen, aber Sie haben keinen …
4. Ihr Arzt schickt Sie zu einem anderen Arzt oder ins Spital. Sie bekommen eine …
5. Sie haben eine Verletzung. Es tut sehr weh. Sie haben grosse … .
6. Sie haben einen Finger gebrochen. Im Spital machen die Ärzte ein … .
7. Sie sind gestürzt und brauchen Hilfe, weil Sie eine … haben.
8. Die Ärztin fragt, ob Sie gegen bestimmte Medikamente … sind.
9. Sie haben eine Verletzung, die …. blutet stark. Der Arzt muss sie nähen.

Lösungswort: Im Spital gibt es viele ………………………………………….

b Lesen Sie das Gespräch. Ergänzen Sie.

○ Guten Tag! Ich habe (1) heu<u>t e</u> um 9:15 Uhr einen (2) Te_ _ _ _.

● Gut. (3) Kön_ _ _ Sie mir bitte Ihre (4) Krankenkas_ _ _ _ _ _ _ _ geben?

○ Hier, bitte.

● Moment. Herr Lehmann, (5) rich_ _ _? Haben Sie auch eine (6) Über_ _ _ _ _ _ _, Herr Lehmann?

○ Ja, hier, von (7) mei_ _ _ Ärztin, Dr. Egger. Sie hat (8) m_ _ _ überwiesen und zu Ihnen geschickt, (9) w_ _ _ ich allergisch bin.

● Gegen was sind Sie denn (10) all_ _ _ _ _ _ _?

○ Gegen Tierhaare. (11) W_ _ _ ich Kontakt mit Tierhaaren habe, (12) bek_ _ _ _ ich rote Augen und andere Probleme. Katzenhaare sind besonders (13) schl_ _ _.

● Nehmen Sie bitte (14) Pl_ _ _, Herr Lehmann. Wir rufen (15) S_ _ dann.

2 Ein Notfall

a Ein Notruf – Ordnen Sie die Antworten den Fragen zu und hören Sie zur Kontrolle.

- Sanitätsnotruf, Pfister. Wer ist am Apparat?
- 1. *d*
- Von woher rufen Sie an, Frau Marosevic?
- 2. ☐
- Was ist genau passiert?
- 3. ☐
- Blutet Sie? Sehen Sie Verletzungen?
- 4. ☐
- Ist sie ansprechbar?
- 5. ☐
- Geben Sie mir noch die genaue Adresse, bitte?
- 6. ☐
- Gut, Frau Marosevic. Ich schicke einen Rettungswagen. Bleiben Sie bei Ihrer Freundin, bis wir da sind. Und lassen Sie Ihr Handy an.
- 7. ☐

a) Moment bitte. Weberstrasse 37. Wir sind auf dem Vorplatz vor dem Haus.
b) Ja, aber sie liegt auf dem Boden. Sie hat schreckliche Schmerzen und schreit.
c) Meine Freundin ist mit dem Velo gestürzt.
d) Marosevic! Kommen Sie schnell!
e) Das mache ich. Die Nummer haben Sie ja.
f) Von der Weberstrasse in Zürich. Schicken Sie schnell einen Notarzt, meine Freundin hatte einen Unfall.
g) Sie hat eine grosse Wunde am Kopf, sie blutet stark.

Hilfe? – Hören Sie zuerst und ordnen Sie dann zu.

b Einen Notruf machen – Was ist passiert? Schreiben Sätze.

1. mein Name / Bea Frank / sein
2. ein Unfall / passieren / in der Grabenstrasse 7
3. ein Mann / auf der Strasse / stürzen
4. bluten / am Kopf / er / , // aber / sein / er / ansprechbar
5. eine Verletzung / am Arm / haben / auch / er
6. ich / den Mann / nicht / kennen

1. Mein Name ist Bea Frank.

c Aussprache: Zwei Buchstaben, ein Laut – Wo hören Sie an der Wortgrenze nur einen Laut? Markieren Sie.

1. Was ist? – Was is**t** denn? – Was is**t** denn passiert?
2. Bert – Bert trifft – Bert trifft einen Freund.
3. ab – ab Berlin – Ab Berlin war der Zug sehr voll.
4. Pep – Pep packt – Pep packt seine Sachen.
5. Frank – Frank kauft – Frank kauft neue Schuhe.
6. lang – lang kann – Lang kann ich leider nicht bleiben.
7. weg – weggeht – Weil Lore weggeht, ist sie traurig.

> Wenn an der Wort- oder Silbengrenze *t* und *d*, *p* und *b* oder *k* und *g* zusammentreffen, hört man oft nur den Laut am Anfang vom zweiten Wort oder vor der zweiten Silbe:
> ist da > /isda/;
> weggehen > /wegehn/.

d Hören Sie und sprechen Sie nach.

3 In der Notaufnahme

a Schreiben Sie die Körperteile mit Artikel.

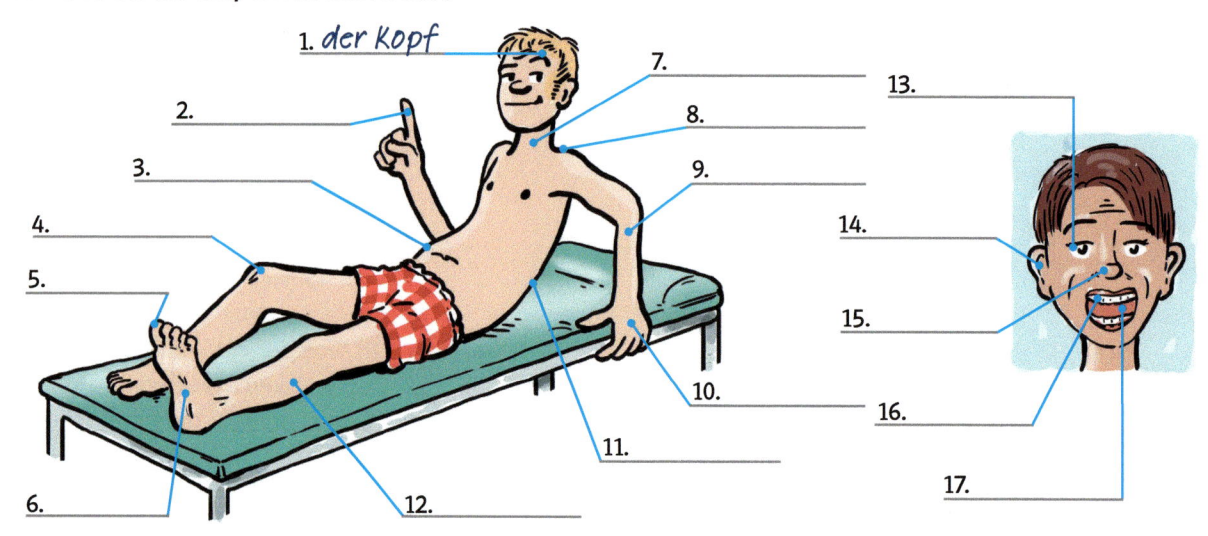

1. der Kopf
2. ...
3. ...
4. ...
5. ...
6. ...
7. ...
8. ...
9. ...
10. ...
11. ...
12. ...
13. ...
14. ...
15. ...
16. ...
17. ...

ЭHƎZNHAZЯƎTJUHɔSNƎʞɔÜЯHOƨANGNUMԀԀOʞGNAHSJAHSSUℲЯƎƆNIℲƎIN⋊NIƎBHɔUABƎƆƏUMЯA

b Welches Wort fehlt? Füllen Sie die Lücken.

Allergie   ~~Röntgenbild~~   Impfung   Narkose   Operation   Unverträglichkeit

1. Wir wissen noch nicht genau, was Ihnen fehlt. Wir müssen zuerst ein _Röntgenbild_ machen.
2. Wissen Sie, ob Sie eine .... haben, z. B. gegen Medikamente oder Tierhaare?
3. Haben Sie eine .... gegen bestimmte Lebensmittel? Dürfen Sie alles essen?
4. Ihre Hand ist gebrochen, aber Sie brauchen keine ....
5. Es ist nur eine kleine Operation, Sie müssen keine Angst vor der .... haben.
6. Das ist eine gefährliche Krankheit. Deswegen empfehlen wir eine ....

4 Bitte vergiss nichts.

a Markieren Sie das Subjekt im Hauptsatz und im *damit*-Satz. In welchen Sätzen ist das Subjekt gleich? Kreuzen Sie an.

1. ◯ <mark>Der Patient</mark> bekommt eine Spritze, damit <mark>die Schmerzen</mark> weggehen.
2. ☒ Die Ärztin macht eine genaue Untersuchung, damit sie die Krankheit erkennt.
3. ◯ Antônio Pereira muss vier Wochen zu Hause bleiben, damit er wieder gesund wird.
4. ◯ Herr Pereira bekommt ein Arztzeugnis, damit er den Arbeitgeber informieren kann.
5. ◯ Antônio hat einen Gips bekommen, damit die Verletzung schnell besser wird.
6. ◯ Frau Marosevic telefoniert, damit der Notarzt kommt.
7. ◯ Frau Rehm bekommt eine Impfung, damit sie nicht krank wird.

b Schreiben Sie die Sätze aus 4a mit dem gleichen Subjekt mit *um … zu*.

2. Die Ärztin macht eine genaue Untersuchung, um die Krankheit zu erkennen.

ÜBUNGEN 6

c Wozu tun Sie das? Schreiben Sie die Sätze mit *damit* oder *um … zu* weiter.

1. Ich habe eine Erkältung und trinke viel Tee, ...
2. Ich nehme eine Schmerztablette, ...
3. Ich gehe zum Zahnarzt, ...
4. Ich mache ein bisschen Sport, ...
5. Ich trinke am Abend keinen Kaffee, ...
6. Ich vereinbare einen Termin beim Arzt, ...

5 Ich habe Angst vor der Operation.

🎧 2.26–27 **a** Hören Sie die Dialoge. Was ist richtig? Kreuzen Sie an: ⓐ, ⓑ oder ⓒ?

Dialog 1
ⓐ Frau Gerber hat Angst, dass es nach der Operation wehtut.
ⓑ Frau Gerber ist aus der Narkose aufgewacht.
ⓒ Frau Gerber hat mehr Angst vor der Narkose als vor der Operation.

Dialog 2
ⓐ Herr Basler darf erst nach den Untersuchungen nach Hause gehen.
ⓑ Die Ärztin bittet Herrn Basler um ein bisschen Geduld.
ⓒ Herr Basler möchte nach Hause, weil er im Spital so schlecht schläft.

b Was sagen die Personen? Ergänzen Sie um das passende Wort.

● Wie (1) *fühlen* Sie sich denn heute?

○ Nicht gut, ich habe grosse (2) ....

Und ich kann hier in der Nacht nicht (3) ....

● Wir geben Ihnen heute noch ein neues (4) ....

Dann wird es bestimmt besser.

Sie brauchen noch ein bisschen (5) ....

🚑 • Geduld • schlafen • Schmerzen • ~~fühlen~~ • Medikament

6 Wir tun alles für Ihre Gesundheit.

a Gesundheitsberufe und Arbeitsorte – Markieren Sie zwölf Wörter im Wortgitter. Schreiben Sie diese mit Artikel.

P	X	P	H	Y	S	I	O	T	H	E	R	A	P	E	U	T
R	K	E	L	W	K	A	L	T	E	R	S	H	E	I	M	T
A	L	P	F	L	E	G	E	F	A	C	H	F	R	A	U	Ä
X	I	B	E	T	A	G	T	E	N	P	F	L	E	G	E	R
I	N	W	A	N	O	T	A	R	Z	T	Z	L	J	G	D	Z
S	I	R	D	O	K	T	O	R	P	P	A	T	I	E	N	T
M	K	R	A	N	S	P	I	T	A	L	S	Z	W	Y	Ö	I
P	R	A	X	I	S	A	S	S	I	S	T	E	N	T	I	N
F	I	T	N	E	S	S	C	E	N	T	E	R	I	P	T	R

der Physiotherapeut

neunundachtzig 89

b Verbinden Sie die Sätze mit *nicht nur ..., sondern auch*.

1. Betagtenpflegerinnen arbeiten in Altersheimen und bei den alten Menschen zu Hause.

   Betagtenpflegerinnen arbeiten nicht nur in Altersheimen, sondern auch bei den alten Menschen zu Hause.

2. Medizinische Praxisassistentinnen helfen bei Untersuchungen und bei Therapien.

   ....

3. Pflegefachleute geben Patienten Medikamente und planen die Pflege.

   ....

4. Physiotherapeuten können Bewegungsübungen machen und Patienten massieren.

   ....

c Lesen Sie den Text und die Aufgaben 1 bis 3. Wählen Sie zu jeder Aufgabe die richtige Lösung: ⓐ, ⓑ oder ⓒ?

Arbeit mit Betagten – Berufe mit Zukunft
Die Menschen werden älter, mehr Pflegepersonal ist nötig.

Etwas über 18% aller Schweizerinnen und Schweizer sind 65 Jahre oder älter, Tendenz steigend. Experten sagen voraus, dass im Jahr 2050 jeder vierte Einwohner der Schweiz zu dieser Altersgruppe gehört. Sicher, viele alte Menschen sind gesund, leben selbstständig und sind sehr aktiv. Der Anteil von Betagten, die nicht ohne Hilfe leben können, steigt aber, und das sehr schnell. Die Arbeit mit Betagten ist anstrengend. Die Berufsleute müssen nicht nur fit und zuverlässig sein, sondern auch psychisch stabil. «Alte Menschen wollen reden, sie erzählen mir ihre Probleme, oft immer dieselben. Und manche sind sehr ungeduldig», meint eine erfahrene Fachfrau Betreuung. «Da braucht man gute Nerven.»

Das bedeutet, dass man Pflegepersonal mit einer guten Ausbildung braucht. Altersheime, wie wir sie kennen, bleiben erhalten, viele Pflegerinnen und Pfleger werden weiter dort Arbeit finden. Betreutes Wohnen wird immer wichtiger, mit kleinen Wohnungen, die für alte Leute eingerichtet sind. Auch hier braucht es Unterstützung, vor allem bei der Körperpflege, damit die alten Menschen noch weitgehend selbstständig leben können. Der dritte Bereich, in dem viele Fachkräfte nötig werden, ist die Spitex, die Betreuung zu Hause. Diese macht es möglich, dass alte Menschen in ihrer Wohnung bleiben können.

1. Im Text geht es darum, dass ...
   ⓐ es viele neue Altersheime gibt.
   ⓑ es zu wenig Pflegepersonal gibt.
   ⓒ es in Zukunft mehr Fachleute für Betreuung und Pflege braucht.

2. Betagtenbetreuerinnen und Betagtenbetreuer ...
   ⓐ sind manchmal auch ungeduldig.
   ⓑ haben einen anstrengenden Beruf.
   ⓒ haben keine Zeit für Gespräche mit den alten Leuten.

3. In Zukunft arbeitet mehr Pflegepersonal
   ⓐ auch ohne Ausbildung.
   ⓑ auch bei den Patienten zu Hause.
   ⓒ selbstständig in der eigenen Wohnung.

7 Entschuldigung, wo ist die Geburtshilfeabteilung?

Was sagt man in folgenden Situationen? Schreiben Sie. Manchmal gibt es mehrere Möglichkeiten.

Bald ist der Gips weg und alles ist wieder gut!   Hast du noch Herzbeschwerden?

Hab keine Angst!   Zum Glück ist bei dem Unfall nicht mehr passiert.

Herzlichen Glückwunsch zur Geburt eurer Tochter.   Ich bin so froh, dass es dir wieder besser geht!

Ich wünsche dir, dass alles gut geht. Kopf hoch.   Wir freuen uns so mit euch.

1. Sie besuchen einen Freund. Er hatte Herzprobleme. — _Ich bin so froh, ..._
2. Ein Kind hatte einen Unfall. Es hat ein Bein gebrochen.
3. Eine Freundin hat morgen eine Operation.
4. Freunde haben ein Baby bekommen, es heisst Antonia.

WORTBILDUNG: Verben mit *weg-, weiter-, zusammen-, zurück-*

Streichen Sie den falschen Verbteil und schreiben Sie das richtige Verb.

1. Leider muss ich arbeiten. Ich würde so gerne ein paar Tage ~~zusammen~~fahren.   _wegfahren_
2. Mona ist eine sehr nette Kollegin. Mit ihr kann man sehr gut zurückarbeiten.
3. Ich kann noch nicht Feierabend machen, ich muss noch wegarbeiten.
4. Ich freue mich, dass du morgen weiterkommst. Ich bin nicht gern allein.
5. Unser Hund ist zusammengelaufen. Hoffentlich kommt er bald wieder.
6. Hast du noch meine Bücher? Ich möchte sie gerne weghaben.
7. Plötzlich war mein Velo kaputt. Ich konnte nicht mehr zusammenfahren.

RICHTIG SCHREIBEN: Lange Vokale: *e, ee* oder *eh; i, ih* oder *ie; o* oder *oh*

Ergänzen Sie. Vergleichen Sie dann mit Ihrem Partner / Ihrer Partnerin.

e	Der L__eh__rer kam in die Klasse. Er r_____dete s_____r schnell, wie immer. «Heute l_____sen wir zuerst, dann machen wir m_____rere Übungen. Aber warum sind so viele Plätze l_____r?»
i	«W_____ geht es _____nen heute, Frau Wieser? Haben S_____ gut geschlafen? W_____r machen heute v_____le Untersuchungen, bis w_____r _____r Problem gefunden haben.»
o	«Ich bin ja s_____ fr_____, dass Sie sich wieder w_____lfühlen. Sie werden bestimmt _____ne Probleme wieder gesund», sagte der _____renarzt.

Mein Deutsch nach Kapitel 6

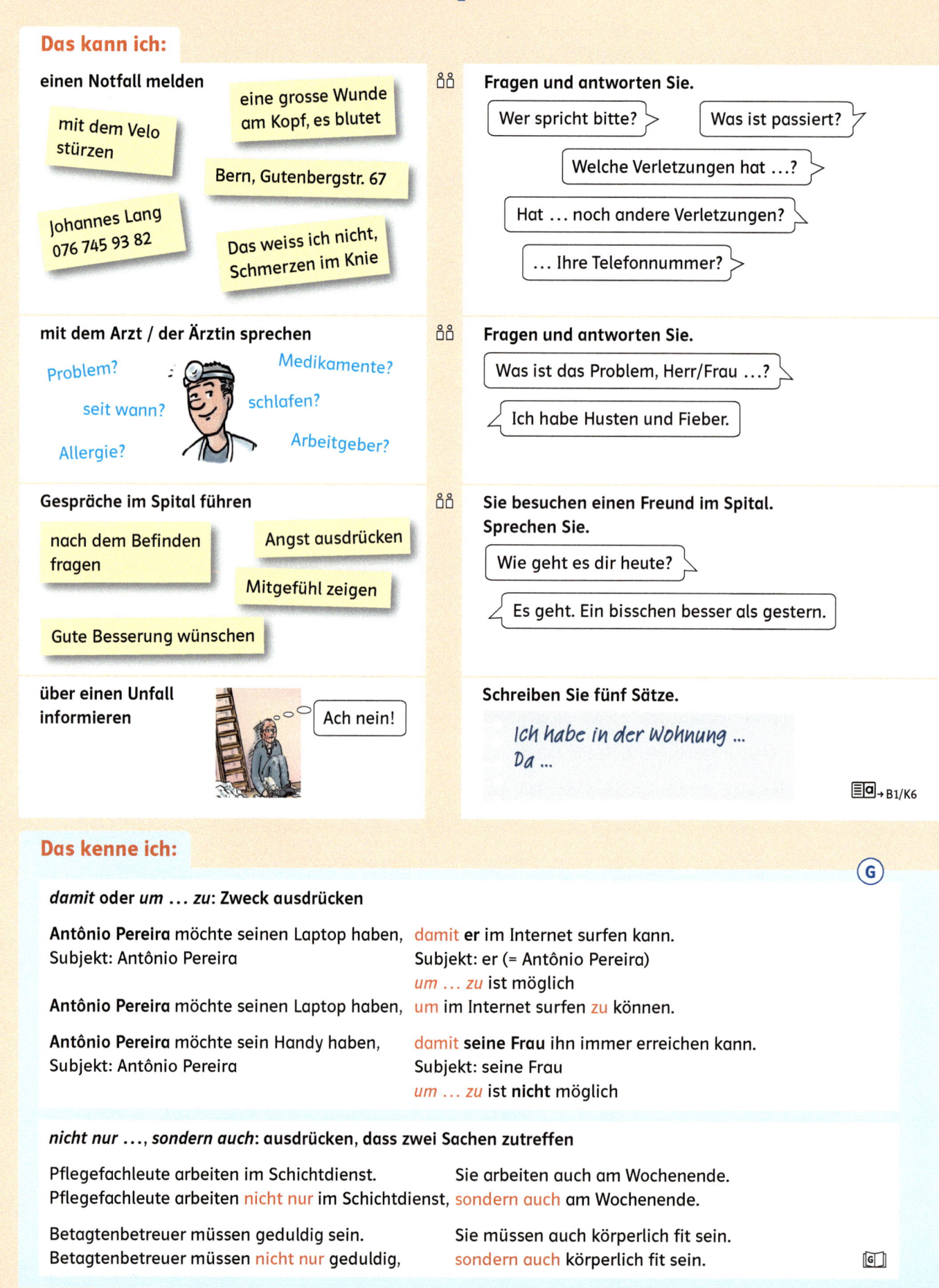

Das kann ich:

einen Notfall melden

- mit dem Velo stürzen
- eine grosse Wunde am Kopf, es blutet
- Bern, Gutenbergstr. 67
- Johannes Lang 076 745 93 82
- Das weiss ich nicht, Schmerzen im Knie

Fragen und antworten Sie.
- Wer spricht bitte?
- Was ist passiert?
- Welche Verletzungen hat …?
- Hat … noch andere Verletzungen?
- … Ihre Telefonnummer?

mit dem Arzt / der Ärztin sprechen
- Problem?
- Medikamente?
- seit wann?
- schlafen?
- Allergie?
- Arbeitgeber?

Fragen und antworten Sie.
- Was ist das Problem, Herr/Frau …?
- Ich habe Husten und Fieber.

Gespräche im Spital führen
- nach dem Befinden fragen
- Angst ausdrücken
- Mitgefühl zeigen
- Gute Besserung wünschen

Sie besuchen einen Freund im Spital. Sprechen Sie.
- Wie geht es dir heute?
- Es geht. Ein bisschen besser als gestern.

über einen Unfall informieren

Ach nein!

Schreiben Sie fünf Sätze.

Ich habe in der Wohnung …
Da …

→ B1/K6

Das kenne ich:

damit oder um … zu: Zweck ausdrücken

Antônio Pereira möchte seinen Laptop haben, **damit** er im Internet surfen kann.
Subjekt: Antônio Pereira   Subjekt: er (= Antônio Pereira)
                                                  um … zu ist möglich

Antônio Pereira möchte seinen Laptop haben, **um** im Internet surfen **zu** können.

Antônio Pereira möchte sein Handy haben,   **damit** seine Frau ihn immer erreichen kann.
Subjekt: Antônio Pereira   Subjekt: seine Frau
                                                  um … zu ist **nicht** möglich

nicht nur …, sondern auch: ausdrücken, dass zwei Sachen zutreffen

Pflegefachleute arbeiten im Schichtdienst.   Sie arbeiten auch am Wochenende.
Pflegefachleute arbeiten **nicht nur** im Schichtdienst, **sondern auch** am Wochenende.

Betagtenbetreuer müssen geduldig sein.   Sie müssen auch körperlich fit sein.
Betagtenbetreuer müssen **nicht nur** geduldig,   **sondern auch** körperlich fit sein.

HALTESTELLE

1 Beruf – Angestellt oder selbstständig?

a Was ist typisch für Angestellte, was für Selbstständige? Ordnen Sie zu. Manche Beschreibungen passen für beides.

keinen Chef haben   im Team zusammenarbeiten   sicheres Einkommen   fester Vertrag
keine festen Arbeitszeiten   Werbung machen   ein Büro mieten   oft zu Hause arbeiten   bezahlte Ferien
soziale Absicherung (Pensionskasse, Unfallversicherung)   für den eigenen Erfolg verantwortlich sein

angestellt	beide	selbstständig
sicheres Einkommen		

b Was passt besser zu Ihnen – angestellt oder selbstständig?

2 Verstehen Sie Schweizerdeutsch?

a Lesen Sie den hochdeutschen Text. Welche Überschrift passt am besten?

1. **Fitness für das ganze Quartier**   2. **Lebensqualität im Alter**   3. **Individuell trainieren**

Im achten Stock des Altersheims *Alpenblick* gibt es einen Fitnessraum mit verschiedenen Geräten. Mit diesen Geräten kann man seine Muskeln trainieren, Ausdauertraining und Gleichgewichtsübungen machen. Alle Geräte sind sicher und auch für betagte Menschen einfach zu benutzen. Von Montag bis Mittwoch betreut eine Fitnessinstruktorin die Trainierenden. Am Donnerstag und Freitag ist der Raum ganztags für die Physiotherapie reserviert. Der Fitnessraum steht nicht nur den Angestellten sowie den Bewohnerinnen und Bewohnern des *Alpenblick* offen, sondern auch allen Interessierten aus dem Quartier.

b Hören Sie nun die schweizerdeutschen Dialoge. Wer spricht mit wem?

	Dialog 1	Dialog 2	Dialog 3
Bewohnerin *Alpenblick*			
Physiotherapeutin			
Angestellte *Alpenblick*			
Angestellter *Alpenblick*			
Patient			
Frau aus dem Quartier			

c Hören Sie noch einmal. Über welche Themen sprechen die Personen? Ein Wort kommt in jedem Dialog vor; es bedeutet «anstrengend». Wie heisst es auf Schweizerdeutsch?

3 Spielen und wiederholen

a Körper und Krankheit – Welche Wörter gehören in ein Wortfeld? Arbeiten Sie zu dritt. Jeder markiert in zwei verschiedenen Farben und notiert den Artikel.

.... Arzt	.... Spital	.... Schnupfen
.... Arm	.... Kopf	.... Ohr
.... Bein	.... Grippe	.... Zahnarzt
.... Praxis	.... Knie	.... Pflegefachmann
.... Erkältung	.... Hals	.... Bauch
.... Auge	.... Wunde	.... Fuss
.... Schmerz	.... Fieber	.... Pflaster
.... Hand	.... Tropfen	.... Finger
.... Medikament	.... Mund	.... Tablette

b Vergleichen Sie Ihre Lösungen. Für jedes richtige Wortfeld und für jeden richtigen Artikel gibt es einen Punkt.

c Denken Sie sich ein Wort. Schreiben Sie für jeden Buchstaben einen Strich. Die anderen sagen einen Buchstaben: Richtig? Schreiben Sie ihn an den richtigen Platz. Falsch? Zeichnen Sie Schritt für Schritt ein Smiley. Ihr Smiley ist fertig: Sie haben gewonnen. Das Wort ist fertig: die Gruppe gewinnt.

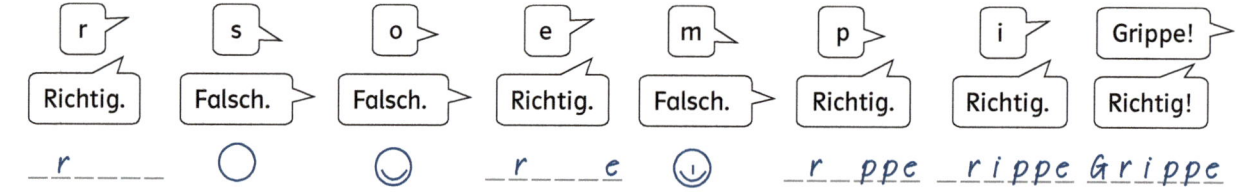

r | s | o | e | m | p | i | Grippe!
Richtig. | Falsch. | Falsch. | Richtig. | Falsch. | Richtig. | Richtig. | Richtig!

_ r _ _ _ _ _   ◯   ☺   _ r _ _ e _   ☺   _ r _ p p e   _ r i p p e   G r i p p e

d Arbeiten Sie zu dritt. Schreiben Sie A bis D auf Zettel und mischen Sie. Jeder zieht einen Zettel und findet in einer Minute möglichst viele Wörter zum Thema Körper/Gesundheit/Krankheit mit der passenden Buchstabenzahl. Wer gewinnt?

A	B	C	D
3 oder 4 Buchstaben	5 oder 6 Buchstaben	7 oder 8 Buchstaben	länger

4 Sprechtraining

a Das stimmt nicht. Lesen Sie abwechselnd die Sätze. Der/Die andere korrigiert die Aussage.

1. Wenn jemand krank ist, wünscht man „Viel Glück".
2. Bei Kopfschmerzen hilft ein Pflaster.
3. Im Sommer haben viele eine Erkältung.
4. Wenn man krank ist, geht man zum Maler.
5. Im Spital braucht man eine Visitenkarte.
6. Rauchen macht gesund.
7. Der Patient muss im Schrank bleiben.
8. Eine Praxisassistentin arbeitet in einer Bank.

> Wenn jemand krank ist, wünscht man „Viel Glück".

> Viel Glück? Das stimmt nicht. Man wünscht „Gute Besserung".

b Stimmt das? Notieren Sie fünf falsche Aussagen. Lesen Sie Ihre Aussagen vor. Ihr Partner / Ihre Partnerin wiederholt das, was falsch ist, als Frage und korrigiert die Aussage.

> In Deutschland spricht man Englisch.

> Englisch? Nein, man spricht Deutsch.

TESTTRAINING

P Goethe/ÖSD

1 Hören – Gespräche

INFO: Diese Art von Höraufgabe gibt es im Goethe/ÖSD-Zertifikat B1 in Teil 1. Sie hören dort aber nicht Gespräche, sondern Durchsagen oder Texte vom Anrufbeantworter. Eine Richtig/Falsch-Aufgabe zu einem Gespräch gibt es in Teil 3.

🎧 2.29

Aufgabe:
Sie hören vier Gespräche. Zu jedem Gespräch gibt es zwei Aufgaben. Entscheiden Sie bei jedem Gespräch, ob die Aussage dazu richtig oder falsch ist und welche Antwort (a, b oder c) am besten passt.

→ Lesen Sie die Aufgaben genau und überlegen Sie: Wie ist die Situation?
→ Die erste Aufgabe ist immer allgemein zu der Situation, die zweite zu einem Detail.

Beispiel
Frau Dallmann ist eine Kollegin von Herrn Burger.   ☒ richtig   ◯ falsch

Sie möchte Herrn Burger
a fragen, wann er wieder arbeitet.
b im Krankenhaus besuchen.
c seine Tasche ins Krankenhaus bringen.

🇩🇪 das Krankenhaus   🇨🇭 das Spital

1 Merle zieht mit Daniel zusammen in eine neue Wohnung.   ◯ richtig   ◯ falsch

2 Merle bittet Daniel,
a Farbe für die neue Wohnung zu kaufen.
b Helfer für den Umzug zu organisieren.
c Leute zur Einzugsparty einzuladen.

3 Frau Beise ist bei einer Ärztin.   ◯ richtig   ◯ falsch

4 Sie soll
a Hustensaft nehmen.
b sich krankschreiben lassen.
c viel spazierengehen.

5 Manfred spricht mit einer Verwandten.   ◯ richtig   ◯ falsch

6 Er möchte
a eine neue Kreditkarte bestellen.
b eine Überweisung machen.
c einen Dauerauftrag löschen.

7 Ali und Konstantin suchen einen Termin zum Deutschlernen.   ◯ richtig   ◯ falsch

8 Sie treffen sich
a am Freitag vor dem Deutschkurs.
b am Freitag nach dem Deutschkurs.
c am Samstag um 10 Uhr.

P telc

2 Sprechen – Kontakt aufnehmen

So sieht die Aufgabe in der Prüfung aus:

Unterhalten Sie sich mit Ihrer Partnerin bzw. Ihrem Partner über folgende Themen:
- Name
- woher sie oder er kommt
- wie sie oder er wohnt (Wohnung, Haus, Garten …)
- Familie
- wo sie oder er Deutsch gelernt hat
- was sie oder er macht (Schule, Studium, Beruf …)
- Sprachen (welche? wie lange? warum?)

Die Prüfenden können ausserdem noch weitere Fragen stellen.

→ Fragen Sie am Anfang Ihre Partnerin oder Ihren Partner: „Sollen wir uns siezen oder duzen?"
→ Ein Beispiel und Fragen zu „Sich vorstellen" finden Sie in Testtraining B, Seite 64, Aufgabe 2.

3 Sprechen – gemeinsam etwas planen

So sieht die Aufgabe in der Prüfung aus:

P telc

Situation
Jemand aus Ihrer WG hat sich bei einem Unfall den Arm gebrochen und liegt im Spital.
Sie wollen ihn/sie gemeinsam besuchen und ein Geschenk mitbringen. Wahrscheinlich braucht er/sie auch ein paar Sachen von zu Hause.
Wenn er/sie das Spital verlässt, muss er/sie noch vier Wochen lang einen Gips tragen.

→ Lesen Sie die Situation und die Notizen in der Aufgabe genau.
→ Fragen Sie nach, wenn Sie etwas nicht verstanden haben.
→ Kommunizieren Sie aktiv: Hören Sie gut zu und reagieren Sie auf Ihren Partner / Ihre Partnerin. Machen Sie eigene Vorschläge.
→ Wenn die andere Person wenig oder nichts sagt, stellen Sie ihm/ihr Fragen.

Aufgabe
Planen Sie gemeinsam, was Sie ins Spital mitbringen werden und wie Sie den Freund / die Freundin in der Zeit danach unterstützen können. Hier sind einige Notizen:

Spitalbesuch und Hilfe für danach planen
- Wann besuchen?
- Wie zum Spital kommen?
- Was mitbringen? (Geschenk, Sachen von zu Hause?)
- Wer hilft wie nach dem Spitalaustritt?

So können Sie üben:

Tipps zur Vorbereitung:
→ Wiederholen Sie Wortschatz und Redemittel aus den Bereichen *Termine, Essen, Getränke, Gesundheit, Körperpflege, Geschenke*.
→ Sammeln Sie mögliche Situationen, schreiben Sie Dialoge dazu. Üben Sie die Dialoge zu zweit.
→ Machen Sie zu zweit die Aufgabe 3 von oben. Die Redemittel im Kasten unten helfen.

Vorschläge machen
Ich schlage vor, dass wir …
Ich habe eine Idee. / Wir könnten doch …
Um Vorschläge bitten
Wie sollen wir das machen/organisieren?
Hast du einen Vorschlag?
Missverständnisse klären / nachfragen
Das habe ich falsch verstanden. Ich denke, wir …
Entschuldigung, das habe ich anders gemeint.
Wie meinst du das? / Wie meinen Sie das?
Kompromisse machen
Einverstanden, aber ich finde, wir sollten schon …
Was hältst du / halten Sie davon, wenn wir …

Vorschläge annehmen
Das ist eine gute/tolle Idee.
Ja, das finde ich gut. / Gut, einverstanden!
Ich denke, das müsste gehen.
Gut, machen wir das so.
Zweifel äussern
Ich bin nicht sicher, ob das geht.
Haben wir genug Zeit/Geld … , um …?
Meinst du / Meinen Sie denn, dass alle Lust/Zeit/Interesse haben, …?
Zum nächsten Punkt kommen
Also, … haben wir organisiert. Jetzt …
Woran müssen wir noch denken?

Alles für die Umwelt

7

1 Das geht auch anders!

a Was passt zu welchem Foto? Ordnen Sie zu.

Altglas   Abfall trennen   Altpapier bündeln   Licht ausschalten   Energie sparen

Einkaufskorb   Kochtopf   benutzen   Deckel   mit dem Velo einkaufen

Wegwerftaschen vermeiden

> Altglas passt zu Foto A. Die leeren Flaschen …

b Was haben die Fotos A bis E mit Energiesparen und Umweltschutz zu tun? Sprechen Sie im Kurs.

> Auf Foto D sind alle Lampen an. Das verbraucht viel Energie.

🎧 2.30–34 **c** Hören Sie fünf Dialoge. Zu welchen Fotos passen sie?

d Was machen Sie zu Hause, um Energie zu sparen? Was könnten Sie noch machen?

> Wir heizen im Winter nicht viel. Da spart man viel Geld.

Sprechen über Energiesparen diskutieren; zustimmen, widersprechen, abwägen; Umwelttipps geben; jemanden überzeugen; Zweifel äussern und entkräften | **Hören** Interview mit Biobauern | **Schreiben** Kommentar | **Lesen** Tipps zum Energiesparen; Artikel über einen Markt; Infotexte über Umweltaktionen | **Beruf** Freiwilliger Einsatz

2 Das ist zu teuer.

🎧 2.35 **a** Hören Sie das Gespräch. Über welches Problem spricht Familie Wächter?

b Lesen Sie die Tipps und ordnen Sie sie den Fotos zu.

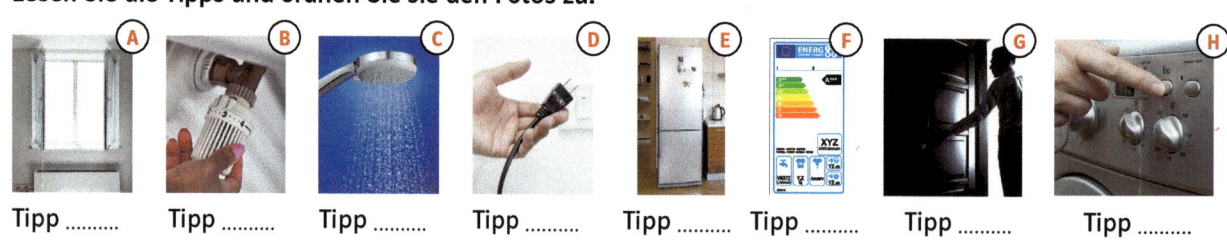

A   B   C   D   E   F   G   H

Tipp ……   Tipp ……   Tipp ……   Tipp ……   Tipp ……   Tipp ……   Tipp ……   Tipp ……

Acht Tipps zum Energiesparen im Haushalt

1. Kontrollieren Sie die Energieklasse bei Ihren Elektrogeräten. Wenn Sie sich ein neues Gerät anschaffen, dann nur mit der Energieklasse A+ bis A+++.
2. Geräte verbrauchen auch im Standby-Modus Strom, deshalb sollten Sie den Stecker immer aus der Steckdose ziehen oder in einer abschaltbaren Steckerleiste einstecken.
3. Eine volle Badewanne verbraucht viel Wasser und Energie, verzichten Sie auf ein Vollbad und duschen Sie lieber kurz.
4. Kühlgeräte mögen es kühl, darum sollen sie nicht neben dem Herd oder in der Sonne stehen.
5. Mit dem Sparprogramm bei der Waschmaschine wird die Wäsche auch ohne Vorwäsche sauber. So sparen Sie auch Waschmittel.
6. Öffnen Sie die Fenster für einige Minuten richtig, um gut zu lüften. Das ist besser als gekippte Fenster.
7. Ziehen Sie an kalten Tagen zu Hause einen Pulli an, dann müssen Sie nicht so viel heizen.
8. Lampen sollen nur dort an sein, wo Menschen sind. Wenn Sie aus dem Zimmer gehen, einfach das Licht ausschalten.

c Welche Tipps finden Sie sinnvoll? Welche nicht?

> Tipp 5 finde ich sinnvoll, wenn man Kinder hat und viel waschen muss.

🎧 2.36 **d** Hören Sie das Gespräch von Familie Wächter. Über welche Tipps sprechen sie?

Tipp ……   Tipp ……   Tipp ……   Tipp ……   Tipp ……

e Für welche Tipps entscheidet sich die Familie? Warum? Notieren und vergleichen Sie.

Tipp ……: ……………………………………………………………………………………………………

Tipp ……: ……………………………………………………………………………………………………

Tipp ……: ……………………………………………………………………………………………………

Tipp ……: ……………………………………………………………………………………………………

3 Da hast du recht!

a Hören Sie das Gespräch von Familie Wächter noch einmal. Welche Ausdrücke hören Sie? Kreuzen Sie an.

zustimmen	widersprechen	abwägen
☐ Da hast du recht.	☐ Ich sehe das anders.	☐ Das stimmt zum Teil, aber …
☐ Da stimme ich dir zu.	☐ Hier möchte/muss ich widersprechen.	☐ Bist du sicher?
☐ Das sehe ich auch so.	☐ Das ist nicht so.	☐ Man darf nicht vergessen, …
☐ Damit bin ich einverstanden.	☐ So einfach ist das nicht.	☐ Es ist aber auch wichtig, …
☐ Stimmt.		

b Aussprache: *sch* oder *s* – Was hören Sie? Kreuzen Sie an.

1. Prospekt [sch] [s]
2. widersprechen [sch] [s]
3. kosten [sch] [s]
4. einverstanden [sch] [s]
5. sparen [sch] [s]
6. erstens [sch] [s]
7. Stecker [sch] [s]
8. Plastik [sch] [s]

> *st* und *sp*:
> Am Wortanfang und am Silbenanfang spricht man *scht* und *schp*.

c Hören Sie die Sätze und sprechen Sie nach.

1. Es stimmt, dass Stofftaschen besser sind als Plastiksäcke.
2. Mit diesem Kühlschrank sparen wir viel Strom.
3. Sabine lässt den Stecker selten in der Steckdose.
4. Hier muss ich Stefan widersprechen. Das ist nicht so.
5. Das stimmt so nicht. Das sehe ich anders.
6. Ich bin einverstanden mit den Stromspartipps.

d Sollte man alte Elektrogeräte verbieten? Diskutieren Sie zu zweit: A ist dafür, B ist dagegen. Verwenden Sie dabei die Ausdrücke aus 3a.

Verbot von alten Elektrogeräten

+ Neue Geräte verbrauchen weniger Energie.
+ Man spart Geld und sie sind weniger schädlich für die Umwelt.
+ Es gibt mehr Arbeitsplätze, weil man neue Geräte produziert.
+ Neue Geräte haben bessere Funktionen als alte Geräte.

− Alles neu kaufen ist zu teuer.
− Alte Geräte funktionieren noch.
− Bei der Produktion von neuen Geräten verbraucht man Energie und Material.
− Es gibt zusätzlichen Abfall.
− Auch neue Geräte können einen hohen Verbrauch haben.

UND SIE?

Notieren Sie die vier Themen auf Plakaten und legen Sie die Plakate auf Tische. Gehen Sie herum und notieren Sie Ihre Meinung. Kommentieren Sie auf den Plakaten auch die Meinungen der anderen Kursteilnehmer/innen.

Öffentlicher Nahverkehr kostenlos für alle
Ich finde, dass Busse nichts kosten sollten!
Hier muss ich widersprechen: Das ist zu teuer für die Städte!

! VERBOT von Getränkedosen !

Obligatorisches Umweltpraktikum in der Schule

Für alle Tragtaschen bezahlen – nicht nur im Supermarkt!

4 Mein Gemüse wird auf dem Markt verkauft.

a Thema *Bauernhof* – Sammeln Sie Wörter. Erklären Sie dann Ihre Wörter einer anderen Gruppe.

> Der Stall: Im Stall sind die Tiere wie Kühe, Schafe oder Hühner.

b 🎧 2.39 Das Interview von Jonas – Hören Sie und kreuzen Sie an: richtig oder falsch?

	R	F
1. Der Hof ist seit zehn Jahren ein Bio-Bauernhof.	☐	☐
2. Bauer Schudel füttert jeden Morgen seine Rinder mit Gras.	☐	☐
3. Er arbeitet gerne im Freien.	☐	☐
4. Für die Ernte braucht er Saisonarbeiter.	☐	☐
5. Samstags verkauft er seine Produkte auf dem Markt.	☐	☐

c Lesen Sie den Artikel von Jonas aus der Klassenzeitung und beantworten Sie die Fragen.

Ökologisches Obst und Gemüse – vom Feld direkt auf den Markt

Wart ihr schon mal auf dem Bauernmarkt? Und habt ihr euch schon mal überlegt, was alles passieren muss, damit samstags dort alles frisch ist? Und was vor und nach dem Verkauf passiert?
Ich habe mit Bauer Schudel gesprochen und war auf dem Bauernmarkt und kann euch das jetzt erklären: Zuerst werden die Früchte und das Getreide auf den Bio-Bauernhöfen in unserer Gegend angebaut, auch auf dem Bauernhof von Herrn Schudel. Jeden Freitag wird das Obst und Gemüse extra für den Markt schön reif und frisch geerntet. In der Erntezeit helfen da manchmal auch Saisonarbeiter mit. Die Ware wird dann am Samstag um fünf Uhr früh abgeholt. Gleichzeitig werden auf dem Markt ab fünf Uhr die Stände aufgebaut. Ab sechs Uhr wird die Ware geliefert. Dann wird sie ausgepackt. Ab sieben Uhr kommen die ersten Kunden. Sie werden persönlich beraten. So geht das den ganzen Vormittag. Um ein Uhr ist der Markt zu Ende, dann werden die Stände abgebaut und der Marktplatz wird gereinigt. Und am nächsten Wochenende geht das alles wieder von vorne los.

1. Woher kommen die Früchte auf dem Markt?
2. Wann ist die wöchentliche Ernte?
3. Ab wann kann man auf dem Markt einkaufen?
4. Wie oft findet der Markt statt?

d Lesen Sie den Artikel in 4c noch einmal. Ergänzen Sie den Kasten um die Formen von *werden*.

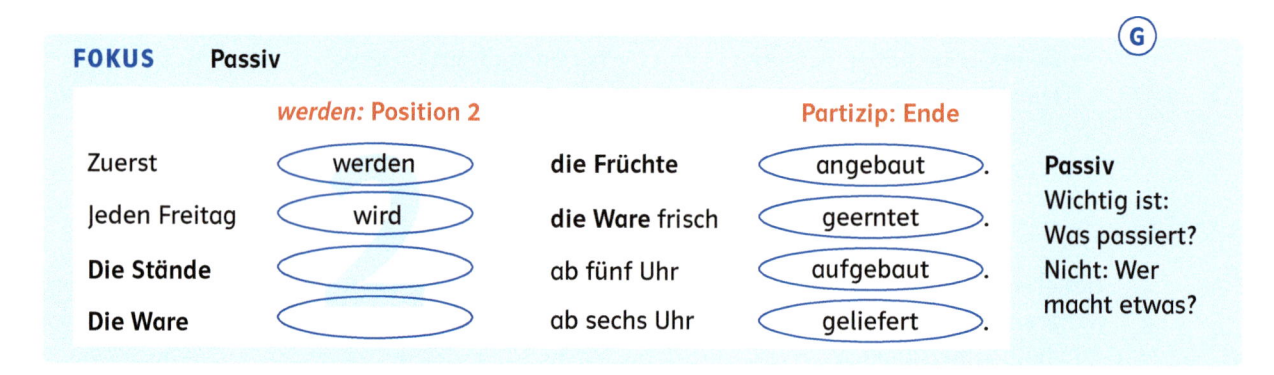

FOKUS Passiv

	werden: Position 2		Partizip: Ende
Zuerst	werden	die Früchte	angebaut.
Jeden Freitag	wird	die Ware frisch	geerntet.
Die Stände		ab fünf Uhr	aufgebaut.
Die Ware		ab sechs Uhr	geliefert.

Passiv
Wichtig ist:
Was passiert?
Nicht: Wer macht etwas?

e Auf dem Markt – Schreiben Sie die Sätze im Passiv.

1. Auf dem Markt / frisches Obst / verkaufen
2. Früh am Morgen / die Stände / aufbauen
3. Im Winter / keine Erdbeeren / anbieten
4. Die Kunden / intensiv / beraten
5. Hier / tolle Tipps / geben

> 1. Auf dem Markt wird frisches Obst verkauft.

5 Umweltschutz ganz praktisch

a Jonas und seine Mitschüler präsentieren in der Klasse ihr Umweltprojekt. Formulieren Sie Tipps zu A bis E.

A Alte Handys gehören grundsätzlich nicht in den Hauskehricht! Sie enthalten wertvolle Metalle, die man gut wiederverwerten kann.

B Bei vielen Waren kannst du dich für recycelte Produkte entscheiden, zum Beispiel bei Blocks oder Heften.

C Beim Surfen im Internet kannst du etwas für die Umwelt tun. Es gibt «ökologische» Suchmaschinen, die einen Teil von ihren Einnahmen für die Umwelt spenden.

D Coffee to go, Cola aus der Dose – das gibt viel Abfall, den man leicht vermeiden kann! Als Alternativen bieten sich Trinkflaschen und Thermoskannen an.

E Früchte und Gemüse muss man nicht um die halbe Welt transportieren! Auf dem Markt gibt es Produkte aus unserer Gegend, zum Beispiel die von Bauer Schudel!

> Verwende eine Trinkflasche und trinke öfter Leitungswasser!

b Was kann man für die Umwelt tun? Schreiben Sie Tipps und Gründe wie im Beispiel.

1. gebrauchte Sachen kaufen — billiger als / genau so gut wie neue
2. im Haushalt den Abfall trennen — Papier, Glas, Plastik kann man recyceln
3. elektrische Geräte ganz ausschalten — Strom sparen
4. öffentliche Verkehrsmittel benutzen — die Umwelt schützen
5. kein Fleisch essen — besser für das globale Klima sein

> Man sollte gebrauchte Sachen kaufen, weil sie meistens billiger als neue sind.
> Ich würde …
> Du könntest …

UND SIE?

Was sind Ihre «Umweltsünden»? Sprechen Sie.

> Ich fahre zu viel Auto, auch wenn es nicht nötig ist. Aber es ist …

hunderteins **101**

6 Umweltaktionen in unserer Stadt

a Lesen Sie die Texte. Was machen die Leute und warum? Sprechen Sie.

A

Der Frühling ist wieder da und alles blüht! Endlich kann man wieder im Park auf der Wiese sein!

Aber leider liegt überall Abfall: Plastikflaschen, Getränkedosen, Zigarettenstummel und sonstiger Müll – den wollen wir aufheben!

Macht alle mit bei unserer grossen **Abfallsammelaktion im Park** am Sonntag ab 14 Uhr!

Bitte Handschuhe und Abfallsäcke mitbringen!

B

Grosse Pflanzaktion im Stadtwald

Bäume holen den Dreck von den Abgasen aus der Luft und geben uns so die saubere Luft, die wir zum Atmen benötigen.

Wir brauchen den Wald und der Wald braucht uns!

Kommt zu der Pflanzaktion am Samstag, wir suchen noch freiwillige Helferinnen und Helfer!

Treffpunkt Samstag 9 Uhr am Waldparkplatz

C

HOME | PROJEKTE | ÜBER UNS

Interkultureller Garten

Zusammen Obst und Gemüse anbauen, Tipps austauschen, sich um unsere Bienen kümmern, zusammen ernten, kochen und essen – unser interkultureller Garten ist ein Ort der Begegnung und der Gemeinschaft in der Grossstadt! Neue Gärtnerinnen und Gärtner aus allen Kulturen sind immer willkommen!

Wir treffen uns von April bis September jeden Mittwoch und Samstag ab 14 Uhr im Familiengartenareal ‹Fliederweg›.

b Hören Sie drei Dialoge. Person A notiert Argumente für die Aktionen, Person B Argumente dagegen. Tauschen Sie sich dann aus. (2.40–42)

c Bei welcher Aktion würden Sie mitmachen? Spielen Sie Dialoge. Eine Person ist dafür, eine hat Zweifel.

jemanden von etwas überzeugen	Zweifel äussern	Zweifel entkräften
Ich finde diese Aktion gut.	Das ist doch sinnlos!	Irgendjemand muss doch mal anfangen, etwas zu tun.
Es ist sinnvoll, etwas für … zu tun.	Das bringt doch nichts!	Doch, natürlich bringt das etwas.
Man sieht gleich, was man geschafft hat.	Das ist mir viel zu anstrengend.	Komm, du schaffst das schon!
Da können wir uns ganz praktisch engagieren.	Warum soll ich da mitmachen?	Es wäre einfach toll, wenn du mitmachen würdest!
Da kann man viel lernen.	Ich glaube nicht, dass das funktioniert.	Wieso? Ich denke, das klappt schon!
Das macht Spass.	Und was ist, wenn …?	Dann könnten wir einfach …
Das ist sicher interessant!		

UND SIE?

Umweltschutz im Alltag – Diskutieren Sie im Kurs. Überzeugen Sie die anderen.

Zu Hause den Abfall trennen.   **oder**   Eine andere Aktion, die Sie gut finden.

7 Mein Einsatz für die Umwelt

a Davids Blog – Lesen Sie den ersten Absatz. Warum macht David ein Zwischenjahr?

> Hoi zäme, willkommen bei meinem Blog über das Zwischenjahr! Wenn ihr meinen Blog lest, seid ihr vielleicht in der gleichen Situation wie ich: Ihr habt lange genug die Schulbank gedrückt und wollt nach der Matura nicht sofort studieren, sondern mal eine Zeit lang etwas ganz anderes machen. Ich habe mich über Zwischenlösungen informiert und entschieden: Ich will mich für ökologische Projekte im Berggebiet einsetzen. Als Erstes habe ich mich beim Bergwaldprojekt angemeldet.

b Lesen Sie weiter. Ordnen Sie die grün gedruckten Ausdrücke den Bildern zu.

> Heute (Sonntagnachmittag) sind wir in der Hütte angekommen. Die Einrichtung ist sehr einfach. Wir sind 16 Leute und schlafen in zwei Gruppenzimmern. Nach dem Einrichten gab es einen interessanten Vortrag über den Bergwald. Morgen gehts los: Frühstück um halb sieben… Kein Job für Langschläfer 😉.
>
> Schon Dienstagabend! Gestern war ich viel zu müde zum Bloggen, und alle Muskeln haben wehgetan 😔. Ich war bei der Schlagräumung eingeteilt. Wir mussten auf einer grossen Fläche Äste wegräumen; das war viel anstrengender, als ihr euch vorstellen könnt! Dann haben wir angefangen, einen Zaun um die Fläche zu bauen.
>
> Heute ist unser Zaun fertig geworden. Es war sehr heiss im Wald, und es gab viele Mücken. Am Mittag haben wir Feuer gemacht, um Suppe zu kochen. Der Rauch hat die Biester zum Glück für kurze Zeit vertrieben! Jetzt freue mich auf morgen: Da werden wir im Wald junge Tännchen ausgraben und im Schutzzaun wieder in die Erde eingraben. So können sie wachsen und werden nicht von wilden Tieren gefressen.
>
> Die Zeit vergeht wie im Flug! Bald ist die Waldwoche um, und ich plane schon meinen nächsten Einsatz: Ich möchte einen Monat lang auf einem Bio-Bergbauernhof mitarbeiten.
> Auch für mein Studium habe ich schon eine Idee: Ich möchte als Wissenschaftler in der Forschung etwas für die Umwelt tun 😊. Also, bis bald, bleibt mir treu und kommentiert fleissig!

c Lesen Sie den Text noch einmal und notieren Sie Davids Erlebnisse im Bergwaldprojekt in einer Positiv (+)/Negativ (–)-Liste. Vergleichen Sie dann Ihre Notizen.

Die Arbeit ist spannend und abwechslungsreich

d Schreiben Sie einen Kommentar zu dem Blog.

VORHANG AUF

Jede Gruppe wählt ein Thema. Notieren Sie Fragen und stellen Sie sie einer Person aus der anderen Gruppe.

Energie sparen, aber wie? 
Heizung
Duschen
Strom
Wäsche
Lüften

Umweltfreundlich einkaufen 
Weg
Verpackung
Geschäft
Produkt
Bio

Machst du das Licht aus, wenn du aus dem Zimmer gehst?

ÜBUNGEN

1 Das geht auch anders!

Wie heissen die Dinge? Notieren Sie die passenden Wörter.

1. Im Winter, wenn es kalt ist, braucht man eine …   _Heizung_
2. In der Schweiz trennt man den …   _____
3. Es ist besser, mit dem … zu fahren als mit dem Auto.   ____
4. Viele Menschen nehmen einen Einkaufskorb, weil sie keine … wollen.   _____
5. Wenn man kocht, soll man einen … auf den Topf legen.   _____
6. Wenn man die Lampen ausschaltet, kann man … sparen.   _____

Deckel • Energie • Velo • Heizung • Abfall • Wegwerftasche

2 Das ist zu teuer.

a Lesen Sie und kreuzen Sie an: richtig oder falsch?

Was für Energiespartypen seid ihr?
Schreibt uns über eure Erfahrungen und was ihr bei diesem wichtigen Thema tut!

Mika73

Ganz ehrlich? Natürlich spare ich auch Energie, schliesslich kosten Strom und Heizung viel Geld. Aber bestimmte Sachen mache ich trotzdem, auch wenn sie viel Energie brauchen. Ich ziehe zum Beispiel auch im Winter im Büro leichtere Kleidung an – einfach, weil es bequemer ist als mit Mütze und Schal am PC zu sitzen 😉. Ich nehme auch nie Essen von zu Hause mit, sondern kaufe Fastfood und werfe die Verpackung in den nächsten Abfalleimer. Das ist viel einfacher. Aber beim Autofahren spare ich super viel Energie: Ich habe nämlich gar kein Auto und fahre viel lieber Velo.

Terry

Energiesparen finde ich extrem wichtig, schliesslich haben wir nur eine Erde. Ich kann nicht verstehen, wenn jemand das nicht ernst nimmt. Für mich ist es selbstverständlich, dass ich zu Hause nur LED-Lampen und Energiesparlampen habe, aber wenn ich weggehe, vergesse ich manchmal, die Geräte auszuschalten, und lasse sie im Standby-Modus. Ich bade nur ganz selten, aber ich dusche täglich. Leider bin ich beruflich viel unterwegs, da muss ich manchmal fliegen oder Auto fahren. Aber wenn es möglich ist, dann fahre ich mit dem Zug.

	R	F
1. Mika73 spart Energie, weil es dann billiger für sie ist.	☐	☐
2. Sie heizt zu Hause viel, damit sie auch im Winter T-Shirts tragen kann.	☐	☐
3. Unterwegs kauft sie verpacktes Essen und trennt den Abfall nicht.	☐	☐
4. Terry ist der Meinung, dass alle Energie sparen sollen.	☐	☐
5. Er schaltet immer alle Geräte aus, wenn er nicht zu Hause ist.	☐	☐
6. Auf Reisen benutzt er lieber das Flugzeug als den Zug.	☐	☐

b Schreiben Sie selbst einen Beitrag wie in 2a.

c **Wie kann man zu Hause Energie sparen? Notieren Sie Tipps.**

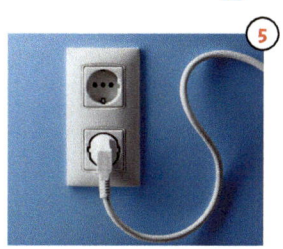

1. *Man soll lieber* ....
2. *Wenn Ihnen kalt ist,* ....
3. *Machen Sie* ....
4. *Der Kühlschrank soll* ....
5. *Ziehen Sie* ....

3 Da hast du recht!

a **Was passt zusammen? Verbinden Sie.**

1. Ich bin der Meinung, dass man …   a) jeder Schweizer viel für die Umwelt tut.
2. Ich muss dir widersprechen, denn …   b) gibt immer noch viel zu verbessern.
3. Es ist nicht so, dass …   c) dass viele kein Geld für neue Geräte haben.
4. Meiner Meinung nach …   d) können wir alle etwas ändern.
5. Ich bin einverstanden mit …   e) neue Kleider möchte ich nicht offen im Einkaufskorb tragen.
6. Das stimmt zum Teil, aber es …   f) Plastiksäcke ganz verbieten sollte.
7. Man darf nicht vergessen, …   g) dem Verbot von alten Elektrogeräten.

b **Wie ist Ihre Meinung? Kommentieren Sie die Aussagen mit den Redemitteln aus 3a im Kursbuch auf Seite 99. Begründen Sie Ihre Meinung.**

1. In der eigenen Wohnung Energie zu sparen bringt nichts.

   Das sehe ich anders, denn ....

2. Plastikflaschen sind besser als Glasflaschen.

   ....

3. Es muss strenge Gesetze für den Umweltschutz geben.

   ....

4. Umweltschutz ist nicht wichtig, die Natur schafft das allein.

   ....

♪ 2.43   c **Aussprache: *sp* und *st*. Markieren Sie in zwei Farben: Spricht man sch oder s? Hören Sie dann zur Kontrolle.**

1. ko**s**ten   4. Stoff   7. Respekt   10. Beispiel
2. spät   5. Gespräch   8. musst   11. anstrengend
3. selbst   6. streng   9. bestimmt   12. entspannt

♪ 2.43   d **Hören Sie noch einmal und sprechen Sie nach.**

4 Mein Gemüse wird auf dem Markt verkauft.

a Markieren Sie die Wörter zum Thema Bauernhof. Schreiben Sie auch Artikel und Plural, wenn möglich.

D	O	B	S	T	B	R	E	L
A	R	A	T	I	O	V	O	M
G	E	U	G	L	W	X	S	I
E	P	E	R	N	T	E	C	K
M	Q	R	A	M	T	Ö	H	E
Ü	M	N	S	C	X	E	W	Z
S	T	A	L	L	W	H	E	G
E	F	D	E	U	G	I	I	S
A	Y	K	R	S	R	I	N	C
B	H	U	H	N	U	C	T	H
O	K	H	V	Ä	Z	W	N	A
P	R	O	D	U	K	T	O	F

1. das Gemüse (nur Sg.)
2. ....
3. ....
4. ....
5. ....
6. ....
7. ....
8. ....
9. ....
10. ....

b Lesen Sie die Beschreibung und ergänzen Sie mit den passenden Formen von *werden*.

Wie wird Erdbeerkonfitüre gemacht?

Zuerst (1) *werden* die reifen Erdbeeren gesammelt. Zu Hause (2) .... die Früchte gewaschen. Die Erdbeeren (3) .... zusammen mit Zucker gekocht. Das fertige Produkt (4) .... dann in ein sauberes Glas getan. Das Glas (5) .... geschlossen und dann muss man nur noch warten, bis die Konfitüre kalt ist.

c So wird Gemüsesuppe gekocht – Schreiben Sie die Sätze im Passiv.

1. schneiden / das Gemüse / in kleine Stücke
2. in Butter braten / die Zwiebeln / kurz
3. tun / das Gemüse / in den Topf
4. giessen / Wasser / dazu
5. kochen / die Suppe / eine halbe Stunde

1. Zuerst wird das Gemüse ...

d Zu Hause wird viel gemacht. Schreiben Sie zu jedem Bild einen Satz im Passiv.

backen   bügeln   giessen   putzen   waschen   füttern

1. *Die Katze wird* ....
2. ....
3. ....
4. ....
5. ....
6. ....

5 Umweltschutz ganz praktisch

a Lesen Sie und füllen Sie die Lücken.

Viele Menschen engagieren sich heute für den (1) _Umweltschutz_. Dafür gibt es viele (2) _Mö_ _ _ _ _ _ _ _ _ _ _ _ _: Zum Beispiel kaufen sie keine Getränke in (3) _D_ _ _ _ _ und recyclen (4) _Pl_ _ _ _ _ flaschen. Beim Einkaufen achten sie auf (5) _re_ _ _ _ _ _ _ _ Produkte. Wenn man Produkte aus der (6) _G_ _ _ _ _ _ kauft, vermeidet man einen langen (7) _Tr_ _ _ _ _ _ _ _. In der Schweiz (8) _tr_ _ _ _ _ _ man den Abfall, damit man zum Beispiel Papier, Glas usw. (9) _wi_ _ _ _ _ _ve_ _ _ _ _ _ _ _ _ kann. Das spart (10) _En_ _ _ _ _ _ und Kosten.

Dosen • Energie • Gegend • Möglichkeiten • Plastik • regionale • Transport • trennt • ~~Umweltschutz~~ • wieder verwerten

b Welche Tipps passen zu A, welche zu B? Ordnen Sie zu.

1. [A] Du solltest dich auf eine Sache konzentrieren!
2. [ ] Kauf lieber Glasflaschen!
3. [ ] An deiner Stelle würde ich selbst kochen.
4. [ ] Du könntest dich mit Freunden treffen.
5. [ ] Ich würde mich lieber gesund ernähren.
6. [ ] Mach mal einen Tag ohne Internet!

c Schreiben Sie drei Tipps für A und B. Die Sätze in 5b helfen.

1. ....
2. ....
3. ....
4. ....
5. ....
6. ....

6 Umweltaktionen in unserer Stadt

a Eine Reaktion passt nicht. Streichen Sie durch.

1. ● Machen wir zusammen bei dem neuen Umweltprojekt mit?
   - ⓐ ○ Tolle Idee, das wollte ich schon lange machen.
   - ⓑ ○ Gern geschehen, das ist doch kein Problem.
   - ⓒ ○ Das ist mir viel zu anstrengend.

2. ● Ich weiss nicht, ob die Arbeit im interkulturellen Garten so passend für mich ist.
   - ⓐ ○ Aber klar, das ist bestimmt interessant und macht Spass.
   - ⓑ ○ Wieso? Ich denke, das klappt schon!
   - ⓒ ○ Warum soll ich da mitmachen?

3. ● Hilfst du mir, eine Umweltaktion im Stadtpark zu organisieren?
   - ⓐ ○ Da bin ich ganz deiner Meinung.
   - ⓑ ○ Da kann ich nicht mitmachen, ich bin echt im Stress.
   - ⓒ ○ Gerne, da können wir endlich selbst etwas tun.

🎧 2.44 **b** Ergänzen Sie den Dialog und hören Sie zur Kontrolle.

● Hallo Tomasz, gut, dass ich dich treffe.
○ 1. c
● Ich wollte dich fragen, ob du nicht mit zur Pflanzaktion im Stadtwald kommst.
○ 2. ☐
● Da geht ihr doch auch immer mit euren Hunden spazieren.
○ 3. ☐
● So einfach ist das nicht. Ich finde, wir sind auch verantwortlich.
○ 4. ☐
● Wir sind doch nicht aus Zucker. Das macht bestimmt auch viel Spass!
○ 5. ☐
● Ich hole dich ab, am Samstag um halb neun.

a) Also gut, du hast mich überzeugt. Wann treffen wir uns?
b) Stimmt, aber um den Wald muss sich der Stadtförster kümmern. Das ist doch nicht meine Aufgabe.
c) Hoi Anita. Was ist denn los?
d) Vielleicht hast du recht. Aber was ist, wenn es regnet?
e) Warum soll ich da mitmachen? Ich habe gerade ganz wenig Zeit …

🚑 Hilfe? – Hören Sie zuerst und ordnen Sie dann.

🎧 2.45 **c** Hören Sie Anita noch einmal und sprechen Sie die Rolle von Tomasz.

7 Mein Einsatz für die Umwelt

a Welches Wort passt nicht? Streichen Sie durch.

1. Sonne	Regen	~~Luft~~	Gewitter
2. Mücke	Maus	Pflanze	Biene
3. Blume	Pflanze	Baum	Kuh
4. Muskel	Bein	Kopf	Arm
5. Holz	Pilz	Feuer	Rauch
6. Wald	Wasser	Feld	Wiese
7. Forschung	Universität	Beispiel	Hochschule

b Lesen Sie den Text auf Seite 103, Aufgabe 7a und b, noch einmal und kreuzen Sie an: richtig oder falsch?

	R	F
1. David ist ein halbes Jahr lang für den Umweltschutz tätig.	☐	☒
2. Die Arbeit ist anstrengend, trotzdem gefällt David seine Tätigkeit.	☐	☐
3. Der Schutzzaun ist am Dienstag fertig geworden.	☐	☐
4. Am Mittwoch gab es Suppe zum Mittagessen.	☐	☐
5. Das Waldprojekt dauert einen Monat.	☐	☐
6. Seinen nächsten Einsatz macht David auch in den Bergen.	☐	☐
7. David hat noch keine Pläne für sein Studium.	☐	☐

ÜBUNGEN 7

c Sie hören eine Radiodiskussion. Die Moderatorin diskutiert mit dem Sekundarlehrer Hans Bloch und der Umweltaktivistin Rita Tauber über das Thema «Ökologisches Praktikum für alle Schülerinnen und Schüler». Ordnen Sie die Aussagen zu: Wer sagt was?

🎧 2.46

	Moderatorin	Bloch	Tauber
Beispiel: Umweltbewusstsein ist heute selbstverständlich.	a	☒	c
1. Heute sind die Jugendlichen weniger umweltfreundlich als früher.	a	b	c
2. Für Umweltschutz sollten sich alle Menschen interessieren.	a	b	c
3. Im Praktikum sollen die Jugendlichen mit Berufsleuten arbeiten.	a	b	c
4. Es würde gar nicht genug Praktikumsplätze für die Schulklassen geben.	a	b	c
5. Für Jugendliche ohne Lehrstelle gibt es verschiedene Möglichkeiten.	a	b	c
6. Die Schülerinnen und Schüler würden ohne Bezahlung arbeiten.	a	b	c
7. Man muss eine Lösung finden, die für alle passt.	a	b	c
8. Die Jugendlichen sollen in den Ferien arbeiten.	a	b	c

WORTBILDUNG: Substantive auf -heit/-keit – Bilden Sie die Wörter und ordnen Sie zu.

~~berühmt~~   Mensch   pünktlich   gemeinsam
Kind   frei   gesund   fähig   krank
tätig   wichtig   sehenswürdig   wahr   möglich

> 😊 Wörter auf *-heit* und *-keit* sind immer feminin: *die Krankheit*, Plural: *Krankheiten*.

Nomen + *-heit*	Adjektiv mit einer Silbe oder mit Betonung am Ende + *-heit*	Adjektiv auf *-ig/-lich/-sam* + *-keit*
	die Berühmtheit,	

RICHTIG SCHREIBEN: Gross- und Kleinschreibung

Markieren Sie die Wortgrenzen und schreiben Sie den Text dann richtig. Die Satzzeichen helfen.

FAMILIE|MÜLLER|MÖCHTE|INZUKUNFTUMWELTFREUNDLICHERLEBEN,DESHALBHAT SIEVIELIMINTERNETRECHERCHIERT.DIEKINDERMACHENDASLICHTAUS,WENNSIEALS LETZTEDASZIMMERVERLASSEN.FRAUMÜLLERFÄHRTWENIGERAUTOUNDHERRMÜLLER PRÜFT,OBDIEGERÄTEZUVIELENERGIEBRAUCHEN.WENNSIEGELDSPAREN,WOLLENSIE ZUSAMMENINDASTOLLESCHWIMMBADGEHEN.

Familie Müller möchte in ....

Mein Deutsch nach Kapitel 7

Das kann ich:

diskutieren: zustimmen, widersprechen, abwägen

- Abfalltrennung in der Sprachschule
- Bio-Essen in Kantinen

Wählen Sie ein Thema und diskutieren Sie.

> In unserer Sprachschule wird der Abfall …

Umwelttipps geben

> Meine Stromrechnung ist zu hoch!

Geben Sie zwei Tipps.

> Sie sollten …
> Wenn Sie …, dann …
> Vielleicht könnten Sie …
> An Ihrer Stelle würde ich …

---

jemanden überzeugen, Zweifel äussern und entkräften

Person A
Sie möchten am Samstag den Hof aufräumen und bitten Ihren Nachbarn / Ihre Nachbarin um Hilfe.

Person B
Sie wollen am Samstag ausruhen, weil Sie viel Stress bei der Arbeit hatten. Das Wetter wird schlecht sein.

Sprechen Sie und überzeugen Sie Ihren Partner / Ihre Partnerin.

> Ich möchte am Samstag …
> Ich verstehe, aber …

---

einen Kommentar schreiben

Was halten Sie von Umweltaktionen?

Sansan89: Also, ich finde solche Aktionen für die Umwelt nicht sinnvoll. Das macht man einmal und danach ist alles wieder wie vorher. Meiner Meinung nach sollte jeder im Alltag umweltfreundlich leben, dann hätten wir keine Probleme.

Lesen Sie den Kommentar und schreiben Sie eine Reaktion.

Ich finde auch/nicht …
… sehe ich anders.
Ganz so einfach ist das nicht.
Eigentlich hat sansan89 recht, aber …
Ich habe eine andere Meinung als sansan89.
Ich habe die gleiche Meinung wie sansan89.

→ B1/K7

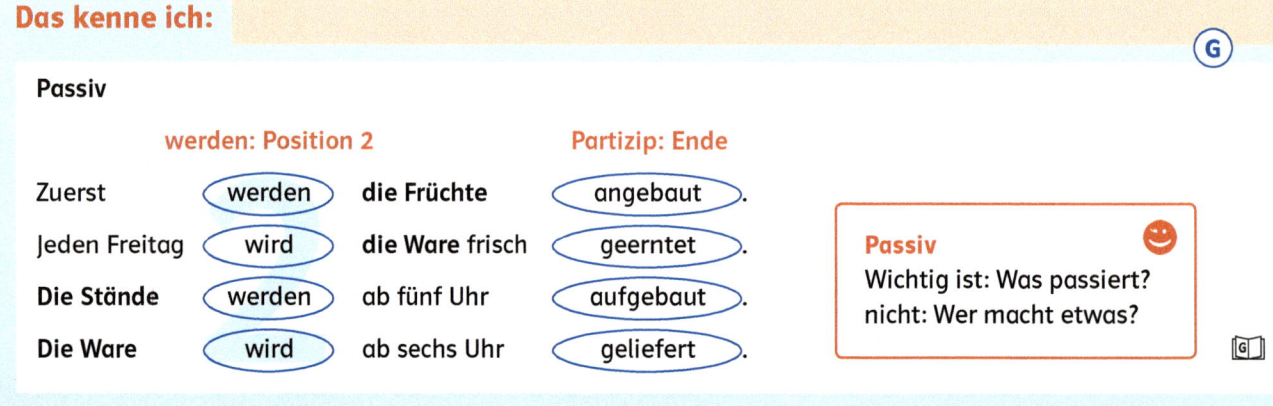

Das kenne ich:

Passiv

	werden: Position 2		Partizip: Ende	
Zuerst	werden	die Früchte	angebaut	.
Jeden Freitag	wird	die Ware frisch	geerntet	.
Die Stände	werden	ab fünf Uhr	aufgebaut	.
Die Ware	wird	ab sechs Uhr	geliefert	.

Passiv
Wichtig ist: Was passiert?
nicht: Wer macht etwas?

Rendezvous mit dem Wallis   8

A

Liebe Frau Wilhelm, liebe Frau Nowak

Herzlichen Glückwunsch, Sie haben gewonnen!

Das ist Ihr Preis:
- Zwei Tickets für das Musikfestival «Zermatt unplugged» inkl.
  – Konzert im Hauptzelt
  – Festivalpass für alle Nebenbühnen, Partys etc.
- Zwei Hotelübernachtungen
- Zwei Reisegutscheine

Wir wünschen Ihnen viel Vergnügen!

B Eines von vielen beliebten Festivals im Wallis

C 78 Meter
..., Mont Cervin, Monte Cervino ... und auf Deutsch?

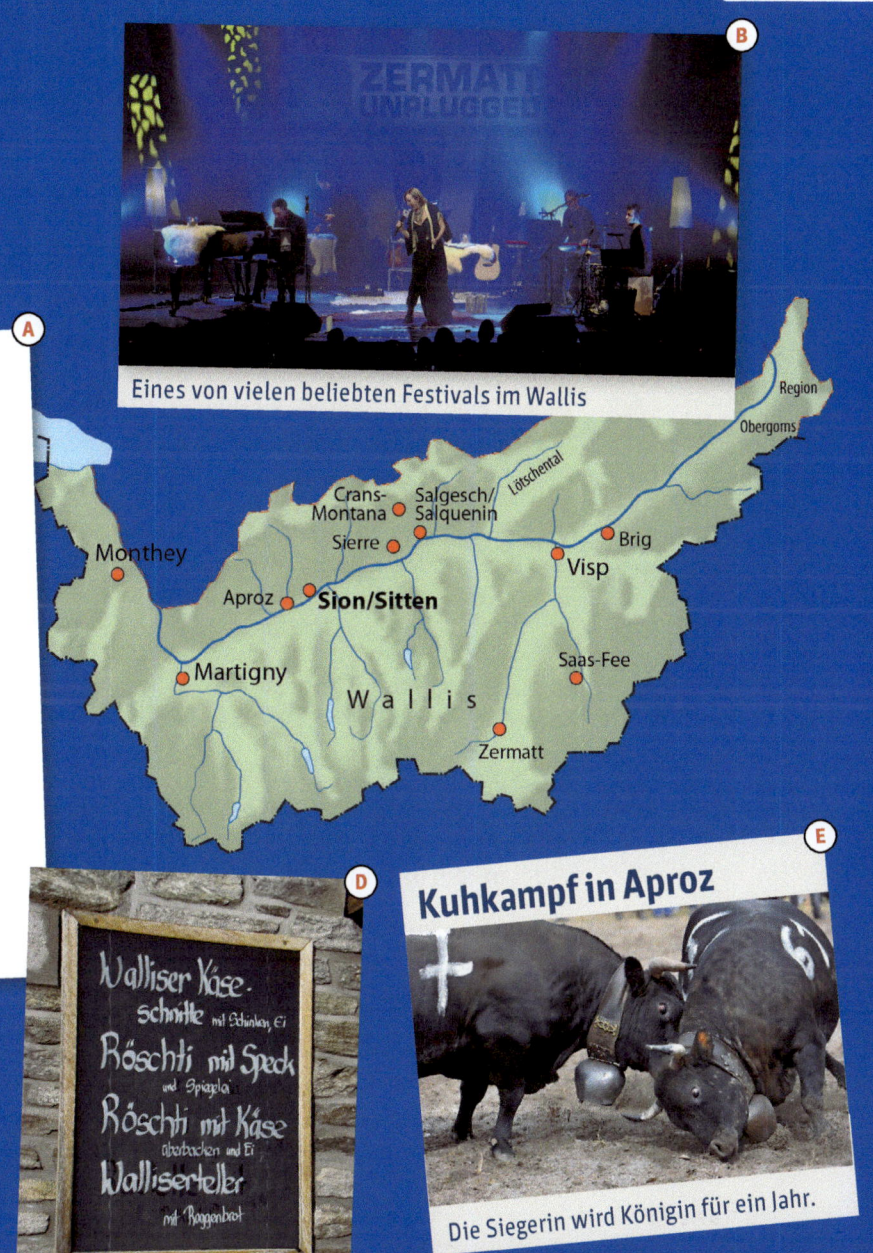

D Walliser Käse... / Röschti mit Speck / Röschti mit Käse / Walliserteller

E Kuhkampf in Aproz
Die Siegerin wird Königin für ein Jahr.

1 Super, wir haben gewonnen!

a Sehen Sie die Bilder und die Karte an und lesen Sie die Informationen. Sprechen Sie dann über die Fragen.

Wo ist das Wallis?   Welche Orte sind bekannt?   Was ist typisch für die Region?
Was kann man dort machen?   Waren Sie schon einmal im Wallis?

🎧 2.47 **b** Franziska Wilhelm und Dana Nowak sprechen über ihre Reise ins Wallis. Hören Sie und machen Sie Notizen. Vergleichen Sie Ihre Ergebnisse mit Ihrer Partnerin / Ihrem Partner.

1. Termin: ....   3. Veranstaltung: ....

2. Ort: ....   4. Besuch bei: ....

Sprechen gemeinsam etwas planen; sich über Interessen austauschen; über kulturelle Angebote sprechen; von interessanten Ereignissen erzählen; Begeisterung/Enttäuschung ausdrücken | **Hören** Gespräche über kulturelle Veranstaltungen | **Schreiben** Einladung mit Vorschlägen | **Lesen** Skype-Chat; Postkarte; Zeitungsartikel über einen Bergbauernhof | **Beruf** Bergbauer, Köchin

2 Das läuft im Wallis!

a Was interessiert Sie, wenn Sie in einer Region sind, die Sie noch nicht kennen? Sprechen Sie.

b Franziska und Dana planen ihr Wochenende im Wallis. Lesen Sie. Wer schlägt was vor?

Themenweg   Klettersteig   Baden im Spa   Anreise mit dem Motorrad

Schneeschuhwanderung   Wanderung durch die Rebberge

☆ **Franziska Wilhelm** ✓ Online   [Videoanruf ▼]

3. Juni

Franziska Wilhelm
Hallo Dana! Ich freue mich schon so auf unser Wochenende im Wallis! Was meinst du, wollen wir mit meinem Motorrad hinfahren? 12:34

Dana Nowak
Ich weiss, du kannst es kaum erwarten, wieder auf deinen geliebten Töff zu steigen, aber ich glaube, mit dem Zug ist es gemütlicher. Einverstanden? 12:36

Franziska Wilhelm
OK! Da können wir uns auch in aller Ruhe unterhalten. Du, zum Programm: Hast du Lust auf einen Tag im Schnee? Wir könnten Schneeschuhe mieten und auf den Gornergrat fahren. Da gibts einen schönen Trail, der nicht schwer ist. 12:41

Dana Nowak
Ehrlich gesagt: Ich interessiere mich nicht für Wintersport. Und auf 3000 Metern Höhe werde ich bestimmt höhenkrank und dann ärgerst du dich über mich! Aber mitten in Zermatt gibt es einen Klettersteig. Wie wär's damit? 12:46

Franziska Wilhelm
Also vor dem Klettern habe ich zu viel Angst. Aber was hältst du von einem Besuch im Spa? 12:50

Dana Nowak
Im warmen Wasser planschen? Meinetwegen bei Regen! Bei schönem Wetter möchte ich lieber einen Themenweg machen. Da gibts zum Beispiel den Hängebrückenweg, den Murmeltierweg… Oder wir fahren am Samstag schon früh los, treffen meinen Bruder in Sierre und wandern mit ihm durch die Rebberge nach Salgesch. Sollen wir morgen beim Mittagessen über alles sprechen? 12:53

Franziska Wilhelm
Cool, dann bis morgen! 12:55

---

c Lesen Sie die Texte noch einmal. Ergänzen Sie die Sätze mit den Präpositionen und schreiben Sie sie zu Ende.

Ich freue mich .... …   Was halten Sie .... …   Ich habe Angst .... …

Ich habe Lust .... …   Was hältst du .... …   Ich interessiere mich .... …

d Machen Sie im Kurs eine Liste von Verben und Nomen mit Präposition.

> *Mit Akkusativ*   *Mit Dativ*
> *sich freuen auf*   *Angst haben vor*
> *Lust haben auf*   …

Lernen Sie die Ausdrücke mit Präposition immer in einem Satz! 😊

e Machen Sie eine Kettenübung mit den Ausdrücken aus 2c und 2d.

▸ Ich freue mich auf den Sommer. Und du?
▸ Ich freue mich auch auf den Sommer. Ich habe Lust auf eine Glace. Und du?
▸ Ich habe keine Lust auf Glace. Ich habe Lust auf Pizza. Ich habe Angst vor …

3 Worauf haben Sie Lust?

a Notieren Sie die Stichworte «Aktivitäten» und «Essen» und hören Sie dann das Gespräch. A macht Notizen zu Samstag, B zu Sonntag. Dann tauschen Sie sich aus.

> Am Samstag möchten sie …

b Lesen Sie die Sätze aus dem Dialog und ergänzen Sie die Tabelle.

- ● Ich interessiere mich sehr für die faszinierende Bergwelt.
- ○ Dafür interessiere ich mich auch.
- ● Hast du immer noch Lust, ins Spa zu gehen? Oder wofür interessierst du dich noch? Wir könnten das Matterhorn-museum besichtigen.
- ○ Ja, darauf habe ich auch Lust.

FOKUS   Fragewörter mit wo… und Pronominaladverbien mit da…

- ● **Wofür** interessierst du dich?
- ● **Dafür** interessiere ich mich auch.
- ● ………………… hast du denn Lust?
- ● ………………… habe ich auch Lust.
- ○ ………………… das Matterhorn-Museum.
- ○ **Auf** ein Käsefondue im Iglu.

Weitere Fragewörter und Pronominaladverbien funktionieren genauso:
von, wovon, davon;   vor, wovor, davor …
auf, worauf, darauf;   über, worüber, darüber …

⚠ wor… und dar…, wenn die Präposition mit einem Vokal beginnt.

c Ergänzen Sie die Dialoge und sprechen Sie.

1. ● _Worauf_ wartest du?   ○ ……………… die Pause.   ● ……………… warte ich auch.
2. ● ……………… ärgerst du dich?   ○ ……………… das Fernsehprogramm.   ● ……………… ärgere ich mich auch oft.
3. ● ……………… denkst du?   ○ ……………… das Wochenende.   ● ……………… denke ich noch nicht.

UND SIE?

Wofür interessieren Sie sich? Was möchten Sie machen? Notieren Sie drei Aktivitäten. Suchen Sie dann im Kursraum drei verschiedene Partner für diese Aktivitäten.

Aktivität	Partner/Partnerin
1. ………………	mit ………………
2. ………………	mit ………………
3. ………………	mit ………………

Aktivität	Partner/Partnerin
1. Kino	mit Ruben
2.	
3.	

> Ich interessiere mich für Filme. Interessierst du dich auch dafür?

> Tut mir leid, aber für Filme interessiere ich mich nicht. Aber hast du vielleicht Lust auf …?

> Ja, gerne, darauf habe ich immer Lust!

4 Die Musik war ganz super!

a Lesen Sie den Chat von Dana Nowak und die Postkarte von Franziska Wilhelm. Wie haben ihnen das Konzert und der Besuch im Museum gefallen? Warum?

> Und wie war das Konzert am Freitagabend? 09:13
>
> Die Musik war sehr gut und die Stimmung im grossen Zelt ganz super, aber die Afterparty fand ich ziemlich enttäuschend. 10:08
>
> Schade! Und was hast du gestern gemacht? 10:12
>
> Da waren wir im Matterhorn-Museum. 10:17
>
> War das interessant? 10:19
>
> Ja, da konnte man miterleben, was 1865 am Tag der ersten Matterhornbesteigung passierte und man sieht das Seil, das gerissen ist – echt faszinierend. Ich erzähle dir mehr, wenn ich zurück bin ... 10:21

Liebe Ursula

Stell dir vor, meine Kollegin und ich haben eine Reise nach Zermatt gewonnen. Am Freitagabend waren wir «Unplugged». Die Musik war super. Besonders toll fand ich, dass es viele Nebenbühnen gibt. Dort treten auch weniger bekannte Bands auf – vor herrlichem Bergpanorama! Heute haben wir das Matterhorn-Museum besucht. Dort konnte man sehen, wie die Leute früher hier gelebt haben. Das war unglaublich interessant.

Liebe Grüsse
Franziska

b Wie drücken Dana Nowak und Franziska Wilhelm ihre Begeisterung bzw. Enttäuschung aus? Markieren Sie Ausdrücke wie *ganz super, ziemlich enttäuschend, ...* in den Texten.

🎵 2.49 **c** Aussprache: Wie werden die Aussagen verstärkt? Hören Sie und markieren Sie das betonte Wort.

1. Das Konzert war **total** faszinierend.
2. Das Konzert war ziemlich enttäuschend.
3. Ich fand das Museum sehr interessant.
4. Ich fand das Museum ganz langweilig.
5. Die Musik hat mir wirklich gut gefallen.
6. Die Musik hat mir überhaupt nicht gefallen.
7. Die Sänger haben echt super gesungen.
8. Die Sänger haben unglaublich schlecht gesungen.

🎵 2.49 **d** Hören Sie noch einmal und sprechen Sie nach.

e Bilden Sie eigene Beispiele.

der Film   *das Buch*   *das Konzert*   *die Ausstellung*   *das Bild*   ...

> Der Film hat mir **wirklich** gut gefallen.

> Der Film hat mir **überhaupt** nicht gefallen.

UND SIE?

Unterhalten Sie sich über interessante Erlebnisse (Fussballspiel, Konzert, Disco, Restaurant ...). Wann? Wo? Was? Mit wem? Wie hat es Ihnen gefallen?

> Am Wochenende habe ich den Film ... im Kino gesehen.

> Und wie hat er dir gefallen?

5 Bei Danas Verwandten

a Lesen Sie den Text. Wer ist wer? Ordnen Sie die Zahlen zu.

Dana
23. Mai
um 11:10

Der kleine Gabriel, auf dem Arm von Jakobs Frau Sybille, immer aktiv dabei. Unser Fonduekoch, mein Cousin Jakob, bei seiner Lieblingsbeschäftigung! Meine Grossmama. Links und rechts von ihr Maxime und Léa, ihre Enkel, zwei aufgeweckte, neugierige Kinder!

Gefällt mir   Kommentar   Teilen

Gabriel ....   Jakob ....   Grossmama ....   Sybille ....   Léa ....   Maxime ....

b 🎧 2.50 Hören Sie das Gespräch. Worüber sprechen die Personen? Kreuzen Sie an.

☐ Arbeit   ☐ Fussball   ☐ Party   ☐ Matterhornmuseum   ☐ Wetter   ☐ Konzerte

c 🎧 2.50 Was fragen Léa und die Grossmutter? Hören Sie noch einmal und ergänzen Sie.

Über wen?   Mit wem?   Von wem?   An wen?

● Wie bitte? _Mit wem_ warst du da?
● .... habt ihr euch aufgeregt?

● .... habt ihr die Billette bekommen?
● .... habt ihr die Fotos geschickt?

d Lesen und ergänzen Sie die Sätze.

FOKUS Frage nach Personen bei Verben mit Präpositionen

mit Akkusativ
● **Über wen** hast du dich aufgeregt?
○ **Über den** DJ.
◐ **Über ihn** habe ich mich auch aufgeregt.

.... denkst du oft?

.... wartest du?

mit Dativ
● **Mit wem** warst du am Festival?
○ **Mit meiner** Freundin.
◐ **Mit ihr** treffe ich mich jeden Samstag.

.... hast du geträumt?

	Bei Personen:		Bei Sachen:	
denken	**An wen?**	An meinen Freund.	**Woran?**	An meinen Geburtstag.
sich aufregen	**Über wen?**	Über den DJ.	**Worüber?**	Über den Lärm.
erzählen	**Von wem?**	Von meinen Eltern.	**Wovon?**	Von meinen Ferien.

UND SIE?

Wählen Sie.

Beantworten Sie die Fragen. Fragen Sie dann Ihre Partnerin / Ihren Partner und machen Sie Notizen.   **oder**   Schreiben Sie zu den Fragen einen kleinen Text.

ich	Partner/in

1. An wen denkst du oft?
2. Wovon träumst du manchmal?
3. Mit wem triffst du dich gern?
4. Worüber ärgerst du dich manchmal?

6 Beruf: Bergbauer und Köchin

a Womit verdienen die Menschen in den Bergen ihr Geld?
Was produzieren Bergbauern im Wallis? Sammeln Sie im Kurs.

> Ich glaube, viele arbeiten als …
> Vielleicht produzieren sie …

b Lesen Sie den Artikel und ordnen Sie die Überschriften den Abschnitten A bis D zu.

Feines Fleisch, sorgfältig verarbeitet   Angebote für Freizeit und Ferien

Perfekt am Hang   Genuss aus Karins Küche

«Mehr Bio geht nicht»

Im hintersten Dorf des Lötschentals, mitten in einer romantischen Berglandschaft, liegt der «Genuss-Hofladen» von Dani und Karin Ritler. Hierhin kommen die Leute, um Käse, Honig, Wein und andere Spezialitäten aus der Region zu kaufen – ganz besonders aber Bio-Lammfleisch in allen Varianten: Die Ritlers sind nämlich Bio-Bergbauern und züchten ihre eigenen Schafe.

A ....
Schafe sind ideale Tiere, um steile Bergwiesen zu bewirtschaften. Sie halten das Gras kurz, und das hilft mit, die Hänge im Sommer vor Feuer und im Winter vor Lawinen zu schützen, so der Bergbauer. Rund 150 Schafe und 70 Hühner halten die Ritlers. Sohn Nathanael betreut die Hühnerfarm und versorgt die Talbewohner mit Bio-Eiern.

B ....
«Seit 2002 sind wir ein Bio-Betrieb; hier im Berggebiet liegt das auf der Hand», erklärt Dani Ritler. Dazu passt, dass seine Tiere auf duftenden Kräuterwiesen weiden, die Teil eines UNESCO-Weltnaturerbegebiets sind. Von ihrem Fleisch werden alle Teile gebraucht, zum Beispiel auch für feine Würste. «Mehr Bio geht nicht», fasst der Bauer zusammen.

C ....
Weil es auf dem Hof und auf den Weiden viel zu tun gibt, ist der Hofladen nur für einige Stunden an bestimmten Tagen geöffnet; die Waren kann man aber auch telefonisch oder per Internet bestellen. Daneben hat Karin Ritler noch ein weiteres «Standbein» aufgebaut: Als ausgebildete Köchin bewirtet sie Gästegruppen im eigenen kleinen Kellerrestaurant, organisiert kulinarische Anlässe und gibt Kochkurse.

D ....
Im Sommer bieten die Ritlers ausserdem «Glamping» auf ihrem Bauernhof an. «Glamping», eine englische Abkürzung für «glamorous camping», ist Campen mit besonderem Komfort. Und im Winter ist Dani Ritler als Skilehrer auf den Lötscher Pisten anzutreffen.
So haben Dani, Karin und Nathanael viele Dinge kombiniert, die sie gut und gerne machen. Daraus ist ein Familienbetrieb entstanden, der fast so speziell ist wie das Lötschental.

c Beantworten Sie die Fragen.

1. Was bieten die Ritlers in ihrem Hofladen an?
2. Was macht Danis Tiere besonders «Bio»?
3. Was kann man bei Karin Ritler lernen?
4. Was denken Sie: Warum arbeitet Dani Ritler im Winter als Skilehrer?

VORHANG AUF

Wählen Sie eine Situation und spielen Sie einen Dialog.

A Im Tourismusbüro
  Sie möchten Tipps für ein Wochenende in Zermatt.
B Am Musikfestival
  Sie treffen eine nette Person und wollen sie näher kennen lernen.
C Im Hofladen
  Sie sind zum ersten Mal im Hofladen. Fragen Sie die Verkäuferin nach Informationen und Tipps zu den Produkten.

7 Ich freue mich auf euren Besuch.

a Arbeiten Sie zu dritt. Planen Sie zusammen ein Wochenende für Freunde, die zu Besuch kommen. Welche Angebote für Freizeit und Kultur gibt es in Ihrer Region? Machen Sie zusammen eine Mindmap.

Sport — *Kultur* — (Angebote am Kursort)

b Diskutieren Sie über die Angebote aus 7a und machen Sie einen Plan für das Wochenende.

> Wir könnten am Samstagnachmittag auf den Flohmarkt gehen.

> Darauf habe ich überhaupt keine Lust. Was hältst du davon, wenn wir ins Kino gehen?

Vorschläge machen
Ich schlage vor, wir …
Wir könnten …
Komm, wir …
Was halten Sie / hältst du davon, wenn …

Vorschlägen zustimmen
Das ist eine gute Idee / ein guter Vorschlag.
Darauf habe ich auch (grosse) Lust.
Ja, genau.
Das finde ich toll.

Gegenvorschläge machen
Ich habe einen anderen Vorschlag.
Ich hätte eine andere Idee.
Das ist eine gute Idee, aber …

Vorschläge ablehnen
Das möchte ich lieber nicht machen.
Nein, diese Idee gefällt mir nicht, weil …
Also, ich finde das nicht so gut.
Darauf habe ich keine Lust.
Dafür interessiere ich mich nicht besonders.

	vormittags	nachmittags	abends
Freitag			
Samstag			
Sonntag			

c Sie bekommen Besuch. Schreiben Sie ein E-Mail mit dem Programm für das Wochenende. Wählen Sie.

Schreiben Sie mit dem Muster. oder **Schreiben Sie frei.**

Liebe … / Lieber …
Wie geht es dir? Ich freue mich, dass du …
Ich habe schon überlegt, was wir zusammen hier unternehmen können.
Am Freitagabend könnten wir …
Was hältst du davon, wenn wir am Samstag …
Am Sonntag gibt es …
Also, schreib mir bald, wofür du dich am meisten interessierst, damit ich schon mal planen kann.
Herzliche Grüsse

d Stellen Sie den Plan Ihrer Gruppe für das Wochenende im Kurs vor. Erklären Sie auch, warum diese Aktivitäten interessant sind.

> Wir möchten euch unseren Plan für das Wochenende vorstellen. Am Freitagvormittag besuchen wir / gehen wir in … Das ist sehr faszinierend, weil …

ÜBUNGEN

1 Super, wir haben gewonnen!

a Schreiben Sie die Wörter. Ergänzen Sie dabei auch mit dem Artikel und dem Plural.

1. KRONZET — *das Konzert, die Konzerte*
2. ÜNUREBNTACHG — ....
3. FASETIVL — ....
4. METHRATRON — ....
5. DLEAKIT — ....
6. RISEE — ....
7. GITEUSCHN — ....
8. VEGÜRNEGN — ....

Festival • Übernachtung • Gutschein • Matterhorn • Reise • ~~Konzert~~ • Dialekt • Vergnügen

b Im Internet lesen Sie die Kommentare. Kreuzen Sie an: Leben die Personen gerne im Wallis?

1. Susanne — Ja / Nein
2. Jean-Luc — Ja / Nein
3. Nico — Ja / Nein
4. Valérie — Ja / Nein

Lebst du gerne im Wallis?

1. Wir sind vor zwei Jahren mit unseren Kindern aus der Stadt ins Obergoms gezogen. Im Dorf haben wir uns sofort wohl gefühlt: Die gute Luft, die grossartige Aussicht, viel Sonne, nette Menschen … Wir hatten sofort mit allen Kontakt. In der Schule unterrichten vier Lehrpersonen etwa 30 Kinder. Alles ist sehr familär und persönlich.
   Susanne

2. Viele denken ja, im Wallis sind nur die Berge interessant, aber diese Leute waren bestimmt noch nie hier in unserer zweisprachigen Hauptstadt Sion/Sitten. Wir haben eine sehr schöne Altstadt mit Kirchen und Burgen, wir haben Theater, Konzerthäuser, Museen und eine Hochschule. Weil unser Klima besonders trocken und mild ist, wachsen auf dem Gebiet von Sion einige der besten Weine der Schweiz. 😊
   Jean-Luc

3. Ich bin aus beruflichen Gründen hierher gezogen, aber mein Geschmack ist das Wallis nicht. Das Rhonetal ist mir zu eng, die Berge sind mir zu hoch und in den berühmten Tourismusorten gibt es zu viele hässliche Bauten. Und im Sommer wird es mir oft zu heiss.
   Nico

4. Ich bin hier geboren und aufgewachsen. Das Wallis hat schöne und weniger schöne Seiten, aber das ist ja überall so. Ich finde es grossartig, dass man die Natur praktisch direkt vor der Haustür hat. In einer Grossstadt könnte ich nicht leben.
   Valérie

c Leben Sie gerne da, wo Sie jetzt wohnen? Warum (nicht)? Schreiben Sie einen kleinen Text wie in 1b.

Ich wohne jetzt seit … in …   Mir gefällt, dass …   Weniger schön finde ich, dass …

2 Das läuft im Wallis!

a Hören Sie die Radiotipps. Zu welchen Veranstaltungen gibt es Informationen? Kreuzen Sie an.

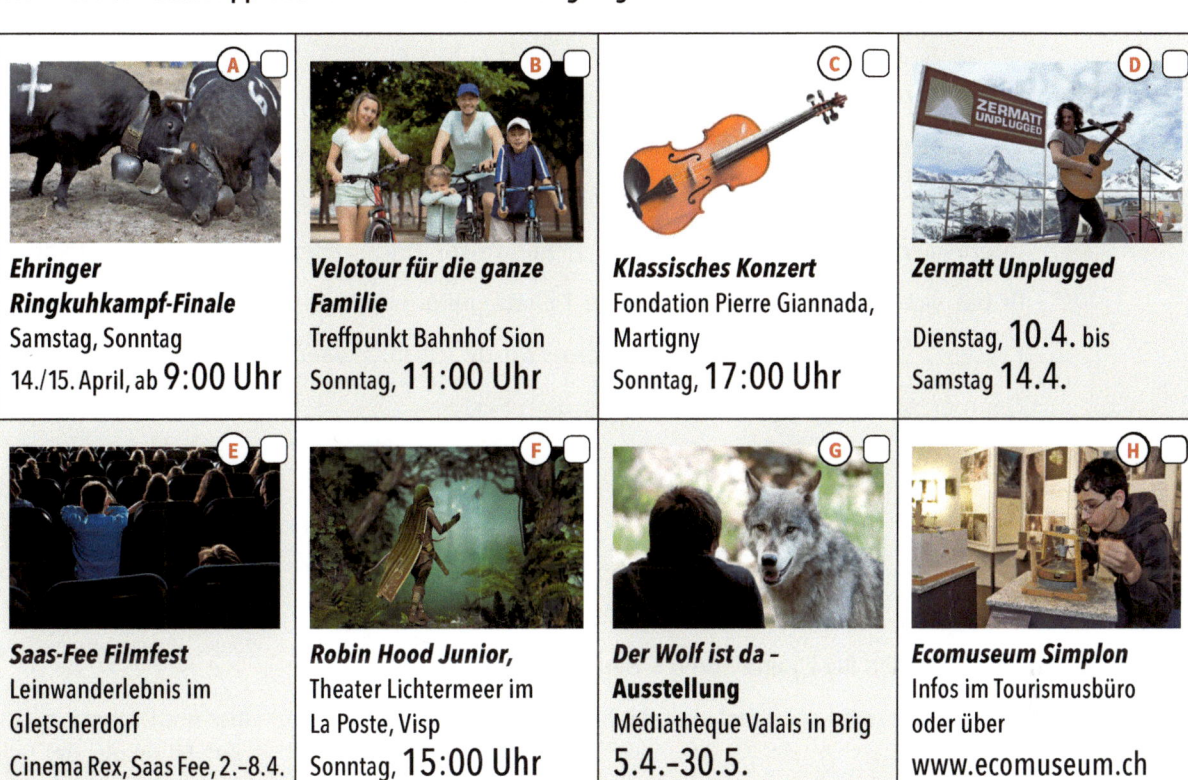

A *Ehringer Ringkuhkampf-Finale*
Samstag, Sonntag
14./15. April, ab 9:00 Uhr

B *Velotour für die ganze Familie*
Treffpunkt Bahnhof Sion
Sonntag, 11:00 Uhr

C *Klassisches Konzert*
Fondation Pierre Giannada, Martigny
Sonntag, 17:00 Uhr

D *Zermatt Unplugged*
Dienstag, 10.4. bis
Samstag 14.4.

E *Saas-Fee Filmfest*
Leinwanderlebnis im Gletscherdorf
Cinema Rex, Saas Fee, 2.–8.4.

F *Robin Hood Junior,*
Theater Lichtermeer im La Poste, Visp
Sonntag, 15:00 Uhr

G *Der Wolf ist da – Ausstellung*
Médiathèque Valais in Brig
5.4.–30.5.

H *Ecomuseum Simplon*
Infos im Tourismusbüro oder über
www.ecomuseum.ch

b Ergänzen Sie die Dialoge.

~~von~~   für   Wollen wir   auf   über   Wie wäre es   Hast du schon Pläne   auf

Dialog 1
● Was hältst du *von* .... einer Velotour am Sonntag?
○ Ach nein, ich habe keine Lust .... eine Velotour.

Dialog 2
● .... für Samstag?
○ Ja, da besuche ich die Mediathek in Brig. Ich freue mich schon sehr .... die Ausstellung.

Dialog 3
● ...., wenn wir am Sonntag in ein klassisches Konzert gehen?
○ Gute Idee. Ich interessiere mich auch sehr .... klassische Musik.

Dialog 4
● .... am Freitagabend nach Saas-Fee ans Filmfest gehen?
○ Nein, ich gehe nicht mehr an Filmfestivals. Ich ärgere mich immer .... die schlechten Entscheidungen der Jury.

c Welche Veranstaltung aus 2a würden Sie (nicht) gerne besuchen? Ergänzen Sie die Sätze.

1. Ich habe (keine) Lust auf ....
2. Ich würde (nicht) gerne ....
3. Ich interessiere mich (nicht) für ....
4. Ich möchte (nicht) ....

3 Worauf haben Sie Lust?

a Ergänzen Sie den Text mit den fehlenden Präpositionen.

Liebe Sylvia

Wie geht es dir? Ich habe lange nichts mehr (1) _von_ dir gehört. Ich gehe morgen (2) .... meinem Freund ins Kino, zum neuen Film von Micha Lewinsky. Alexander interessiert sich nicht (3) .... Schweizer Filme, aber er liebt mich und kommt mit. Er hat sich auch (4) .... die Tickets gekümmert. Seit Wochen freue ich mich (5) .... das Filmfestival. Gerne würde ich mich wieder (6) .... dir treffen. Dann erzähle ich dir (7) .... dem Festival.

Herzliche Grüsse

Olga

mit • um • auf • von • mit • für • von

b Im Café – Ordnen Sie zu und hören Sie zur Kontrolle.

● Hallo, Olga. Erzähl doch mal ein bisschen vom Filmfestival.
○ 1. _b_
● Das freut mich. Und wie hat es Alexander gefallen?
○ 2. ☐
● Wie bitte? Worüber hat er sich geärgert?
○ 3. ☐
● Verstehe. Für welche Art Filme interessiert er sich denn?
○ 4. ☐
● Und dann kommt er mit zu Micha Lewinsky? Ich glaube, er liebt dich wirklich.

a) Über das Programm. Es gab eben «nur» Filme aus der Schweiz und aus den Nachbarländern der Schweiz.
b) Ach, es war wunderbar. Wir haben gleich fünf tolle Filme gesehen.
c) Für amerikanische und australische Action-Filme.
d) Er hat sich ein bisschen über das Programm geärgert.

Hilfe? Hören Sie zuerst und ordnen Sie dann zu.

c Ergänzen Sie wie im Beispiel.

1. ● _Wofür_ interessierst du dich? ○ Für Bücher.
   ● _Dafür_ interessiere ich mich nicht.

2. ● .... denkst du gerade? ○ An unsere Ferien.
   ● .... denke ich auch oft.

3. ● .... träumst du? ○ Von einem grossen Gewinn.
   ● .... träume ich auch oft.

4. ● .... hast du Lust? ○ Auf einen Kaffee.
   ● .... habe ich auch Lust.

5. ● .... ärgerst du dich? ○ Über die schlechte Musik.
   ● .... ärgere ich mich auch.

4 Die Musik war ganz super!

a Lesen Sie den Text. Kreuzen Sie an: richtig oder falsch?

Auch ich war da *von Ursula Salzmann*

Eigentlich mag ich lieber Rock als akustische Musik und ich wollte auch nie ans Zermatt «Unplugged». Aber jetzt musste ich doch mit. Meine beste Freundin Birgit hatte mir zum Geburtstag ein Ticket geschenkt und auch schon ein Wochenende in einem tollen Hotel gebucht.
Im Internet habe ich Informationen über das Festival gesucht: Das «Zermatt Unplugged» gibt es seit 2007 und schon viele weltberühmte Musikerinnen und Musiker haben dort gespielt. Tickets für die Hauptkonzerte sind zum Teil sehr teuer, aber mit einem günstigen Festivalpass kann man z.B. alle Konzerte der «Newcomer» sehen. Die Bühnen sind nicht nur im Dorf verteilt, sondern zum Teil auch hoch oben in den Bergen – im Freien. Faszinierend! Man muss es einfach selbst live erleben! Ich werde morgen meine Nichte fragen, ob sie nicht Lust hat, mit mir nächstes Jahr nach Zermatt zu fahren ...

	R	F
1. Ursula Salzmann geht überhaupt nicht gerne an Konzerte.	☐	☐
2. Mit dem Festivalpass kann man für wenig Geld neue Bands sehen.	☐	☐
3. Ursula Salzmann war mit ihrer Nichte im Musical.	☐	☐
4. Das Musikfestival in Zermatt hat Ursula Salzmann gut gefallen.	☐	☐

♪ 2.53 **b** Aussprache: Hören Sie. Markieren Sie die Silben/Wörter, die betont werden.

Dieses Theaterstück müssen Sie **un**bedingt sehen.

Die Schauspieler sind unglaublich gut und die Dialoge total lustig.

Das Stück ist nie langweilig, sondern immer spannend.

Dieses Theaterstück dürfen Sie auf keinen Fall verpassen.

♪ 2.54 **c** Hören Sie die Sätze aus 4b noch einmal und sprechen Sie nach.

5 Bei Danas Verwandten

a Lesen Sie das E-Mail und beantworten Sie die Fragen.

Hallo Luisa
Heute habe ich mich so über meine Eltern geärgert! Ich wollte zu meiner Freundin Eva nach Madrid fahren und ich habe mich schon sehr auf Eva gefreut – sie hat ein tolles Foto geschickt. Aber heute haben mir meine Eltern gesagt, dass ich nicht allein reisen darf. Das nervt! Ich bin doch kein Baby mehr. Ich würde mich gerne wieder mit dir treffen. Wann hast du mal Zeit? Dann kann ich dir auch von Sven erzählen. Den habe ich letzte Woche in einem Club kennengelernt.
Herzliche Grüsse
Sara

1. Über wen hat sich Sara geärgert?   *Sara hat sich über* ....
2. Auf wen hat sie sich gefreut?   ....
3. Mit wem will sich Sara treffen?   ....
4. Von wem will Sara ihrer Freundin erzählen? ....

b Ergänzen Sie.

1. _Auf wen_ .... freust du dich? Auf meinen Bruder.
2. .... freust du dich? Auf deinen Besuch.
3. .... denkst du gerade? An unseren Ausflug.
4. .... denkst du? An meine Eltern.
5. .... träumst du? Von meinem Traumjob.
6. .... träumst du? Von meiner Traumfrau.
7. .... habt ihr gesprochen? Über das Wetter.
8. .... habt ihr gesprochen? Über die Musiker.

Wovon • ~~Auf wen~~ • Woran • Worauf • Über wen • An wen • Von wem • Worüber

c Schreiben Sie sechs Fragen und Antworten.

Wovon	sich ärgern		Freundin/Freund
Woran	sich freuen	von	
Worauf	träumen		Grossmutter/Grossvater
Worüber	sich interessieren	für	
Von wem	warten		Musik Ferien Heimat
An wen		auf	
Auf wen	denken erzählen		Lehrer
Wofür		über	Handy
Über wen	Lust haben		Glace
Für wen	...	an	Auto ...

1. Worüber ärgert ihr euch? – Über die laute Musik.
2. Von wem hat Dana erzählt? – Von ihrer Grossmutter.

6 Beruf: Bergbauer und Köchin

🎧 2.55–58 **Smalltalk im Hofladen – In welche Dialoge passen die Sätze? Ergänzen Sie. Hören Sie zur Kontrolle.**

Im Moment haben wir viel zu tun.
   Am Sonntag muss ich packen.
Ja, bis zur letzten Minute.
   Ach, das weisst du ja noch gar nicht.

Dialog 1
● Sag mal, was macht denn dein Sohn? Den hab ich ja schon lange nicht mehr gesehen.
○ ....
Der ist jetzt ausgezogen und wohnt in der Stadt.

Dialog 2
● Und wie läuft es bei euch im Restaurant?
○ ....
Ich muss sogar bald eine Aushilfe anstellen.

Dialog 3
● Hast du den Halbfinal auch gesehen? Unglaublich spannend.
○ ....

Dialog 4
● Und wann gehts wieder zurück an die Uni?
○ Am Samstag arbeite ich noch mit auf dem Hof.
....

7 Ich freue mich auf euren Besuch.

a Ordnen Sie das E-Mail und schreiben Sie sie in Ihr Heft.

.... zuerst das tolle Konzert und dann der Besuch

.... Herzliche Grüsse Dana

.... Fonduekoch weltweit 😊. Was haltet ihr davon,

...1... Liebe Sybille, lieber Jakob,

.... bei euch. Jakob, du bist wirklich der beste

.... wie geht es euch? Ich hoffe gut. Ich bin wieder

.... mich hier zu besuchen? Auch meine Kollegin würde euch gerne

.... dann kann ich mich schon mal informieren, was wir unternehmen können.

.... wiedersehen. Hier gibt es einen tollen Zoo. Da könnten wir mit

.... gut zu Hause angekommen. Das war wirklich ein sehr schönes Wochenende,

.... den Kindern hingehen. Schreibt mir doch, wann ihr kommen könnt,

b Vorschläge machen – Ergänzen Sie die Sätze frei.

1. Es ist schönes Wetter. Wir könnten …

2. Ich habe keine Lust auf Kultur. Was hältst du davon, wenn wir …

3. Wir haben doch nächste Woche eine Prüfung. Ich schlage vor, dass …

4. Ich habe keine Lust, mit dem Auto zu fahren. Wie wäre es, wenn …

5. Nächste Woche kommen Freunde zu Besuch. Wollen wir …

6. Unser Lehrer hat nächste Woche Geburtstag. Vielleicht können wir …

WORTBILDUNG: zusammengesetzte Wörter (Komposita III)

Fügen Sie jeweils drei Nomen mit Artikel hinzu.

1. das **Lieblings**essen: *die Lieblingsmusik,* ....
2. der **Traum**mann: ....
3. der **Sprach**lehrer: ....
4. das **Ferien**foto: ....

RICHTIG SCHREIBEN: s oder ss

Ergänzen Sie mit s oder ss.

1. Es ist kein Geheimni......., dass deine Schwe.......ter viele Geheimni.......e hat.
2. Liebe La.......twagenfahrer, bitte la.......en Sie den Motor nicht laufen, wenn Sie Ki.......ten einladen.
3. Du mu.......t das Mu.......ter be.......er beschreiben.
4. Ich wu.......te schon, da....... du keine Lu.......t ha.......t. Schade!

> Stimmloses *s* im Wortstamm: 😊
> – *ss* nach Vokal, wenn kein anderer Konsonant folgt.
> – *s* nach Vokal, wenn noch ein Konsonant folgt.
> – Achtung: zur Probe Endungen entfernen! Auch auf die Grundform schauen (z. B. *essen* → *ihr esst*).
> Stimmloses *s* bei Endung -nis:
> – *s* im Singular (nis)
> – *ss* im Plural (-nisse)

Mein Deutsch nach Kapitel 8

Das kann ich:

mich über Interessen austauschen

Sprechen Sie.
- Wofür interessierst du dich?
- Ich interessiere mich für …
- Hast du Lust auf …?
- …

von interessanten Ereignissen erzählen

Was? Wann? Mit wem? Wie?

Schreiben Sie einen kurzen Bericht.

Letzte Woche / Letzten Monat …
… war total langweilig/faszinierend …
Mir hat (nicht) gefallen, dass …

gemeinsam etwas planen

Planen Sie etwas für Samstagabend. Sprechen Sie.
- Wir könnten …
- Nein, das finde ich nicht so gut. Was hältst du davon, wenn …
- Und wann und wo sollen wir uns treffen?
- …

→ B1/K8

Das kenne ich:

Verben mit Präpositionen

	bei Sachen		
sich freuen **auf**	Worauf freust du dich?	**Auf** den Sommer.	Darauf freue ich mich auch.
sich ärgern **über**	Worüber …?	Über …	Darüber …
denken **an**	Woran …?	An …	Daran …
träumen **von**	Wovon …?	Von …	Davon …
Angst haben **vor**	Wovor …?	Vor …	Davor …

⚠️ worauf, worüber …; darauf, darüber …:
wor… und *dar…*, wenn die Präposition mit einem Vokal beginnt.

	bei Personen		
warten **auf**	Auf wen wartest du?	**Auf** den Chef.	Auf ihn warte ich auch.
sich ärgern **über**	Über wen …?	Über …	Über ihn/sie …
denken **an**	An wen …?	An …	An ihn/sie/ …
träumen **von**	Von wem …?	Von …	Von ihm/ihr/ihnen …
Angst haben **vor**	Vor wem …?	Vor …	Von ihm/ihr/ihnen …

HALTESTELLE

1 Kennen Sie D-A-CH-L?

a Ein 4-Länder-Quiz. Was ist richtig? Kreuzen Sie an.

1. In der Schweiz gibt es 26 Kantone, in Deutschland 16 Bundesländer. Und Österreich hat…
   - ☐ 9 Bundesländer.
   - ☐ 9 Provinzen.
   - ☐ 9 Kantone.

2. Die Fläche von Deutschland ist fast …
   - ☐ 9-mal so gross
   - ☐ 5-mal so gross
   - ☐ 12-mal so gross

   wie die Fläche der Schweiz.

3. Welcher Fluss entspringt nicht in der Schweiz?
   - ☐ der Rhein.
   - ☐ der Inn.
   - ☐ die Donau.

4. Wie viele Einwohner hat die Schweiz?
   - ☐ ungefähr 4,6 Millionen
   - ☐ ungefähr 8,3 Millionen
   - ☐ ungefähr 12,6 Millionen

5. Der Hauptort von Liechtenstein ist
   - ☐ Schaan.
   - ☐ Vaduz.
   - ☐ Balzers.

6. Welche Sprache ist keine Amtssprache in der Schweiz?
   - ☐ Italienisch
   - ☐ Rätoromanisch
   - ☐ Englisch

b Lesen Sie den Text und überprüfen Sie Ihre Antworten aus 1a.

16 Bundesländer hat Deutschland, Österreich hat 9. Die Schweiz zählt ganze 26 Kantone, obwohl sie das kleinste der drei Länder ist. Zum Vergleich: Deutschland hat eine Fläche von 357'375 km², Österreich misst 83'878 km², die Schweiz ist nur 41'285 km² gross. Auf dieser Fläche leben 8,3 Millionen Menschen. Noch viel kleiner ist das Fürstentum Liechtenstein: Auf gut 160 km² wohnen ca. 37'700 Leute, 5500 von ihnen im Hauptort Vaduz. Zwischen Liechtenstein und der Schweiz fliesst der Rhein. Der Rhein und der Inn sind nur zwei von vielen wichtigen Flüssen, die in den Schweizer Alpen entspringen. Der Inn fliesst durch das Engadin weiter nach Österreich und Deutschland und verbindet sich dort mit der Donau. Als einziges D-A-CH-L-Land hat die Schweiz vier Landessprachen. Aber auch wenn es manche Touristen glauben: Englisch gehört nicht dazu.

c Hören Sie das Gespräch im Zug. Was ist richtig? Markieren Sie.

1. Mustér ist ein *deutscher Ortsname / rätoromanischer Ortsname / Berg*.
2. Lina spricht mit ihrem Vater *Hochdeutsch / Rätoromanisch / Schweizerdeutsch*.
3. Lina und ihre Mutter *sprechen denselben Dialekt / sprechen verschiedene Dialekte / verstehen sich nicht*.
4. Lina spricht auch *Italienisch und Französisch / Italienisch und Englisch / Englisch und Spanisch*.
5. Tim lernt bald seine *zweite Sprache / dritte Sprache / vierte Sprache*.

d Schreiben Sie Quizfragen wie in 1a zu Österreich, Deutschland, der Schweiz, Liechtenstein oder Ihrem Heimatland. Tauschen Sie Ihre Fragen mit einer anderen Gruppe und beantworten Sie diese Fragen.

2 Schreiben

Sie machen Ferien im Schweizer Jura und schreiben an einen Freund / eine Freundin.
Wählen Sie A oder B. Benutzen Sie alle Ausdrücke unter den Fotos.

A 8 Tage wandern im Jura

B Historische Uhrenstadt La-Chaux-de-Fonds

Wanderferien im Neuenburger Jura

sich freuen auf Höhenwanderung morgen

frische Luft und Natur geniessen

stark regnen   nass werden

Landschaft total faszinierend

gestern leider Pech

morgen Altstadtführung

in UNESCO-Welterbestadt La-Chaux-de-Fonds sein

Schweizer Taschenmesser als Mitbringsel

interessante Architektur

abends würziges Fondue aus Jurassier Käse essen

die Stadt sehr empfehlen

gestern das Internationale Uhrenmuseum besuchen

Liebe/r ...,
ich mache gerade ... Gestern ...

3 Sprechtraining

a Nachfragen

Schreiben Sie einen Satz auf einen Zettel (Beispiel: «Dieses Jahr mache ich in Frankreich Ferien.»). Suchen Sie eine Partnerin / einen Partner. Lesen Sie Ihren Satz vor und ersetzen Sie ein Wort durch „blabla". Ihre Partnerin / Ihr Partner fragt nach diesem Wort. Antworten Sie. Tauschen Sie dann die Zettel und suchen Sie eine andere Partnerin / einen anderen Partner.

- Dieses Jahr mache ich in **blabla** Ferien.
- Wie bitte? **Wo** machst du dieses Jahr Ferien?
- In Frankreich.

b Sätze erweitern: Wann? Mit wem? Wohin?

Arbeiten Sie zu dritt. A sagt einen Satz mit *gehen, fahren* oder *fliegen* und einer Ortsangabe (*nach Wien, ins Kino* usw.). B erweitert den Satz um eine Zeitangabe (*morgen, nächste Woche* usw.) und C erweitert den Satz um eine Person (*mit ihrer Tante, mit meinen Eltern* usw.). Dann sagt B einen neuen Satz.

> Achten Sie auf die Satzstellung:
> 1. wann?
> 2. mit wem?
> 3. wohin?

A Dana fährt **nach Wien**.
B Dana fährt **morgen Vormittag** **nach Wien**.
C Dana fährt **morgen Vormittag** **mit ihrer Tante** **nach Wien**.

TESTTRAINING

1 Lesen – schriftliche Anweisungen

P Goethe/ÖSD

> → Die Aussagen 1–4 sind nicht in derselben Reihenfolge wie die Informationen im Text.
> → Lesen Sie zuerst die Aussagen und dann die Zwischenüberschriften im Text. Suchen Sie die Informationen im passenden Absatz.
> → Passt zu einer Aussage keine Zwischenüberschrift? Lesen Sie dann den übrigen Text.
> → Sie müssen nicht alles verstehen. Suchen Sie nur nach den Informationen für Ihre Aussage.
> → Sie finden diesen Prüfungsteil schwierig? Machen Sie ihn am Ende. Es gibt wenige Punkte.

So sieht die Aufgabe in der Prüfung aus:
Lesen Sie die Aufgaben und den Text dazu.
Wählen Sie bei jeder Aufgabe die richtige Lösung a, b oder c.

Sie informieren sich über das Abfallsystem Ihres neues Wohnortes, denn Sie sind gerade erst umgezogen.

1. Alte Zeitungen darf man nicht …
   a zusammenbinden.
   b vor 7:30 Uhr bereitstellen.
   c mit Karton vermischen.

2. Ihr kaputtes Handy können Sie …
   a in jedem Handyladen gratis abgeben.
   b im Hauskehricht entsorgen.
   c nur dort gratis abgeben, wo Sie es gekauft haben.

3. Mit Abfallmarken bezahlt man …
   a für alle Abfälle.
   b für organische Abfälle.
   c für Hauskehricht.

4. Es ist verboten, …
   a Fahrzeuge ins Altmetall zu geben.
   b kaputte Möbel zum Feuermachen zu brauchen.
   c Teebeutel in den Hauskehricht zu werfen.

Abfälle trennen und entsorgen

Hauskehricht: Verwenden Sie für den Hauskehricht nur die schwarzen oder braunen Kehrichtsäcke mit aufgedruckter Liter-Angabe und vergessen Sie nicht, die entsprechende Abfallmarke darauf anzubringen. Säcke ohne aufgeklebte Abfallmarke werden nicht mitgenommen.

Organische Abfälle: Kompostierbare Abfälle aus Garten und Küche stellen Sie bitte im Compobag oder im Grüncontainer für die Abfuhr bereit. Dazu gehören Rasenschnitt, Reste von Blumen und Schnittpflanzen, Laub und Fallobst, Speisereste, Rüstabfälle von Früchten und Gemüse, Milchprodukte, Eierschalen, Kaffeesatz und Teekraut, aber keine Kaffeekapseln und keine Teebeutel. Abfälle dürfen nicht verbrannt werden. Erde und Steine nimmt die Abfuhr nicht mit.

Papier: Das Papier muss am Abfuhrtag ab 7.30 Uhr für die Sammlung bereitstehen. Mitgenommen wird nur gebündeltes Papier (Papier zu Paketen stapeln und mit Schnur fest zusammenbinden)! Nicht mitgenommen werden: Karton, Altpapier in Tragtaschen, Kartonschachteln oder Kehrichtsäcken. Karton bitte zur Kartonsammelstelle bringen.

Altmetall: Für die Metallabfuhr können Sie Gegenstände mit einer maximalen Länge von 2 m und einem maximalen Gewicht von 25 kg bereitstellen. Dazu gehören: Metalleimer, Grill, Pfannen, Velos, Mofas, Werkzeug, Metallteile von Möbeln. Bitte entfernen Sie (soweit möglich) alle Plastikteile und Stoffbespannungen. Das Metall muss am Abfuhrtag ab 7:00 Uhr für die Sammlung bereitstehen.

Elektronik und Elektrogeräte: Ausgediente elektrische und elektronische Geräte sind rückgabepflichtig. Diese Abfälle können Sie gratis im Fachhandel abgeben, auch ohne Neukauf. Oder bei offiziellen Recyclingstellen. Entsorgung mit Hauskehricht, Sperrgut oder Altmetall ist verboten.

Sonderabfälle: Manche Abfälle sind besonders gefährlich für die Umwelt. Diese dürfen Sie nur bei offiziellen Sammelstellen abgeben bzw. an Verkaufsstellen zurückbringen. Dazu gehören

2 Schreiben – Meinungsäusserung

> → Überlegen Sie zuerst: Welche Meinung haben Sie? Welche Argumente finden Sie wichtig?
> → Notieren Sie zuerst Stichpunkte und schreiben Sie dann den Text.
> → Sie können den Beitrag aus der Aufgabe kommentieren, müssen das aber nicht tun.
> → Schreiben Sie in der Prüfung Ihren Text direkt auf den Antwortbogen.
> → Korrigieren Sie am Ende Ihren Text. Achten Sie auf Verbposition, Endungen und Rechtschreibung.

So sieht die Aufgabe in der Prüfung aus:

P Goethe/ÖSD

Aufgabe 1   Arbeitszeit: 25 Minuten

Sie haben im Fernsehen eine Diskussionssendung zum Thema *Öffentlicher Nahverkehr und Umweltschutz* gesehen. Im Online-Gästebuch der Sendung finden Sie folgende Meinung:

> www.das-aktuelle-thema.com
>
> **Gästebuch**
>
> Natürlich gibt es weniger Umweltverschmutzung, wenn die Leute weniger Auto fahren. Aber meiner Meinung nach kann der öffentliche Nahverkehr nicht kostenlos sein, weil das für die Stadt zu teuer ist. Warum baut man nicht einfach mehr Fahrradwege? Das ist auch sehr wichtig!

Schreiben Sie nun Ihre Meinung (circa 80 Wörter).

So können Sie üben:
Schreiben Sie nun Ihre Meinung zu dem Thema. Die Ausdrücke unten helfen.

Vor- und Nachteile nennen	**die eigene Meinung ausdrücken**
Ein Vorteil/Nachteil von … ist, dass …	Meiner Meinung nach …
Positiv/Negativ an … ist, dass …	Ich finde/denke/meine/glaube, dass …
Dafür/Dagegen spricht …	Ich finde es gut/schlecht, wenn …
	Ich frage mich, ob …

Grammatik

Inhaltsverzeichnis

Verben	VII
Nomen und Artikel	IX
Pronomen	IX
Infinitiv mit *zu*	IX
Hauptsätze verbinden	X
Hauptsätze und Nebensätze verbinden	X
Konnektoren	XI
Unregelmässige Verben	XII
Verben mit Präpositionen	XV

Verben

1 Futur mit *werden*

ich	wer**de**
du	wi**rst**
er/es/sie	wi**rd**
wir	wer**den**
ihr	wer**det**
sie/Sie	wer**den**

	werden: Position 2		**Infinitiv: Ende**
Ich	werde	Ferien	machen.
Wann	wirst	du die Prüfung	machen?
Antônio	wird	mir	helfen.
Wir	werden	bald gut Deutsch	sprechen.
Wann	werdet	ihr uns	besuchen?
Sie	werden	deutsche Filme	ansehen.

2 Konjunktiv II von *müssen*

ich	müss**te**
du	müss**test**
er/es/sie	müss**te**
wir	müss**ten**
ihr	müss**tet**
sie/Sie	müss**ten**

Ich	müsste	mehr	lernen.
Du	müsstest	öfter Pause	machen.
Paula	müsste	sich bei ihrem Chef	entschuldigen.
Wir	müssten	mit ihm	sprechen.
Ihr	müsstet	früher	aufstehen.
Sie	müssten	pünktlicher	kommen.

3 Präteritum: regelmässige und unregelmässige Verben

	regelmässig		unregelmässig	
	sagen	**kochen**	**gehen**	**kommen**
ich	sagte	kochte	g**ing**	k**am**
du*	sag**test**	koch**test**	g**ingst**	k**amst**
er/es/sie	sagte	kochte	g**ing**	k**am**
wir	sag**ten**	koch**ten**	g**ingen**	k**amen**
ihr*	sag**tet**	koch**tet**	g**ingt**	k**amt**
sie/Sie	sag**ten**	koch**ten**	g**ingen**	k**amen**

* Die 2. Person Singular und Plural braucht man im Präteritum nicht so oft.

4 Passiv

a Formen

	werden: Position 2		Partizip: Ende
Jeden Freitag	wird	die Ware	geerntet.
Die Ware	wird	ab sechs Uhr	geliefert.
Die Stände	werden	ab fünf Uhr	aufgebaut.
Ab sechs Uhr	werden	die Kunden	bedient.

b Funktion

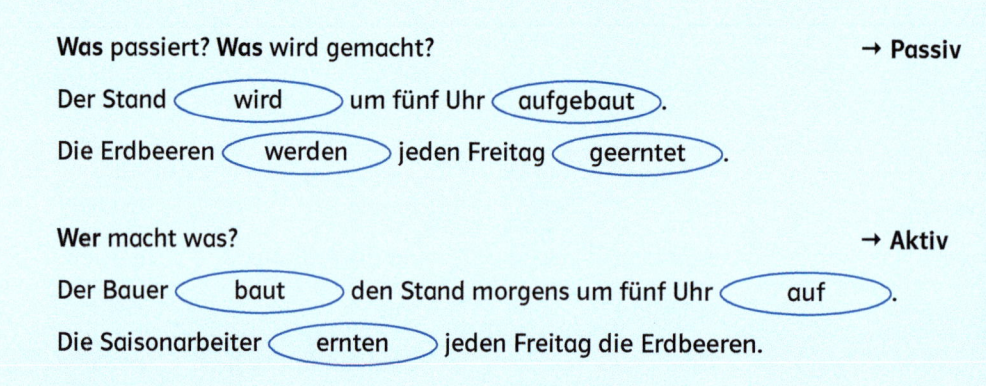

Was passiert? **Was** wird gemacht? → Passiv

Der Stand wird um fünf Uhr aufgebaut.
Die Erdbeeren werden jeden Freitag geerntet.

Wer macht was? → Aktiv

Der Bauer baut den Stand morgens um fünf Uhr auf.
Die Saisonarbeiter ernten jeden Freitag die Erdbeeren.

5 Verben mit Präpositionen

a bei Sachen

Fragewörter mit *wo*… und Pronominaladverbien mit *da*…

sich freuen **auf**	Worauf freust du dich?	Auf die Ferien.	Darauf freue ich mich auch.
sich ärgern **über**	Worüber …?	Über …	Darüber …
denken **an**	Woran …?	An …	Daran …
träumen **von**	Wovon …?	Von …	Davon …
Angst haben **vor**	Wovor …?	Vor …	Davor …

⚠️ worauf, worüber …; darauf, darüber …:
wor… und *dar*…, wenn die Präposition mit einem Vokal beginnt.

b bei Personen

warten **auf**	Auf wen wartest du?	Auf den Chef.	Auf ihn warte ich auch.
sich ärgern **über**	Über wen …?	Über …	Über ihn/sie …
denken **an**	An wen …?	An …	An ihn/sie …
träumen **von**	Von wem …?	Von …	Von ihm/ihr/ihnen …
Angst haben **vor**	Vor wem …?	Vor …	Vor ihm/ihr/ihnen …

Nomen und Artikel

1 Genitiv

		Genitiv
der Notruf	die Nummer	des/eines/Ihres Notrufs
das Konto	bei Eröffnung	des/eines/Ihres Kontos
die Bankkarte	bei Verlust	der/einer/Ihrer Bankkarte
die Auszüge	zum Ausdruck	der/-*/Ihrer Auszüge

*Kein Genitiv Plural 😊 bei unbestimmtem Artikel, sondern Dativ mit *von*: **von Kontoauszügen**

Pronomen

1 Reflexivpronomen im Akkusativ und Dativ

	Verb	Dativ	Akkusativ	
Ich	wasche		mich.	
Ich	interessiere		mich	nicht für Märkte.
Ich	unterhalte		mich	gerne mit Verkäufern.
Ich	wasche	mir	die Haare.	
Ich	sehe	mir	die Produkte	an.
Ich	überlege	mir	das	noch.

	Akk.	Dativ
ich	mich	mir
du	dich	dir
er/es/sie	sich	sich
wir	uns	uns
ihr	euch	euch
Sie/sie	sich	sich

Wenn es schon ein Akkusativobjekt gibt, steht das Reflexivpronomen im Dativ.

2 Relativpronomen im Akkusativ

Wir entschuldigen uns für den Fehler. Wir haben den Fehler gemacht.

den Wir entschuldigen uns für den Fehler, den wir gemacht haben.

Das blaue Papier schicken wir heute. Sie haben das blaue Papier bestellt.

das Das blaue Papier, das Sie bestellt haben, schicken wir heute.

Die Ware wird bald hier sein. Der Kunde hat die Ware zurückgeschickt.

die Die Ware, die der Kunde zurückgeschickt hat, wird bald hier sein.

Die Brötchen waren fein. Die Chefin hat die Brötchen mitgebracht.

die Die Brötchen, die die Chefin mitgebracht hat, waren fein.

Infinitiv mit *zu*

Verben	**Adjektive + *sein/finden***	**Nomen + Verb**
(nicht) vergessen, versuchen, versprechen, bitten, anfangen, beginnen, …	Es ist (nicht) möglich, notwendig, … Es ist (nicht) einfach, … Ich finde es wichtig, gut …	(keine) Zeit haben, … Es macht Spass, … Es ist Vorschrift, …

Hauptsatz	**Infinitiv mit *zu***
Vergessen Sie nicht,	vor einer Feier die anderen Bewohner **zu** informieren.
Es ist verboten,	im Treppenhaus Velos ab**zu**stellen.
Es ist Vorschrift,	nach 20:00 Uhr die Haustür ab**zu**schliessen.

Nach bestimmten Verben, Nomen und Adjektiven steht der Infinitiv mit *zu*.

Hauptsätze verbinden

1 *deshalb/deswegen*: so wie erwartet

Hauptsatz 1	Hauptsatz 2 Konnektor	Verb: Position 2	
Fleisch war damals sehr teuer,	deshalb	ass	man weniger Fleisch als heute.
Fertiggerichte sind sehr praktisch,	deswegen	kaufen	viele sie.

2 *trotzdem*: anders als erwartet

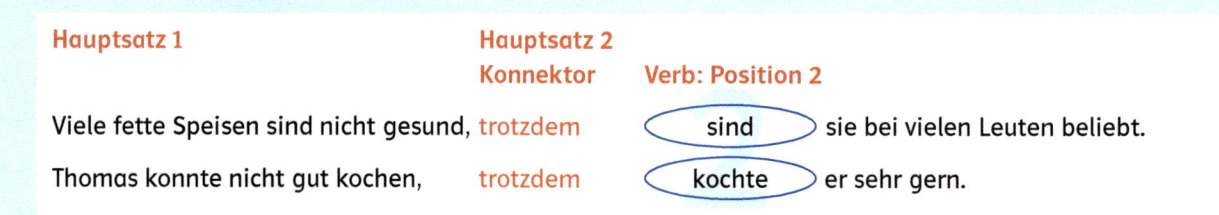

Hauptsatz 1	Hauptsatz 2 Konnektor	Verb: Position 2	
Viele fette Speisen sind nicht gesund,	trotzdem	sind	sie bei vielen Leuten beliebt.
Thomas konnte nicht gut kochen,	trotzdem	kochte	er sehr gern.

Hauptsätze und Nebensätze verbinden

1 *obwohl*: anders als erwartet

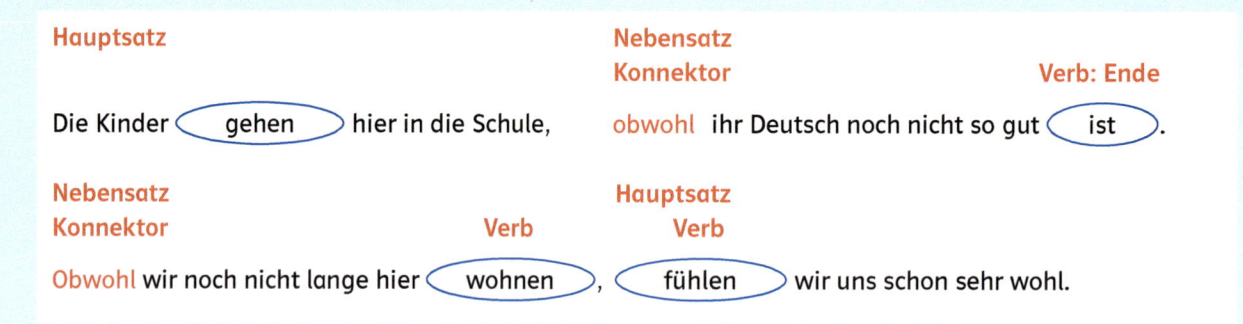

Hauptsatz		Nebensatz Konnektor		Verb: Ende
Die Kinder	gehen hier in die Schule,	obwohl	ihr Deutsch noch nicht so gut	ist.

Nebensatz Konnektor	Verb	Hauptsatz Verb	
Obwohl wir noch nicht lange hier	wohnen,	fühlen	wir uns schon sehr wohl.

2 *damit* oder *um ... zu*: Zweck ausdrücken

Wozu braucht Antônio das Necessaire?

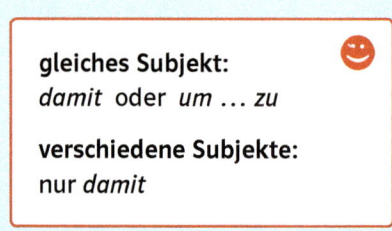

Hauptsatz		Nebensatz Konnektor		Verb: Ende	
Antônio	braucht das Necessaire	damit	er (= Anton)	sich waschen	kann.
Antônio	braucht das Necessaire	um		sich waschen zu	können.
Frau Pereira	bringt Kopfhörer,	damit	Antônio Musik	hören	kann.

> **gleiches Subjekt:** 😊
> *damit* oder *um ... zu*
>
> **verschiedene Subjekte:**
> nur *damit*

GRAMMATIK

3 *seit/seitdem*: Zeitpunkt in der Vergangenheit

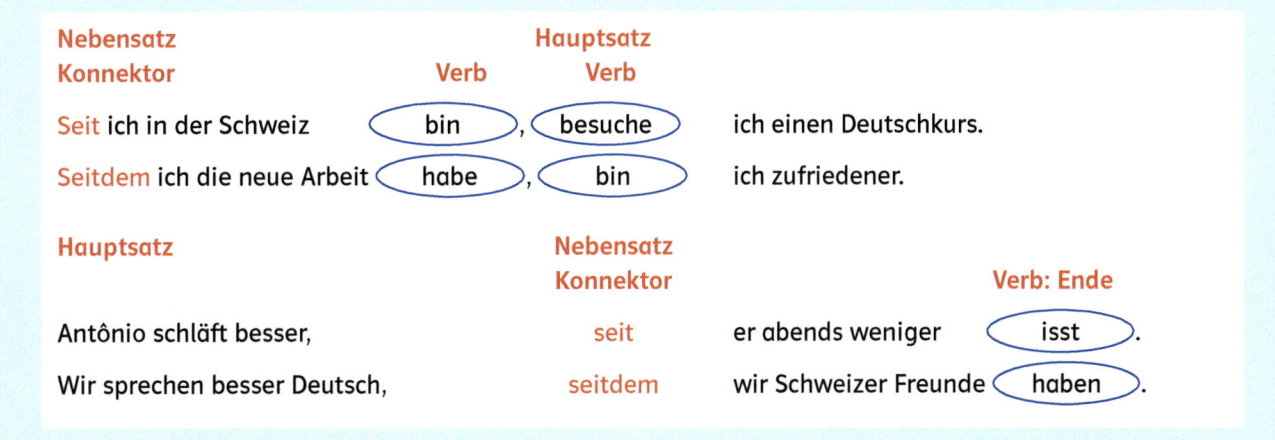

Nebensatz Konnektor	Verb	Hauptsatz Verb	
Seit ich in der Schweiz	bin,	besuche	ich einen Deutschkurs.
Seitdem ich die neue Arbeit	habe,	bin	ich zufriedener.

Hauptsatz	Nebensatz Konnektor		Verb: Ende
Antônio schläft besser,	seit	er abends weniger	isst.
Wir sprechen besser Deutsch,	seitdem	wir Schweizer Freunde	haben.

4 *bis*: Zeitpunkt in der Zukunft

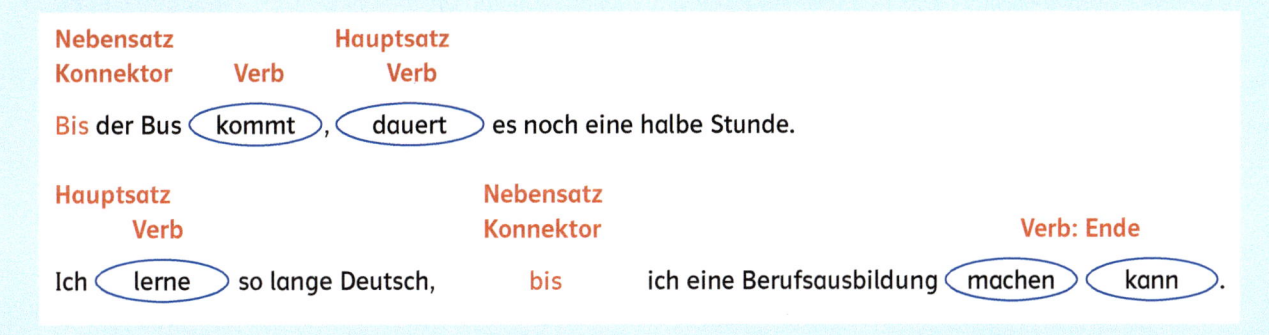

Nebensatz Konnektor	Verb	Hauptsatz Verb	
Bis der Bus	kommt,	dauert	es noch eine halbe Stunde.

Hauptsatz Verb		Nebensatz Konnektor		Verb: Ende
Ich lerne	so lange Deutsch,	bis	ich eine Berufsausbildung machen	kann.

Konnektoren

1 *nicht nur …, sondern auch*: zwei Sachen treffen zu

Pflegefachleute arbeiten im Schichtdienst. Sie arbeiten **auch** am Wochenende.
Pflegefachleute arbeiten nicht nur im Schichtdienst, sondern auch am Wochenende.

Betagtenbetreuer müssen oft geduldig sein. Sie müssen **auch** körperlich fit sein.
Betagtenbetreuer müssen nicht nur geduldig, sondern auch körperlich fit sein.

2 *sowohl … als auch*: zwei Sachen treffen zu

Herr Grob ist am Montag **und** Freitag da.
Herr Grob ist sowohl am Montag als auch am Freitag da.

Frau Weber mag Katzen **und** Hunde.
Frau Weber mag sowohl Katzen als auch Hunde.

3 *sondern*: nach Negation

Sie hat kein blaues Papier bekommen, sondern weisses.
Sie bekommt das Papier nicht heute, sondern Büroprofi liefert morgen.

Unregelmässige Verben

D = Deutschland

Infinitiv	Präsens	Präteritum	Perfekt
abfahren	er fährt ab	fuhr ab	ist abgefahren
abgeben	er gibt ab	gab ab	hat abgegeben
abheben	er hebt ab	hob ab	hat abgehoben
abnehmen	er nimmt ab	nahm ab	hat abgenommen
abschliessen	er schliesst ab	schloss ab	hat abgeschlossen
anbieten	er bietet an	bot an	hat angeboten
anerkennen	er erkennt an	erkannte an	hat anerkannt
anfangen	er fängt an	fing an	hat angefangen
angeben	er gibt an	gab an	hat angegeben
ankommen	er kommt an	kam an	ist angekommen
annehmen	er nimmt an	nahm an	hat angenommen
anrufen	er ruft an	rief an	hat angerufen
ansehen	er sieht an	sah an	hat angesehen
ansprechen	er spricht an	sprach an	hat angesprochen
anwenden	er wendet an	wendete/wandte an	hat angewendet/angewandt
anziehen	er zieht an	zog an	hat angezogen
auffallen	er fällt auf	fiel auf	ist aufgefallen
aufheben	er hebt auf	hob auf	hat aufgehoben
aufnehmen	er nimmt auf	nahm auf	hat aufgenommen
aufstehen	er steht auf	stand auf	ist aufgestanden
ausgeben	er gibt aus	gab aus	hat ausgegeben
ausgehen	er geht aus	ging aus	ist ausgegangen
ausleihen	er leiht aus	lieh aus	hat ausgeliehen
aussehen	er sieht aus	sah aus	hat ausgesehen
aussteigen	er steigt aus	stieg aus	ist ausgestiegen
ausziehen	er zieht aus	zog aus	hat ausgezogen *(Kleidung)*
ausziehen	er zieht aus	zog aus	ist ausgezogen *(aus der Wohnung)*
beginnen	er beginnt	begann	hat begonnen
bekommen	er bekommt	bekam	hat bekommen
beraten	er berät	beriet	hat beraten
beschliessen	er beschliesst	beschloss	hat beschlossen
besprechen	er bespricht	besprach	hat besprochen
betreffen	es betrifft	betraf	hat betroffen
bieten	er bietet	bot	hat geboten
bitten	er bittet	bat	hat gebeten
bleiben	er bleibt	blieb	ist geblieben
braten	er brät	briet	hat gebraten
bringen	er bringt	brachte	hat gebracht
denken	er denkt	dachte	hat gedacht
einladen	er lädt ein	lud ein	hat eingeladen
einsteigen	er steigt ein	stieg ein	ist eingestiegen
empfehlen	er empfiehlt	empfahl	hat empfohlen
enthalten	es enthält	enthielt	hat enthalten
entscheiden	er entscheidet	entschied	hat entschieden
erfahren	er erfährt	erfuhr	hat erfahren
erfinden	er erfindet	erfand	hat erfunden
erhalten	er erhält	erhielt	hat erhalten
essen	er isst	ass	hat gegessen
fahren	er fährt	fuhr	ist gefahren
fernsehen	er sieht fern	sah fern	hat ferngesehen

GRAMMATIK

Infinitiv	Präsens	Präteritum	Perfekt
finden	er findet	fand	hat gefunden
fliegen	er fliegt	flog	ist geflogen
fliessen	er fliesst	floss	ist geflossen
fressen	er frisst	frass	hat gefressen
geben	er gibt	gab	hat gegeben
gefallen	es gefällt	gefiel	hat gefallen
gehen	er geht	ging	ist gegangen
gelten	es gilt	galt	hat gegolten
geniessen	er geniesst	genoss	hat genossen
gewinnen	er gewinnt	gewann	hat gewonnen
giessen	er giesst	goss	hat gegossen
haben	er hat	hatte	hat gehabt
halten	er hält	hielt	hat gehalten
hängen	er hängt	hing	ist gehangen (D: hat gehangen)
heben	er hebt	hob	hat gehoben
heissen	er heisst	hiess	hat geheissen
helfen	er hilft	half	hat geholfen
herunterladen	er lädt herunter	lud herunter	hat heruntergeladen
hinfahren	er fährt hin	fuhr hin	ist hingefahren
hinkommen	er kommt hin	kam hin	ist hingekommen
hinweisen	er weist hin	wies hin	hat hingewiesen
kennen	er kennt	kannte	hat gekannt
klingen	es klingt	klang	hat geklungen
kommen	er kommt	kam	ist gekommen
lassen	er lässt	liess	hat gelassen/lassen
laufen	er läuft	lief	ist gelaufen
leihen	er leiht	lieh	hat geliehen
lesen	er liest	las	hat gelesen
liegen	er liegt	lag	ist gelegen (D: hat gelegen)
lügen	er lügt	log	hat gelogen
mitbringen	er bringt mit	brachte mit	hat mitgebracht
mitkommen	er kommt mit	kam mit	ist mitgekommen
mitnehmen	er nimmt mit	nahm mit	hat mitgenommen
mögen	er mag	mochte	hat gemocht
müssen	er muss	musste	hat gemusst/müssen
nachschlagen	er schlägt nach	schlug nach	hat nachgeschlagen
nehmen	er nimmt	nahm	hat genommen
nennen	er nennt	nannte	hat genannt
raten	er rät	riet	hat geraten
reiten	er reitet	ritt	ist geritten
reissen	er/es reisst	riss	(er) hat / (es) ist gerissen
riechen	er riecht	roch	hat gerochen
rufen	er ruft	rief	hat gerufen
scheinen	er scheint	schien	hat geschienen
schlafen	er schläft	schlief	hat geschlafen
schliessen	er schliesst	schloss	hat geschlossen
schneiden	er schneidet	schnitt	hat geschnitten
schreiben	er schreibt	schrieb	hat geschrieben
schreien	er schreit	schrie	hat geschrien
schwimmen	er schwimmt	schwamm	ist geschwommen
sehen	er sieht	sah	hat gesehen
sein	er ist	war	ist gewesen

Infinitiv	Präsens	Präteritum	Perfekt
senden	er sendet	sendete/sandte	hat gesendet/gesandt
singen	er singt	sang	hat gesungen
sitzen	er sitzt	sass	ist gesessen (D: hat gesessen)
spazieren gehen	er geht spazieren	ging spazieren	ist spazieren gegangen
sprechen	er spricht	sprach	hat gesprochen
springen	er springt	sprang	ist gesprungen
stattfinden	es findet statt	fand statt	hat stattgefunden
stehen	er steht	stand	ist gestanden (D: hat gestanden)
stehlen	er stiehlt	stahl	hat gestohlen
sterben	er stirbt	starb	ist gestorben
streiten	er streitet	stritt	hat gestritten
teilnehmen	er nimmt teil	nahm teil	hat teilgenommen
tragen	er trägt	trug	hat getragen
treffen	er trifft	traf	hat getroffen
trinken	er trinkt	trank	hat getrunken
tun	er tut	tat	hat getan
übernehmen	er übernimmt	übernahm	hat übernommen
überweisen	er überweist	überwies	hat überwiesen
umsteigen	er steigt um	stieg um	ist umgestiegen
umziehen	er zieht um	zog um	ist umgezogen
unterhalten	er unterhält	unterhielt	hat unterhalten
unternehmen	er unternimmt	unternahm	hat unternommen
unterschreiben	er unterschreibt	unterschrieb	hat unterschrieben
unterstreichen	er unterstreicht	unterstrich	hat unterstrichen
verbieten	er verbietet	verbot	hat verboten
verbinden	er verbindet	verband	hat verbunden
verbrennen	er verbrennt	verbrannte	hat verbrannt
verbringen	er verbringt	verbrachte	hat verbracht
vergessen	er vergisst	vergass	hat vergessen
vergleichen	er vergleicht	verglich	hat verglichen
verlieren	er verliert	verlor	hat verloren
vermeiden	er vermeidet	vermied	hat vermieden
verschieben	er verschiebt	verschob	hat verschoben
versprechen	er verspricht	versprach	hat versprochen
verstehen	er versteht	verstand	hat verstanden
vertreten	er vertritt	vertrat	hat vertreten
verzeihen	er verzeiht	verzieh	hat verziehen
vorhaben	er hat vor	hatte vor	hat vorgehabt
vorkommen	es kommt vor	kam vor	ist vorgekommen
vorlesen	er liest vor	las vor	hat vorgelesen
vorschlagen	er schlägt vor	schlug vor	hat vorgeschlagen
waschen	er wäscht	wusch	hat gewaschen
werden	er wird	wurde	ist geworden
werfen	er wirft	warf	hat geworfen
widersprechen	er widerspricht	widersprach	hat widersprochen
wiedersehen	er sieht wieder	sah wieder	hat wiedergesehen
wissen	er weiss	wusste	hat gewusst
ziehen	er zieht	zog	hat gezogen

Verben mit Präpositionen

Mit Akkusativ

achten	auf	Achten Sie auf eine gute Aussprache.
sich ärgern	über	Er ärgert sich über die schlechte Note.
denken	an	Ich habe gestern an dich gedacht.
durchsetzen	gegen	So setzen Sie sich gegen Ihre Kollegen durch.
eingehen	auf	Der Arzt geht auf die Fragen ein.
einziehen	in	Eine junge Familie zieht in die Wohnung ein.
sich engagieren	für	Die Schüler engagieren sich für den Umweltschutz.
sich entscheiden	für	Warum haben Sie sich für diesen Beruf entschieden?
sich freuen	auf	Dana freut sich auf die Reise.
hinweisen	auf	Die Angestellte weist auf das Rauchverbot hin.
informieren	über	Der Arzt informiert über die Operation.
sich interessieren	für	Interessierst du dich für diesen Film?
sich kümmern	um	Die Grossmama kümmert sich nachmittags um ihren Enkel.
reichen	für	Das Geld reicht für einen Ausflug.
sich vorbereiten	auf	Ich bereite mich auf den Test vor.
verzichten	auf	Im Projekt verzichten die Schüler auf ihr Handy.
warten	auf	Wie lange warten Sie schon auf den Bus?
sich Zeit nehmen	für	Die Familie nimmt sich viel Zeit für das Abendessen.
zutreffen	auf	Das trifft auf ihn nicht zu.

Mit Dativ

(sich) anmelden	bei	Rafael hat sich bei einem Verein angemeldet.
beginnen	mit	Morgen beginne ich mit dem Kurs.
erfahren	von	Von wem hast du das erfahren?
sich entschuldigen	bei	Entschuldige dich bitte bei ihr.
sich erkundigen	nach	Er hat sich nach dem Preis erkundigt.
erzählen	von	Sie hat mir viel von ihren Ferien erzählt.
gehören	zu	Schöne Musik gehört für mich zu einem Fest.
schuld sein	an	Niemand ist schuld an dem Streit.
schützen	vor	Wenig Autofahren schützt vor Umweltverschmutzung.
sprechen	mit	Eleni hat gestern mit ihrem Chef gesprochen.
streiten	mit	Früher habe ich oft mit meinem Bruder gestritten.
teilnehmen	an	Wie viele Leute nehmen an dem Kurs teil?
träumen	von	Ich träume von einer Reise nach Australien.
trennen	von	Man soll Glas vom Hausabfall trennen.
sich überzeugen	von	Ich habe mich von der Qualität überzeugt.
unterstützen	bei	Wir unterstützen Sie bei Problemen mit Ihren Nachbarn.
sich unterhalten	mit	Eleni unterhält sich gern mit ihrer Freundin Dana.
sich verabschieden	von	Man kann sich von manchen Dingen nicht leicht verabschieden.

Alphabetische Wortliste

In der Liste finden Sie die Wörter aus den Kapiteln 1–8 von Linie 1 B1.
Hier finden Sie das Wort:
z. B. **anwesend** 1/6a, 6

anwesend	1/	6a,	6
Wort	Kapitel	Nummer der Aufgabe	Seite

Wortakzent: kurzer Vokal . oder langer Vokal _.
Dach
atmen

Bei unregelmässigen Verben: 3. Person Singular Präsens, Präteritum und Perfekt:
fallen, fällt, fiel, ist gefallen 4/3a, 49

Bei Nomen: das Wort, der Artikel und die Pluralform:
Badewanne, die, -n
Singular: die Badewanne
Plural: die Badewannen

Fett gedruckte Wörter gehören zum Wortschatz für die Goethe/telc/ÖSD-Prüfungen B1. Diese Wörter müssen Sie auf jeden Fall lernen.

Wörter, die man in Deutschland verwendet, stehen in Klammern (D: …)

Abkürzungen und Symbole

¨	Umlaut im Plural bei Nomen
(Sg.)	nur Singular (bei Nomen)
(Pl.)	nur Plural (bei Nomen)
+ A.	mit Akkusativ
+ D.	mit Dativ

4-Länder-Quiz, das, – Haltestelle D/1a, 125
ab und zu 6/3a, 81
abbauen (Um ein Uhr werden die Stände abgebaut.) 7/4c, 100
Abfallcontainer, der, (D: Mülltonne, die, -n), – 1/1b, 1
Abfallsack, der, ⸚e 7/6a, 102
Abfallsammelaktion, die, -en 7/6a, 102
Abgas, das, -e 7/6a, 102
abhängig 3/2c, 34
abheben, hebt ab, hob ab, hat abgehoben 3/4c, 36
ablesen, liest ab, las ab, hat abgelesen 4/7d, 53
Absatz, der, ⸚e 7/7a, 103
abschaltbar 7/2b, 97
abschliessen, schliesst ab, schloss ab, hat abgeschlossen (Er möchte eine Versicherung abschliessen.) 3/2a, 34
abschliessend 4/7c, 53
Absender, der, – 2/1a, 15
Abstellraum, der, ⸚e 1/4b, 4
abwägen, wiegt ab, wog ab, hat abgewogen 7/1d, 97
Action-Film, der, -e 8/3b, 120
Afterparty, die, -s 8/4a, 114
akustisch 8/4a, 121
akzeptieren 3/7a, 39
Allergie, die, -n 6/3a, 81
allergisch 4/7e, 50
allgemein (Herr Pereira ist allgemein versichert.) 6/3b, 81
allmählich 5/4a, 68
also (Er ist umgezogen. Die Adresse ist also falsch.) 2/5a, 19
Alternative, die, -n 7/5a, 101
Altersheim, das, -e 6/6 b, 84
Altglas, das (Sg.) 7/1a, 97
Altpapier, das (Sg.) 7/1a, 97
amüsieren (sich) 5/7b, 71
an sein, ist an, war an, ist an gewesen 7/1b, 97
anbauen (Auf dem Bauernhof wird Getreide angebaut.) 7/4c, 100
anbieten (sich), bietet an, bot an, hat angeboten (Als Alternative bietet sich eine Glasflasche an.) 7/5a, 101
andererseits 1/7b, 7
ändern 4/6b, 52
Angabe, die, -en 3/5b, 37
ängstlich 5/4a, 68
anhören 5/3b, 67
Anrufer, der, – 3/5f, 37
anschaffen 7/2b, 98
anscheinend 2/5a, 19
ansprechbar 6/2b, 80
Anspruch, der, ⸚e 3/3b, 35
anstrengen (sich) 5/4a, 68
Anwalt, der, ⸚e 3/2c, 34
Anwältin, die, -nen 3/2c, 34
Anwalt-Service, der, -s 3/2c, 34
anwenden 5/4a, 68
anwesend 1/6a, 6
Apero, der, -s 1/3c, 10
Appetit, der (Sg.) 6/1c, 79
Arbeitsblatt, das, ⸚er 4/2b, 48
Arbeitsweg, der, -e 1/7b, 7
Arbeitswelt, die, -en 4/2b, 48
ärgerlich 1/3c, 3
ärgern (sich) (Ich ärgere mich über unfreundliche Menschen.) 2/3e, 17
Art, die, -en 5/3d, 67
Arztpraxis, die, -praxen 6/6a, 84
asiatisch, 4/2b, 48

Asien-Laden, der, ⸚ 2/7a, 21
assistieren 6/6a, 84
Ast, der, ⸚e 7/7a, 103
atmen 7/6a, 102
auf der Hand liegen (Im Berggebiet liegt «Bio» auf der Hand.) 8/6b, 116
aufbauen (Am Morgen werden auf dem Platz die Stände aufgebaut.) 7/4e, 100
aufeinander 6/2d, 80
aufgeweckt 8/5a, 115
aufheben, hebt auf, hob auf, hat aufgehoben 7/6a, 102
aufnehmen, nimmt auf, nahm auf, hat aufgenommen (Ich muss einen Kredit aufnehmen, damit ich ein Auto kaufen kann.) 3/7a, 39
aufregen 8/5d, 115
A/1/31
aufwärmen 4/2b, 48
augenblicklich 5/7b, 71
aus Versehen 3/2c, 34
Ausdauertraining, das, -s Haltestelle C/2a, 93
ausdrucken 3/Und Sie?, 36
Ausgabe, die, -n 2/3a, 17
ausgraben, gräbt aus, grub aus, hat ausgegraben 7/7a, 103
Auslandskrankenversicherung, die, -en 3/3e, 35
Aussagesatz, der, ⸚e 5/5e, 69
Auswahl, die (Sg.) 3/3c, 35
ausweichend 5/7b, 71
auswendig lernen 1/3b, 3
Auszug, der (Sg.) (Beim Auszug muss ich die Wohnung renovieren.) 3/7a, 39
Auszug, der, ⸚e (Meine Bank schickt die Auszüge per Post.) 3/5d, 37
Autodach, das, ⸚er 6/3a, 81
Babynahrung, die (Sg.) 3/7a, 39
Badewanne, die, -n 3/2b, 39
Bankangebot, das, -e 3/1d, 33
BankApp, die, -s 3/Und Sie?, 36
Bankfiliale, die, -n 3/4d, 36
Bankgeschäft, das, -e 3/4c, 36
Bargeld, das (Sg.) 3/4c, 36
bargeldlos 3/4c, 36
Bart, der, ⸚e 1/2a, 2
Bauer, der, -n 7/4b, 100
Bauernhof, der, ⸚e 7/4a, 100
Bauernmarkt, der, ⸚e 7/4 c, 100
Baustelle, die, -n 6/4a, 82
Bedeutung, die, -en 4/7b, 53
Befinden, das (Sg.) 6/5d, 83
Begeisterung, die (Sg.) 8/4b, 114
begleiten 6/6a, 84
behalten, behält, behielt, hat behalten 5/6b, 70
behandeln 6/1a, 79
Beispielsatz, der, ⸚e 5/3c, 67
beleidigt 5/6a, 70
bellen 1/1a, 1
bemerken 5/6a, 70
benötigen 7/6a, 102
berechnen 2/3a, 17
bereit 5/3d, 67
Bergbauernhof, der, ⸚e 7/7a, 103
Berggebiet, das, -e 7/7a, 103
Bergpanorama, das, -panoramen 8/4a, 113
Bergwald, der, ⸚er 7/7a, 103
Bergwaldprojekt, das, -e 7/7a, 103
Bergwelt, die, -en 8/3b, 113
Bergwiese, die, -n 8/6 b, 116
Berufsleute, die (Pl.) 6/6b, 90
berufstätig 4/2b, 48

beruhigen 1/Vorhang auf, 7
berühren 5/5a, 69
beschädigen 3/2c, 34
beschliessen, beschliesst, beschloss, hat beschlossen 5/3d, 67
beseitigen 1/5c, 5
bestätigen 2/1a, 15
Bestellliste, die, -n 2, 15
Besuchszeit, die, -en 6/7b, 85
betagt Haltestelle C/2a, 93
Betagtenbetreuerin, die, -nen 6/6b, 90
Betrag, der, ⸚e 2/5a, 19
betreuen 6/6a, 84
Bevölkerung, die, en, 4/5b, 51
Bewegungsübung, die, -en 6/6a, 84
beweisen, bewies, hat bewiesen 5/6a, 70
bewirtschaften 8/6b, 116
beziehungsweise (bzw.) 8/4b, 114
Biene, die, -n 7/6a, 102
Biest, das, -er 7/7a, 103
«Bio», das (Sg.) 4/5b, 51
Bio-Betrieb, der, -e 8/6b, 116
Bio-Ei, das, -er 8/6b, 116
Bio-Lammfleisch, das (Sg.) 8/6b, 116
bio 7/Vorhang auf, 103
Biobauer, der, -n 7/1d, 97
Biohof, der, ⸚e 2/3a, 17
biologisch 2/3a, 17
Block, der, ⸚e 7/5a, 101
blockieren 1/5a, 5
Blogger, der, – 1/7b, 7
bloss 5/6b, 70
blühen 7/6a, 102
bluten 6/2f, 80
bohren 1/1a, 1
brechen, bricht, brach, hat gebrochen 6/1c, 79
bündeln (Ich bündle das Altpapier.) 7/1a, 97
Bundesland, das, ⸚er Haltestelle D/1a, 125
Büroarbeit, die, -en 6/6b, 84
bzw. (beziehungsweise) 1/4b, 4
ca. (circa) 3/2c, 34
Chirurgie, die (Sg.) 6/7a, 85
Coffee to go, der, – 7/5a, 101
Cousin, der, -s 8/5a, 115
dabei (Sie können dabei essen, soviel Sie wollen.) 2/7a, 21
dabeihaben, hat dabei, hatte dabei, hat dabeigehabt (Hast du deine Tasche dabei?) 2/Und Sie?, 20
Dach, das, ⸚er 1/4a, 4
daher 1/7b, 7
darauf (Sein Bein tut weh. Er kann nicht darauf stehen.) 6/3a, 81
darstellen 1/1c, 1
Datei, die, -en 3/2a, 34
Dauerauftrag, der, ⸚e 3/4c, 36
dauernd 8/5c, 115
davor 8/3b, 113
Deckel, der, – 7/1a, 97
denen 2/7a, 21
deswegen 3/7a, 39
deutlich 4/7d, 53
Deutschsprechen, das (Sg.) 5/3d, 67
dicht 3/2d, 34
Diebstahl, der, ⸚e 3/5b, 37
dieselbe 6/2d, 80
Direktbank, die, -en 3/4c, 36
Distanz, die, -en 5/5a, 69
distanziert 3/6b, 38
dran 2/6b, 20
Dreck, der (Sg.) 7/6a, 102
dringend 2/2a, 16

WORTLISTE

Drittel, das, – 4/5b, 51
drittens 1/7b, 7
drucken 3/5e, 37
duften 8/6b, 116
durchsetzen (sich) *(Ich setze mich durch.)* 2/6c, 20
E-Banking, das (Sg.) 3/4d, 36
ebenfalls 1/4b, 4
Ecke, die, -n 2/2b, 16
ehrlich 2/7a, 21
Einbrecher, der, – 3/2d, 34
Einbruch, der, ¨e 3/2c, 34
Eindruck, der, ¨e 4/1a, 47
einerseits 1/7b, 7
eingehen (auf + A.), geht ein, ging ein, ist eingegangen 6/5d, 83
eingraben, gräbt ein, grub ein, hat eingegraben 7/7a, 103
Einheimische, der, – Haltestelle B/1 b, 61
Einkaufsgewohnheit, die, -en 2/1c, 15
Einkaufskorb, der, ¨e 7/1, 104
Einkaufsmöglichkeit, die, -en 2/1c, 15
Einkaufstipp, der, -s 2/7a, 21
Einnahme, die, -n *(Das Unternehmen hat Einnahmen in Höhe von 10 Millionen Franken gemacht.)* 7/5a, 101
Einnahme, die, -n *(Der Krankenpfleger kontrolliert die Einnahme der Medikamente.)* 6/3b, 81
einteilen, teilt ein, teilte ein, hat eingeteilt 7/7a, 103
einzahlen 3/4c, 36
einziehen (in + A.), zieht ein, zog ein, ist eingezogen 1/2a, 2
elektrisch 7/5b, 101
Emotion, die, -en 1/3e, 3
Empfang, der (Sg.) 2/1a, 15
Empfehlung, die, -en 3/Und Sie?, 38
Energie, die, -n 3/7a, 39
Energiesparen, das (Sg.) 7/1b, 97
engagieren 7/6c, 102
Enkel, der, – 8/5a, 115
Entfernung, die, -en 2/3a, 17
enthalten, enthält, enthielt, hat enthalten 7/5a, 101
entkräften 7/1d, 97
entschlossen 5/3d, 67
entsorgen 1/4b, 4
entspringen, entspringt, entsprang, ist entsprungen Haltestelle D/1a, 125
entstehen, entsteht, entstand, ist entstanden 3/2c, 34
enttäuschend 8/4a, 114
enttäuscht 1/3c, 3
Enttäuschung, die, -en 8/1b, 111
Entzündung, die, -en 6/7b, 85
Erdbeere, die, -n 2/7a, 21
Erde, die, -n 7/7b, 103
erfahren (von + D.), erfährt, erfuhr, hat erfahren *(Von wem hast Du das erfahren?)* 5/6b, 70
Erfolgserlebnis, das, -se 5/4a, 68
ernähren 4/5a, 51
Ernährung, die (Sg.) 3/7a, 39
Ernährungsberater, der, – 4/1c, 47
ernst 1/2a, 2
ernsthaft 5/6b, 70
Ernte, die, -n 7/4b, 100
ernten 2/7a, 21
Erntezeit, die, -en 7/4c, 100
Eröffnung, die, -en 3/5c, 37
erreichbar 3/5b, 37
erschrocken 5/6a, 70
erstatten 3/2c, 34

erstaunlich 3/6b, 38
erstens 1/7b, 7
erwarten 3/6c, 38
Essgewohnheit, die, -en 4/1c, 47
Essverhalten, das, – 4/6b, 52
exotisch 1/7b, 7
extrem 7/2a, 104
Fachfrau, die, -en / Fachmann, der, ¨r Betagtenbetreuung 6/6a, 84
Fahrer, der, – 2/4c, 18
Faktor, der, -en 3/2c, 34
fallen, fällt, fiel, ist gefallen 4/3a, 49
Familiengartenareal, das, -e 7/6a, 102
Fastfood, das (Sg.) 4/6a, 52
faul 1/2a, 2
Feedback, das, -s 4/7e, 53
Feld, das, -er 2/7a, 21
fern 2/7a, 21
Fernsehprogramm, das, -e 8/3c, 113
Fertiggericht, das, -e 4/2b, 48
Festessen, das, – 4/4d, 50
Festival, das, -s 8/1b, 111
Festivalpass, der, ¨e 8/1b, 111
Fett, das, -e 4/6c, 52
Feuer, das, – 7/7a, 103
Filiale, die, -n 3/4c, 37
Finanzen, die (Pl.) 3/4d, 36
Fischprodukt, das, -e 2/3a, 17
Fischzucht, die, -en 2/3a, 17
Fitnesscenter, das, – 6/6a, 84
Fitnessinstruktor, der, -en Haltestelle C/2a, 93
Fitnessraum, der, ¨e Haltestelle C/2a, 93
Fläche, die, -n 3/2c, 34
Flug, der, ¨e *(Die Zeit vergeht wie im Flug.)* 7/7a, 103
Fonduekoch, der, ¨e 8/5a, 115
Forelle, die, -n 2/3a, 17
Forschung, die, -en 7/7b, 103
fortsetzen 1/5b, 5
Forumstext, der, -e 3/7a, 39
Fotoalbum, das, -alben 4/1, 47
freihalten, hält frei, hielt frei, hat frei gehalten 1/5c, 5
Freude, die (Sg.) -n, 2/7a, 21
fruchtig 2/7a, 21
Frühstückspause, die, -n 2/1a, 15
Funktion, die, -en 7/3d, 99
fürchten 6/5c, 83
Fürstentum, das, ¨er Haltestelle D/1a, 125
Fussballtraining, das, -s 4/3b, 49
füttern 1/3b, 3
Futur, das (Sg.) 5/3e, 67
ganztags Haltestelle C/2a, 93
garantieren 2/3a, 17
Gartenarbeit, die, -en 1/6a, 6
Gärtner, der, – 7/6a, 102
Gästegruppe, die, -n 8/6b, 116
Geburtsdatum, das, -daten 6/3b, 81
Geburtshilfe, die (Sg.) 6/7a, 85
Geburtshilfestation, die, -en 6/7a, 85
Gefallen, der, 1/1b, 1
geehrt 2/5a, 19
Gegend, die, -en 7/4c, 100
Gegenteil, das, -e 5/Und Sie?, 69
Gegenvorschlag, der, ¨e 8/7b, 117
Geldautomat, der, -en 3/4c, 36
gelten, gilt, galt, hat gegolten *(Grüntee gilt in meinem Land als gesund.)* 4/Und Sie?, 52
Gelegenheit, die, -en 5/3d, 67
Gemeinschaft, die, -en 7/6a, 102
Gemüsebauer, der, -n 2/3a, 17
genervt 5/6a, 70

Genuss, der, ¨e 2/7a, 21
Gerichtsprozess, der, -e 3/2c, 34
gering 2/3a, 17
gernhaben, hat gern, hatte gern, hat gerngehabt 1/6c, 6
gesamt 2/3a, 17
geschehen, geschieht, geschah, ist geschehen 6/1a, 79
Geschmack, der, ¨er 2/7a, 21
Gesundheitsberuf, der, -e 6/1d, 79
Getränkedose, die, -n 7/6a, 102
Getreide, das (Sg.) 4/3a, 49
Gewicht, das, -e 2/7a, 21
Gewohnheit, die, -en 4/3a, 49
Gewürz, das, -e 4/7b, 53
Gips, der, -e 6/4b, 82
Glamping, das (Sg.) 8/6b, 116
Glasflasche, die, -n 7, 97
Glatteis, das (Sg.) 6/2a, 80
Gleichgewichtsübung, die, -en Haltestelle C/2a, 93
gleichzeitig 5/5e, 69
global 7/5b, 101
Gornergrat, der (Sg.) 8/2b, 112
Gras, das, ¨er 7/4b, 100
Grillstelle, die, -n 1/4b, 4
Grossstadt, die, ¨e 7/6a, 102
gründen 5/6b, 70
Gruppenzimmer, das, – 7/7a, 103
Grundnahrungsmittel, das, – 4/2b, 48
grundsätzlich 7/5a, 101
grüssen 1/5c, 5
gucken 1/3c, 3
Haftpflichtversicherung, die, -en 3/2a, 34
Halbfinal, der, -s 8/6, 122
halbprivat *(Frau Müller ist halbprivat versichert.)* 6/3b, 81
halten, hält, hielt, hat gehalten *(Die Bauern halten Schafe und Hühner.)* 8/6b, 116
Händler, der, – 2/2b, 16
Hang, der, ¨e 8/6b, 116
Hängebrückenweg, der, -e 8/2b, 112
Hauptort, der, -e Haltestelle D/1a, 125
Hauptteil, der, -e 4/7c, 53
Hauptzelt, das, -e 8/1b, 111
Hausarzt, der, ¨e 6/3c, 81
Hausbewohner, der, – 1/2b, 2
Hauseigentümerverband, der, ¨e, 3/7a, 39
Hausgang, der, ¨e 1/6a, 6
Hauskehricht, der (Sg.) (D: Restmüll, der, Sg.) 7/5a, 101
Hausordnung, die, -en 1/4, 4
Hausratversicherung, die, -en 3/2b, 34
Hausregel, die, -n 1/1c, 1
Hauswartung, die (Sg.) 1/6a, 6
heben, hebt, hob, hat gehoben 6/7b, 85
heikel 5/1d, 65
heimisch 4/2b, 48
heizen 7/1d, 97
Hektik, die (Sg.) 2/5a, 19
Helpline, die, -s 3/5b, 37
Herausforderung, die, -en 5/4a, 68
hereinlassen, lässt herein, liess herein, hat hereingelassen 1/3f, 3
Herstellung, die (Sg.) 2/3a, 17
herunterfallen, fällt herunter, fiel herunter, ist heruntergefallen 5/6d, 70
herunterladen, lädt herunter, lud herunter, hat heruntergeladen 5/3d, 67
herunternehmen, nimmt herunter, nahm herunter, hat heruntergenommen 6/3a, 81
Herzbeschwerden, die (Pl.) 6/7b, 85

hilfsbedürftig 6/6a, 84
hinweisen (auf + A.), weist hin, wies hin, hat hingewiesen 1/Vorhang auf, 7
hipp 1/7b, 7
historisch, Haltestelle D/2, 126
HNO (Hals-Nasen-Ohrenarzt), 6/7a, 85
Hochschulberuf, der, -e 6/6a, 84
höchstens 5/7b, 71
Hof, der, ⸚e *(Der Hof gehört schon immer meiner Familie.)* 7/4b, 100
Hofladen, der, ⸚ 8/6b, 116
höhenkrank 8/2b, 112
Höhenwanderung, die, -en Haltestelle D/2, 126
Holz, das (Sg.) 1/4b, 4
Holzkohle, die (Sg.) 1/4 b, 4
Honig, der (Sg.) 8/6b, 116
Hotelübernachtung, die, -en 8, 111
Huhn, das, ⸚er 7/4a, 100
Hühnerfarm, die, -en 8/6b, 116
identifizieren *(Ich identifiziere mich durch meinen Pass.)* 3/5b, 37
igitt 4/3c, 49
Iglu, das, -s 8/3b, 113
Immobilienverwaltung, die, -n 1/6a, 6
in Ordnung 1/6e, 6
in Zukunft 5/3d, 67
indisch, 4/2b, 48
individuell 3/2c, 34
Infokasten, der, ⸚ 4/2b, 48
Informatikerin, die, -nen 2/4d, 18
informieren 6/4d, 82
Infotext, der, -e 3/1d, 33
Intensivkurs, der, -e 5/2d, 66
Interessierte, der/die, -en Haltestelle C/2a, 93
Internetanbieter, der, – 3/6b, 38
Internetanschluss, der, ⸚e 3/6b, 38
irgendjemand 7/6c, 102
irgendwie 5/6a, 70
ja *(Das kann ja wohl nicht wahr sein!)* 2/4a, 18
Jahresbeitrag, der, ⸚e 3/2c, 34
Jahresversicherung, die, -en 3/3e, 35
jährlich 3/2c, 34
japanisch, 4/2b, 48
Jugendprivatkonto, das, -konten 3/4d, 36
Jura, der (Sg.) Haltestelle D/2, 126
Jury, die, -s 8/2b, 119
Kantonsspital, das, -e 6/4a, 82
Kardiologie, die (Sg.) 6/7a, 85
Karteikarte, die, -n 5/3c, 67
Kartoffelstock, der (Sg.) 4/3a, 49 (D: Kartoffelpüree)
Käsefondue, das, -s 8/3b, 113
Käseküchlein, das, – 5/7a, 71
Kellereingang, der, ⸚e 1/4b, 4
Kellerrestaurant, das, -s 8/6b, 116
Kilogramm, das, – 4/2b, 48
Kinderstation, die, -en 6/7a, 85
Kinderwunsch, der, ⸚e 5/7a, 71
Kindheit, die, -en 4/2b, 48
Kinofilm, der, -e 4/4c, 50
kippen 7/2b, 98
klar *(Mit klarer Kommunikation ist es einfacher.)* 5/6b, 70
Klassenzeitung, die, -en 7/4c, 100
Klavierlehrer, der, – 1/2a, 2
Kleingruppe, die, -n 4/6a, 52
Klettersteig, der, -e 8/2a, 112
Klima, das (Sg.) 7/5b, 101
Klinik, die, Kliniken 6/6a, 84
knusprig 5/7a, 71
Kochkurs, der, -e 8/6b, 116

Kochtopf, der, ⸚e 7/1a, 97
Komfort, der (Sg.) 8/6b, 116
kommentieren 7/Und Sie?, 99
Kommunikation, die (Sg.) 5/6b, 70
kommunizieren 5/4a, 68
kompetent 3/4d, 36
kompliziert 3/Und Sie?, 35
Königin, die, -nen 8/1b, 111
Konflikt, der, -e 5/6b, 70
Konnektor, der, -en 6/6c, 84
Konsument, der, - 3/7a, 39
Konsumentenorganisation, die, -en, 3/6b, 38
konsumieren 2/7a, 21
kontaktieren 3/6b, 38
Kontoauszug, der, ⸚e 3/4c, 36
Kontodaten, die (Pl.) 3/3a, 35
Kontomat, der, -en 3/5c, 37
Kopfweh, das (Sg.) 6/3a, 81
körperlich 6/6a, 84
Körperpflege, die (Sg.) 6/6a, 84
Krankenversicherung, die, -en 6/3b, 81
Kräutertee, der, -s 8/4b, 56
Kräuterwiese, die 8/6b, 116 -n,
Kredit, der, -e 3/7a, 39
kritisieren 5/5e, 69
Kuh, die, ⸚e 7/4a, 100
Kuhkampf, der, ⸚e 8/1b, 111
kühl 7/2b, 98
Kühlgerät, das, -e 7/2b, 98
Kultur, die, -en 5/7b, 71
kulturell 5/1c, 65
Kunde, der, -n 2/5d, 19
Kundendienst, der (Sg.) 2/5a, 19
Kundennummer, die, -n 2/4c, 18
Kündigung, die, -en 3/7a, 39
Kursort, der, -e 8/7a, 117
Kursteilnehmende, der/die, -n 7/Und Sie?, 99
Kuss, der, ⸚e 5/5a, 69
Labor, das, -s 6/6a, 84
Lagerung, die (Sg.) 2/3a, 17
lang *(Ich bin eine Woche lang weg.)* 1/3c, 3
Langeweile, die (Sg.) 5/4a, 68
Langschläfer, der, – 7/7a, 103
laufen, läuft, lief, ist gelaufen *(Das Wasser läuft aus der Badewanne.)* 3/2d, 34
Laune, die, -n 5/4a, 68
läuten 1/1a, 1
Lawine, die, n 8/6b, 116
LED-Lampe, die, -n 7/2a, 104
leeren 1/3c, 3
leisten 5/6b, 70
Leitungswasser, das (Sg.) 7/5a, 101
Lerngruppe, die, -n 5/3c, 67
Lichtschalter, der, - 7, 97
Lieblingsbeschäftigung, die, -en 8/5a, 115
Lieblingsspeise, die, -n 4/7b, 53
Liefergebühr, die, -en 2/5a, 19
Lieferservice, der, -s 2/2b, 16
Lieferung, die, -en 2/4a, 18
linke 6/3a, 81
Loch, das, ⸚er 2/4c, 18
lüften 7/2b, 98
Magen, der, ⸚ 6/2d, 80
mähen 1/1a, 1
Mahlzeit, die, -en 4/1c, 47
Mahnung, die, -en 2/5, 19
Mailbox-Nachricht, die, -en 3/1d, 33
Mandarine, die, -n 2/6b, 20
Marroni, die (Pl.) (D: Maroni) Haltestelle B/1b, 61
massieren 6/6a, 84
Material, das, -ien 2/1a, 15

Matterhornbesteigung, die, -en 8/4a, 113
Matterhornmuseum, das (Sg.) 8/3b, 113
Mediathek, die, -en 8/2b, 119
Medien, die (Pl.) 3/7a, 39
Medizinischer Praxisassistent, der 6/6a, 84
Mehl, das, -e 2/7a, 21
Mehrbettzimmer, das, – 6/5a, 83
Mehrheit, die, -en 4/5b, 51
mehrsprachig 5/2a, 66
meinetwegen 8/2b, 112
merkwürdig 5/7b, 71
Metzgerei, die, -en 2/2b, 16
Mieterverband, der, ⸚e, 3/7a, 39
Mietshaus, das, ⸚er 1/Und Sie?, 6
Missverständnis, das, -se 5/1c, 65
Mitgefühl, das (Sg.) 6/5d, 83
mithelfen, hilft mit, half mit, hat mitgeholfen 7/4c, 100
Mitschüler, der, – 7/5a, 101
Mittagsruhe, die (Sg.) 1/4b, 4
Mittagstisch, der, -e 4/2b, 48
Mittagszeit, die (Sg.) 1/Vorhang auf, 7
mittlerweile 1/2a, 2
mitversichert 6/3b, 81
Möbelspedition, die, -en 1/3f, 3
mobil *(Mobiles Banking ist ganz leicht.)* 3/4d, 36
Mobilbox, die, -en 3/3a, 35
mobile Banking, das (Sg.) 3/4d, 36
Mobilität, die (Sg.) 3/7a, 39
momentan 3/6b, 38
Monteur, der, -e 2/4c, 18
Motorfahrzeugversicherung, die, -en 3/2b, 34
Mountainbike, das, -s 1/Vorhang auf, 7
Mücke, die, -n 7/7a, 103
Müll, der (Sg.) *(Im Park liegt Müll herum: Flaschen, Dosen, Zigarettenstummel.)* 7/6a, 102
Murmeltierweg, der, -e 8/2b, 112
Musikfestival, das, s 8/1b, 111
Muskel, der, -n 7/7a, 103
Mütter- und Väterberatung, die, -en 3/7a, 39
Nachbarwohnung, die, -en 3/2d, 34
nächste 2/5a, 19
Nachtruhe, die (Sg.) 1/4b, 4
Nahverkehr, der (Sg.) 7/Und Sie?, 99
Narkose, die, -n 6/3a, 81
Nationalgericht, das, -e 4/7b, 53
Nebenbühne, die, -n 8/1b, 111
Necessaire, das, -s (D: Kulturbeutel, der, -) 6/4b, 82
Nervosität, die (Sg.) 5/4a, 68
Neuigkeit, die, -en 1/2a, 2
nicht nur 2/3a, 17
nicht nur …, sondern auch 6/6a, 84
niesen 5/1a, 65
noch *(Wo können wir uns noch verbessern?)* 4/7e, 53
Notaufnahme, die, -n 6/3, 81
Notruf, der, -e 3/5d, 37
notwendig 1/5b, 5
nur noch 6/3a, 81
Nuss, die, ⸚e 4/6a, 52
Obst, das (Sg.) 7/4b, 100
obwohl 3/6b, 38
offen stehen, steht offen, stand offen, ist/ hat offen gestanden Haltestelle C/2a, 93
offenbar 5/7b, 71
ökologisch 7/4c, 100
Online-Kundendienst, der (Sg.) 3/4d, 36
operieren 6/5b, 83

optimistisch 5/6b, 70
Orthopädie, die (Sg.) 6/7a, 85
Ozean, der, -e 2/7a, 21
Paketdienst, der, -e 2, 15
Panik, die, -en 5/6c, 70
pantomimisch 1/1c, 1
Papierkram, der (Sg.) 6/6a, 84
Partnerbank, die, -en 3/4d, 36
Passiv, das (Sg.) 7/4d, 100
Patientenzimmer, das, – 6/5e, 83
pensioniert 1/2a, 2
Pflanzaktion, die, -en 7/6a, 102
Pflege, die (Sg.) 3/7a, 39
Pflegefachfrau, die, -en / Pflegefachmann, der, ⸚r 6/6a, 84
pflegen 1/6a, 6
Pflegepersonal, das (Sg.) 6/6c, 90
Pflegeteam, das, -s 6/6a, 84
Physiotherapeut, der, -en 6/6a, 84
Physiotherapie, die, -n 6/7a, 85
Piste, die, -n 8/6b, 116
planschen 8/2b, 112
Plastikflasche, die, -n 7/6a, 102
Plastiksack, der, ⸚e 7/3c, 99
Politik, die (Sg.) 5/7a, 71
Pommes-Chips (Pl.) 4/6a, 52
Portemonnaie, das, -s 3/5f, 37
praktisch (Darüber spricht man praktisch nur in der Familie.) 5/7b, 71
privat (Familie von Gunten ist privat versichert.) 6/3b, 81
Privatpraxis, die, -praxen 6/6d, 84
Produktion, die, -en 7/3d, 99
Produzent, der, -en 2/3a, 17
produzieren 7/3d, 99
Pronominaladverb, das, -ien 8/3b, 113
psychisch 6/6a, 84
Pulli, der, -s 7/2b, 98
pur 2/7a, 21
Quartiertreff, der, -s 5/3d, 74
Quittung, die, -en 3/2a, 34
Rasen, der, – 1/1a, 1
Rauch, der (Sg.) 1/Vorhang auf, 7
Rebberg, der, -e 8/2a, 112
Recht, das, -e, 1/4 b, 4
rechte 6/7b, 85
Rechtsanwalt, der, ⸚e 3/7a, 39
Rechtsschutzversicherung, die, -en 3/2b, 34
Rechtsstreit, der, -e 3/2c, 34
recyceln 7/5a, 101
reichen 7, 97
reif 2/7a, 21
reinigen 1/6a, 6
Reinigung, die (Sg.) 1/4b, 4
Reisegutschein, der, -e 8, 111
Reisekrankenversicherung, die, -en 3/3e, 35
reissen, reisst, riss; (er) hat / (es) ist gerissen 8/4a, 113
Reklamation, die, -en 2/4c, 18
reklamieren 2/4, 18
Religion, die, -en 5/7a, 71
Rendezvous, das, - 8/1, 111
Respekt, der (Sg.) 5/Und Sie?, 69
Rest, der, -e 2/7a, 21
Rettungswagen, der, – 6/2c, 80
Rezept, das, -e (Ich habe hier ein gutes Rezept für Apfelkuchen.) 2/7a, 21
Rind, das, -er 7/4b, 100
Rollstuhl, der, ⸚e 6/6a, 84
röntgen 6/7b, 85
Röntgenbild, das, -er 6/1c, 79
Rückenschmerz, der, -en 6/6a, 84
Rücksicht, die (Sg.) (Rücksicht nehmen auf jemanden) 1/4b, 4
Ruhezeit, die, -en 1/4b, 4
rund um (Wir übernehmen alle Arbeiten rund um das Haus.) 1/1b, 1
Saison, die, -s/-en 2/3a, 17
Saisonarbeiter, der, – 7/4b, 100
Sammelstelle, die, -en 1/4b, 4
Samstagsmarkt, der, ⸚e 2/3a, 17
sämtlich 3/2c, 34
Sandwich, das, -s 4/2b, 48
Satzzeichen, das, – 5/5e, 69
sauber halten, hält sauber, hielt sauber, hat sauber gehalten 1/4b, 4
Sauberkeit, die (Sg.) 1/4b, 4
sauer (1) (Dieser Apfel ist sehr sauer.) 2/7a, 21
sauer (2) (Mein Chef ist sauer auf mich.) 5/6a, 70
saugen 1/1a, 1
scannen 3/2a, 34
Schaden, der, ⸚ 3/1c, 33
Schadensfall, der, ⸚e 3/3b, 35
schädlich 7/3d, 99
Schaf, das, -e 2/3a, 17
Schichtdienst, der, -e 6/6a, 84
Schlafmittel, das, – 6/4d, 82
Schlagräumung, die, -en 7/7a, 103
schliesslich 5/7b, 71
Schmerzmittel, das, – 6/3a, 81
Schmutz, der (Sg.) 1/5c, 5
Schneeschuh, der, -e, 8/2b, 112
Schneeschuhwanderung, die, -en 8/2a, 112
Schokoladeriegel, der, - 4/6a, 52
schonen 2/7a, 21
Schulbank, die, ⸚e (die Schulbank drücken) 7/7a, 103
schuld sein, ist schuld, war schuld, ist schuld gewesen 4, 47
Schulter, die, -n 6/3a, 81
Schutz, der (Sg.) 3/2c, 34
schützen 7/5b, 101
Schutzzaun, der, ⸚e 7/7a, 103
schwach 6/5c, 83
Schweinefleisch, das (Sg.) 2/3a, 17
schweizweit 3/4d, 36
Seil, das, -e 8/4a, 113
seit wann 6/7b, 85
seitdem 5/4a, 68
Sektion, die, -en 6/3b, 81
Sekundarlehrer, der, - 7/7c, 109
Selbstbehalt, der (Sg.) 3/2a, 34
selber 4, 47
seltsam 5/7b, 71
senden 3/2a, 34
senken (Senken Sie das Gewicht langsam.) 6/7b, 85
Sicherheit, die (Sg.) 1/4b, 4
Siegerin, die, -nen 8/1b, 111
siehe 4/2b, 48
sinnlos 7/6c, 102
Skilehrer, der, – 8/6b, 116
Skype-Chat, der, -s 8/1b, 111
Snack, der, -s 4/6b, 52
so viel 2/4a, 18
Sonderangebot, das, -e 2/7a, 21
sondern 2/4b, 18
sondern auch 6/6a, 84
Sonntagsbraten, der, – 4/2b, 48
sonstig 7/6a, 102
Sorge, die, -n 5/6b, 70
sorgfältig 8/6b, 116
sowie 2/3a, 17
sowohl … als auch 1/6a, 6
Spa, das, -s 8/2a, 112
spannend 4/6b, 52
Sparprogramm, das, -e 7/2b, 98
spätestens 2/3a, 17
Spedition, die, -en 1/3f, 3
spenden 7/5a, 101
sperren 3/5b, 37
Spitalwegweiser, der, – 6/7a, 85
Sprach-App, die, -s 5/3c, 67
Sprachenlernen, das (Sg.) 5/3c, 67
Sprachkenntnisse, die (Pl.) 5/4b, 68
sprachlich 5/Vorhang auf, 71
Sprachprofil, das, -e 5/2d, 66
Sprechstunde, die, -n 6/6a, 84
Spritze, die, -n 6/1c, 79
stabil 6/6a, 84
Stadtwald, der, ⸚er 7/6a, 102
Stall, der, ⸚e 7/4a, 100
Standbein, das, -e (Der Bauer hat sich ein zweites Standbein als Skilehrer aufgebaut.) 8/6b, 116
Standby-Modus, der (Sg.) 7/2b, 98
ständig 1/2a, 2
Stapel, der, – 4/3b, 49
Startguthaben, das, – 3/5c, 37
Station, die, -en, 6/6a, 84 (Sie leitet das Team auf ihrer Station im Spital.)
Statistik, die, en, 4/5b, 51
Staub, der (Sg.) 1/1a, 1
Steckdose, die, -n 7/2b, 98
Steckerleiste, die, -n 7/2b, 97
Stecker, der, – 7/2b, 98
stehlen, stiehlt, stahl, hat gestohlen 3/2d, 34
Stehtisch, der, -e 2, 15
Stofftasche, die, -n 7/3c, 99
stolz 5/4a, 68
Störung, die, -en 1/6a, 6
Strauch, der, ⸚er 1/6a, 6
Stromspartipp, der, -s 7/3c, 99
stürzen 6/1c, 79
Subjekt, das, -e 6/4c, 82
Substantiv, das, -e 4/3b, 49
Suchmaschine, die, -n 7/5a, 101
Summe, die, -n 3/4c, 36
süss (Hier gibt es von süss bis sauer etwas für jeden Geschmack.) 2/7a, 21
Süsse, das (Sg.) 4/6b, 52
Süssmost, der (Sg.) 4/3a, 49
Talbewohner, der, – 8/6 b, 116
Tandempartner, der, – 5/3d, 67
Tankstelle, die, -n 2/2a, 16
Tännchen, das, – 7/7a, 103
Tanzkurs, der, -e 6/Und Sie?, 82
Taschengeld, das, -er 3/4b, 36
Teigwaren, die (Pl.) 4/3 a, 49
teilnehmen, nimmt teil, nahm teil, hat teilgenommen 4/6b, 52
Tempo, das, -s 4/7a, 53
Themenweg, der, -e 8/2a, 112
Thermoskanne, die, -n 7/5a, 101
tief 6/5e, 83
tiefgekühlt 2/2b, 16
Tierhaar, das, -e 6/Und Sie?, 81
Tischgespräch, das, -e 4/Vorhang auf, 53
Töff, der, -s, 8/2a, 112
tolerant 5/6b, 70
Tragtasche, die, -n Haltestelle D/1, 127
Trail, der, -s 8/2b, 112
Trainierende, der/die, -en Haltestelle C/2a, 93
Trainingshose, die, -n 6/4a, 82
Transport, der, -e 2/3a, 17
transportieren 7/5a, 101
trauen (sich) (Ich möchte mehr Deutsch

sprechen, aber ich traue mich nicht.) 5/4 a, 68
Treffen, das, – 3/3a, 35
trendig 1/7 b, 7
trennen 1/4b, 4
Treppenhaus, das, ¨er 1/4b, 4
treu 7/7b, 103
Trinkflasche, die, -n 7/5a, 101
Überbauung, die, -en 1/6 a, 6
Überblick, der (Sg.) 3/4 d, 36
übersehen, übersieht, übersah, hat übersehen 2/5a, 19
überweisen, überweist, überwies, hat überwiesen 2/5a, 19
überzeugen (sich) (Ich habe mich von der Qualität überzeugt.) 2/3a, 17
üblich 5/5d, 69
übrigens 5/6b, 70
Uhrenstadt, die, ¨e Haltestelle D/2, 126
um (Hier um die Ecke gibt es einen Laden.) 2/2b, 16
um … zu 4/6b, 52
umtauschen 2/4c, 18
Umwelt, die (Sg.) 2/7a, 21
Umweltaktion, die, -en 7/6, 102
Umweltaktivist, der, -en 7/7c, 109
Umweltbewusstsein, das (Sg.) 7/7c, 109
umweltfreundlich 7/Vorhang auf, 103
Umweltpraktikum, das, -praktika 7/Und Sie?, 99
Umweltprojekt, das, -e 7/5a, 101
Umweltschutz, der (Sg.) 7/1b, 97
Umweltsünde, die, -n 7/Und Sie?, 101
unerwartet 2/Und Sie?, 16
UNESCO-Welterbestadt, die, ¨e Haltestelle D/2, 126
Unfalldatum, das, -daten 6/3b, 81
Unfallort, der, -e 6/3b, 81
Unfallversicherung, die, -en 3/2b, 34
ungesund 4/5d, 51
ungewöhnlich 5/5c, 69
unhöflich 3/6b, 38
unter (Unter der Woche habe ich wenig Zeit.) 2/2b, 16
unterstützen 3/2c, 34
Untersuchung, die, -en (Der Arzt kommt gleich für die Untersuchung.) 6/1c, 79
Unverträglichkeit, die, -en 6/3b, 81
verabschieden (sich) (von + D.) 7/7b, 103
verändern 4/1a, 47
Veränderung, die, -en 4/Und Sie?, 48
verarbeiten 8/6 b, 116
Verband, der, ¨e 6/5e, 83
verbessern 1/7 b, 7
verbieten, verbietet, verbot, hat verboten 7/3d, 99
verbrennen (sich), verbrennt, verbrannte, hat verbrannt 6/2f, 80
verbringen, verbringt, verbrachte, hat verbracht 3/3e, 35
Vergnügen, das, – 8/1b, 111
Verhalten, das, – 4/6b, 52
verlaufen, verläuft, verlief, ist verlaufen (Der Termin ist gut verlaufen.) 6/4a, 82
verlegen 5/7a, 71
verletzen 6/2a, 80
Verletzung, die, -en 6/1c, 79
Verlust, der, -e 3/5b, 37
vermeiden, vermeidet, vermied, hat vermieden 1/4b, 4
vermutlich 3/1a, 33
verschlossen 3/6b, 38
verschwinden, verschwindet, verschwand, ist verschwunden 2/2b, 16
Versehen, das, – 3/2c, 34
versichert 3/2c, 34
Versicherung, die, -en 3/1b, 33
Versicherungsberatung, die, -en Versicherungsfall, der, ¨e 3/1d, 33
Versicherungssumme, die, -n 3/3b, 35
Versicherungsvertreter, der, – 3/3, 35
Version, die, -en 4/7a, 53
versorgen 6/6a, 84
verständigen 1/6a, 6
verstärken 8/4c, 114
vertreiben, vertreibt, vertrieb, hat vertrieben 7/7a, 103
verzeihen, verzeiht, verzieh, hat verziehen 5/6b, 70
verzichten (auf + A.) 7/2b, 98
vieles 4/2b, 48
Vollbad, das, ¨er 7/2b, 98
vor (Sie parkiert vor dem Haus.) 1/4 b, 4
Voraussetzung, die, -en 5/4a, 68
vorgehen, geht vor, ging vor, ist vorgegangen 2/6b, 20
vorgesehen 1/4b, 4
vorhaben, hat vor, hatte vor, hat vorgehabt 3/2a, 34
vorlassen, lässt vor, liess vor, hat vorgelassen 2/6b, 20
Vorschrift, die, -en 1/4b, 4
vorstellen 7/7b, 103
Vorstellungsgespräch, das, -e 5/4a, 68
Vortrag, der, ¨e 7/7b, 103
Vorwäsche, die, -n 7/2b, 98
wachsen, wächst, wuchs, ist gewachsen 7/7b, 103
Waldparkplatz, der, ¨e 7/6a, 102
Waldwoche, die, -en 7/7a, 103
Wallis, das (Sg.) 8/1b, 111
Wanderferien, die, – Haltestelle D/2, 126
Ware, die, -n 2/4c, 18
warm machen 4/3c, 49
was für ein 5/6a, 70
Wäscherei, die, -en 2/4d, 18
Waschmittel, das, – 7/2b, 98
Wasserschaden, der, ¨ 3/2c, 34
Wechselpräposition, die, -en 1/2c, 2
wegfallen, fällt weg, fiel weg, ist weggefallen 4/3a, 49
weggehen, geht weg, ging weg, ist weggegangen (Nach einer Stunde ging die Aufregung weg.) 5/4a, 68
wegputzen 1/5c, 5
Wegwerftasche, die, -n 7/1a, 97
weiden 8/6 b, 116
weitersehen, sieht weiter, sah weiter, hat weitergesehen 6/3a, 81
Wert, der, -e 2/3a, 17
wertvoll 3/2 a, 34
weshalb 1/7b, 7
WhatsApp-Nachricht, die, -en 5/3b, 67
widersprechen, widerspricht, widersprach, hat widersprochen 7/3a, 99
wie oft 6/3b, 81
wiederverwerten 7/5a, 101
Wiese, die, -n 7/6a, 102
wild 7/7b, 103
Winterdienst, der, -e 1/6a, 6
Wintersport, der (Sg.) 8/2b, 112
Wirtschaft, die, -en (In dieser Wirtschaft esse ich immer Schnitzel.) 1/7b, 7
Wissenschaftler, der, – 7/7 b, 103
Witz, der, -e 5/4a, 68
wöchentlich, 7/4c, 100
wofür 8/3b, 113
Wohlbefinden, das (Sg.) 4/6b, 52
Wohnhaus, das, ¨er 1/6a, 6
Wohnsiedlung, die, -n 1/6 a, 6
woran 8/5d, 115
worauf 8/3, 113
Workshop, der, -s 4/6, 52
Wortgrenze, die, -n 6/2d, 80
worüber 1/6d, 6
wovon 8/3b, 113
wovor 8/3b, 113
wozu 6/4b, 82
Wunde, die, -n 6/1c, 79
Zahlung, die, -en 3/3b, 35
Zaun, die, ¨e 7/7a, 103
Zeit nehmen (sich), nimmt sich Zeit, nahm sich Zeit, hat sich Zeit genommen 4/6c, 52
Zeitpunkt, der, -e 3/5f, 37
Zelt, das, -e 8/4a, 113
Zigarettenstummel, der, - 7/6 a, 102
Zimmerlautstärke, die, -n 1/4b, 4
zu Ende 3/6e, 38
zu Gast 4/4, 50
zu Recht 4/2b, 48
zu Wort kommen, kommt zu Wort, kam zu Wort, ist zu Wort gekommen 2/7a, 21
zubereiten 4/6b, 52
züchten 8/6 b, 116
zufällig 5/4a, 68
zufügen 3/2c, 34
Zugfahrt, die, -en 5/4c, 68
Zuhörer, der, – 4/7d, 53
zum Beispiel 3/7a, 39
zum Glück 3/2a, 34
zumindest 1/7b, 7
zurückbekommen, bekommt zurück, bekam zurück, hat zurückbekommen 2/4c, 18
zurückschicken 2/4c, 18
zurückwollen, will zurück, wollte zurück, hat zurückgewollt 3/2d, 34
zusammenbinden, bindet zusammen, band zusammen, hat zusammenge**Zusammenhang**, der, ¨e 4/3a, 49
zusammenleben 1/4b, 4
zusätzlich 3/5b, 37
zustellen 2/3a, 17
Zustellung, die, -en 2/3a, 17
zustimmen 4/5a, 51
Zutat, die, -en 2/7a, 21
zutreffen (auf + A.), trifft zu, traf zu, hat zugetroffen 6/6b, 84
zuverlässig 3/6b, 38
zwar …, aber (Die Preise sind zwar sehr hoch, aber ich kann sie noch bezahlen.) 1/7b, 7
Zweck, der, -e 6/4c, 82
Zweifel, der, – 7/6c, 102
zweitens 1/7b, 7
Zwischenjahr, das, -e 7/7a, 103
Zwischenlösung, die, -en 7/7a, 103

Quellen

Fotos, die im Folgenden nicht aufgeführt sind: Hermann Dörre, Dörre Fotodesign, München

- S. 2 Shutterstock (Elvetica)
- S. 5 A: Shutterstock (Eugenio Marongiu), B: Fotolia (Harald Biebel), C: Shutterstock (Gordon Swanson), D: Shutterstock (Monkey Business Images), E: Shutterstock (Iakov Filimonov), F: Shutterstock (gmstockstudio)
- S. 7 oben: Adobe Stock (Ilhan Balta), unten: Francisco Cortes
- S. 8 Shutterstock (DanielW)
- S. 9 Shutterstock (Dmitry Kalinovsky)
- S. 10 Shutterstock (HamsterMan), Käthi Staufer-Zahner
- S. 11 oben: Fotolia (ufotopixl10), unten: Fotolia (shadowalice), Fotolia (FM2)
- S. 12 Shutterstock (Rawpixelcom), Shutterstock (Borja Andreu)
- S. 13 Käthi Staufer-Zahner
- S. 15 B: Annalisa Scarpa-Diewald
- S. 16 Mike: Shutterstock (Rido), Anna: Shutterstock (Volodymyr Baleha), Sophia: Shutterstock (Rido)
- S. 21 A: Shutterstock (ISchmidt), B: Fotolia (Kadmy), C: Shutterstock (Mark Anderson)
- S. 22 oben: Shutterstock (InnerVisionPRO), unten von links: Shutterstock (hxdbzxy), iStockphoto (michaelpuche), Fotolia (ikonoklast_hh), Fotolia (Korta)
- S. 24 Shutterstock (Anneka)
- S. 26 von links: Shutterstock (Iakov Filimonov), Shutterstock (Dmitry Kalinovsky)
- S. 27 Shutterstock (UlianaSt)
- S. 29 Shutterstock (Tyler Olson)
- S. 30 Münze: Shutterstock (Wladimir Wrangel)
- S. 31 Geschäftsstelle fide
- S. 33 Vase: Shutterstock (design56), Ball: Shutterstock (Andresr)
- S. 34 D Handy: Shutterstock (ibreakstock), D Vase: Shutterstock (design56), Laptop: Shutterstock (schab), Tablet: Shutterstock (Oleksiy Mark)
- S. 39 von oben: Shutterstock (2xSamaracom), Shutterstock (Zurijeta), Shutterstock (icsnaps), Shutterstock (Elena Kalistratova), Shutterstock (Andreas Mann)
- S. 40 Shutterstock (Sofia Andreevna)
- S. 42 oben: Shutterstock (Lisa S), unten von links: Shutterstock (corund), Shutterstock (Spectral-Design), Shutterstock (Tarzhanova), Shutterstock (Winai Tepsuttinum), Shutterstock (davorana)
- S. 43 Shutterstock (pathdoc)
- S. 44 Shutterstock (Ekaterina Pokrovsky)
- S. 45 Shutterstock (tarapong srichaiyos)
- S. 47 A: Shutterstock (Olga Larionova), C: Thinkstock (scope-xl)
- S. 48 unten: Shutterstock (Everett Collection)
- S. 52 von oben links, alle Shutterstock: (robtek), (Markus Mainka), (Julian Rovagnati), (Sura Nualpradid), (M Unal Ozmen), (andersphoto), (Bozena Fulawka), (Elena Schweitzer), (Pakhnyushchy), (Dulce Rubia), (Robert Neumann)
- S. 56 Shutterstock (Photobac), Shutterstock (Foodio)
- S. 57 Shutterstock (Production Perig)
- S. 58 Shutterstock (monticello), Shutterstock (lightpoet)
- S. 59 Shutterstock (tsarevv)
- S. 61 A: Tourismusverband Region Hall-Wattens (Gerhard Flatscher), B: Stadt Werder, C: Ascona Locarno Tourism
- S. 62 Shutterstock (Alinute Silzeviciute), Shutterstock (Monkey Business Images)
- S. 64 Piktogramme von oben nach unten: Thinkstock (natixa), Shutterstock (Jovanovic Dejan), Thinkstock (Theerakit), Shutterstock (Leremy), Shutterstock (VoodooDot), Thinkstock (kateen2528), Shutterstock (Kirill Mlayshev), Thinkstock (Victor_85), Shutterstock (Aleksangel), Shutterstock (Hein Nouwens), Shutterstock (Serhiy Smirnov)
- S. 66 A: Annalisa Scarpa-Diewald, B: Shutterstock (Monkey Business Images), C: Shutterstock (wavebreakmedia), unten: Shutterstock (ZouZou)
- S. 68 Sven: Thinkstock (Bombaert), Malik: Thinkstock (İsmail Çiydem), Tom: Thinkstock (leungchopan)
- S. 70 Thinkstock (ColorBlind Images), Thinkstock (Monsterstock1), Thinkstock (Malchev)

S. 72 Shutterstock (Iakov Filmonov)
S. 76 Fotolia (WavebreakMediaMicro)
S. 77 Shutterstock (Africa Studio)
S. 78 Shutterstock (Natalia Hubbert)
S. 79 A: Shutterstock (amriphoto), B: iStockphoto (Catherine Yeulet), C: Fotolia (upixa), D: Shutterstock (Syda Productions), E: iStockphoto (Photographeeeu)
S. 83 oben: Shutterstock (Tyler Olson), A: Shutterstock (Yuriy Rudyy), B: Shutterstock (Blaj Gabriel), C: Shutterstock (VGstockstudio)
S. 84 A: Fotolia (digitalefotografien), B: Shutterstock (mangostock), C: Shutterstock (Alexander Raths), D: Shutterstock (Monkey Business Images)
S. 85 Shutterstock (Zonda)
S. 86 Fotolia (contrastwerkstatt)
S. 87 Shutterstock (Ruslan Guzov)
S. 89 Shutterstock (wavebreakmedia)
S. 90 Shutterstock (Photographeeeu)
S. 93 Shutterstock (Tyler Olson)
S. 96 A: Fotolia (Christian Schwier), B Fotolia (nakophotography)
S. 97 A: Käthi Staufer-Zahner
S. 98 alle Shutterstock A: (Valeri Potapova), B: (Andrey_Popov), C: (Smileus), D: (Love the wind), E: (vadim kozlovsky), F: (ppart), G: (InnervisionArt), H: (SpeedKingz)
S. 99 Shutterstock (Winai Tepsuttinun)
S. 100 iStockphoto (elkor)
S. 101 A: Shutterstock (wk1003mike), B: Shutterstock (inxti), D: Shutterstock (Fotofermer), iStockphoto (koya979), E: Shutterstock (SF photo)
S. 102 A: Shutterstock (Sergey Novikov), B: Shutterstock (wavebreakmedia), C: Fotolia (adriaticfoto), Biene: Shutterstock (Margaret Jone Wollman)
S. 103 oben: © bergwaldprojekt, unten: Shutterstock (Blazej Lyak), Shutterstock (flil)
S. 104 Shutterstock (Maridav), Shutterstock (MarchCattle)
S. 105 5: Shutterstock (MIGUEL GARCIA SAAVEDRA)
S. 106 alle Shutterstock 1: (Milles Studio), 2: (Photographeeeu), 3: (CandyBox Images), 4: (Zoom Team), 5: (lsantilli), 6: (Odua Images)
S. 108 Shutterstock (Syda Productions)
S. 109 Shutterstock (altanaka)
S. 111 B: © by leander wenger, info@zermattfoto.ch, C: Shutterstock (Vaclav P3k), D: Käthi Staufer-Zahner, E: Shutterstock (mountainpix)
S. 112 oben: Käthi Staufer-Zahner, unten: © Zermatt Tourismus
S. 115 Shutterstock (FamVeld)
S. 116 Lötschentaler Marketing AG
S. 118 Adobe Stock (Gerhard Köhler)
S. 119 A: Shutterstock (mountainpix), B: Shutterstock (Iakov Filmonov), C: Shutterstock (Timmary), D: © Marc Kronig, E: Thinkstock (Serhii Bobyk), F: Adobe Stock (Atelier Sommerland), G: Adobe Stock (Heesen Images), H: © alpenevents.ch
S. 120 alle Shutterstock 1: Shutterstock (studiovin), 2: Shutterstock (Maridav), 3: Shutterstock (olavs), 4: Shutterstock (Valentyn Volkov), 5: Shutterstock (mut_mut)
S. 121 © by leander wenger, info@zermattfoto.ch, Shutterstock (Vlad Teodor)
S. 122 Lötschentaler Marketing AG
S. 123 Shutterstock (Andrey Burmakin)
S. 125 von oben links: Shutterstock (Denis Linine), Shutterstock (autovector), Shutterstock (stifos), © Stiftung Vier-Quellen-Weg im Gotthardmassiv
S. 126 Shutterstock (Jakub Elcner), Shutterstock (Pecold), Shutterstock (aliaksei kruhlenia)
S. 128 Shutterstock (Art Konovalov)

Fotomodelle: Sabrina Cherubini, Marco Diewald, Sarah Diewald, Berthold Götz, Herbert Gstöttner, Florian Hoppe, Jonathas Hoppe, Sabine Hoppe, Teresa Immler, Sofia Lainović, Patrick Leistner, Anna Preyss, Eva Grohmann, Jenny Roth,

Sprecher und Sprecherinnen: Ulrike Arnold, Markus Brendel, Lina Camenisch, Giulia Comparato, Francisco Cortes, Peter Fischer, Philipp Hayoz, Florian Hoppe, Sabine Hoppe, Teresa Immler, Philip Lainović, Monika Lüthi, Florian Marano, Anna Preyss, Günther Rehm, Annalisa Scarpa-Diewald, Ulrich Scharmer, Heinz Staufer, Käthi Staufer-Zahner, Jenny Stölken, Helge Sturmfels, Peter Veit, Sabine Wenkums

Video-Clips zu Linie 1

Die Rollen und die Darsteller

Eleni Dumitru:	Jenny Roth
Verkäuferin:	Alma Naidu
zweite Kundin:	Annette Hammerschmidt
Markus Kranz:	Florian Marano
Selma Kranz:	Christina Marano
Bankangestellter:	Florian Stierstorfer
Arzthelferin:	Sarah Schütz
Ben Bieber:	Helge Sturmfels
Patientin:	Angela Kilimann
Reisegruppe:	Familie Kim-Guez, Ada und Milla
Reiseführer:	Matthias Koopmann, Stadtfuchs Passau

Produktion:	Bild & Ton, München
Schnitt:	Andreas Scherling
Drehbuch und Regie:	Theo Scherling
Musik:	Annalisa Scarpa-Diewald
Zeichnungen:	Theo Scherling

Prüfungsaufgaben in B1.1

Die Testtrainings in Linie 1 B1 bereiten auf die Prüfungen [P telc] telc Deutsch B1 und [P Goethe/ÖSD] Goethe-/ÖSD-Zertifikat B1 vor. In den Haltestellen A und B werden der [Sprachnachweis *fide*] und die Handlungsfelder nach *fide* vorgestellt.
Sie finden sämtliche Aufgaben aus diesen Prüfungen entweder in den Testtrainings oder in den Übungsteilen der Kapitel.
Auf unserer Homepage unter www.klett-sprachen.de sowie unter www.telc.net, www.goethe.de und www.osd.at finden Sie komplette Modelltests.

	telc Deutsch B1	Goethe-Zertifikat B1
Hören		
Teil 1	Linie 1 B1.2	Testtraining C, S. 95
Teil 2	Linie 1 B1.2	Linie 1 B1.2
Teil 3	Linie 1 B1.2	K1, ÜT, 6a, S. 12[2]
Teil 4	*	K7, ÜT, 7c, S. 109
Lesen		
Teil 1	Linie 1 B1.2	Linie 1 B1.2
Teil 2	K6, ÜT, 6c, S. 90[1]	K6, ÜT, 6c, S. 90[2]
Teil 3	Testtraining B, 1, S. 63[1]	Testtraining B, 1, S. 63[1]
Teil 4	*	K2, ÜT, 2, S. 23[1]
Teil 5	*	Testtraining D, 1, S. 127/128
Sprachbausteine		
Teil 1	Linie 1 B1.2	*
Teil 2	K5, ÜT, 3d, S. 74	*
Schreiben		
Teil 1	Linie 1 B1.2	Linie 1 B1.2
Teil 2	*	Testtraining D, 2, S. 128
Teil 3	*	Linie 1 B1.2
Sprechen		
Teil 1	Testtraining C, 2, S. 96	Testtraining C, 3, S. 96
Teil 2	Linie 1 B1.2	Linie 1 B1.2
Teil 3	Linie 1 B1.2	Linie 1 B1.2

---

[1] Die Prüfungsaufgabe im Buch hat nicht genauso viele Aufgaben wie die Original-Prüfung. Aber auch so kann man die Aufgaben gut kennen lernen und trainieren.

[2] Diese Prüfungsaufgabe finden Sie in Linie 1, B1.2.

* Dieser Aufgabentyp existiert in dieser Prüfung nicht.